· STEM精品课程资源丛书 ·

小学 STEM
精品课程资源课例

（上册）

丛书主编　王　素
丛书副主编　刘志刚　王　勇
主　　编　苏咏梅　李　佳　罗　天　廖伟峰
参　　编（按姓氏笔画排序）
　　　　　于晓雅　王亚琼　韩　宇　韩泽宇
　　　　　戴　丽

助你成为
跨学科教学
高手

机械工业出版社
CHINA MACHINE PRESS

本书系"中国STEM教育2029行动计划"阶段性研究成果,以《STEM教师能力等级标准》为编写指导,致力于提升小学一至三年级教师的STEM教学设计能力。本书从理论层面对STEM教育"整合"进行了诠释和说明,并根据学科整合程度,将STEM教学模式分为学科常规课中的STEM学习、学科的课外STEM学习和跨学科的STEM学习。针对这三种教学模式,本书提供了21个课例,根据小学一至三年级学生的认知水平和身心发展规律来展示教学设计。书中一方面展示了设计思维、工程思维、科学思维和计算思维等高阶思维,并以此作为培养学生的目标的实践过程;另一方面则采用了丰富的过程性评价,弥补了一般STEM课例忽视高阶思维和评价方式的缺憾。

北京市版权局著作权合同登记 图字:01-2023-4755号。

图书在版编目(CIP)数据

小学STEM精品课程资源课例. 上册 / 苏咏梅等主编. —北京:机械工业出版社,2023.11
(STEM精品课程资源丛书)
ISBN 978-7-111-74355-2

Ⅰ.①小… Ⅱ.①苏… Ⅲ.①科学技术—活动课程—教学研究—小学 Ⅳ.①G623.62

中国国家版本馆CIP数据核字(2023)第229922号

机械工业出版社(北京市百万庄大街22号 邮政编码100037)
策划编辑:熊 铭 责任编辑:熊 铭 张晓娟
责任校对:郑 雪 李 婷 责任印制:张 博
北京联兴盛业印刷股份有限公司印刷
2024年2月第1版第1次印刷
184mm × 260mm · 16.25印张 · 350千字
标准书号:ISBN 978-7-111-74355-2
定价:69.00元

电话服务   网络服务
客服电话:010-88361066   机 工 官 网:www.cmpbook.com
        010-88379833   机 工 官 博:weibo.com/cmp1952
        010-68326294   金 书 网:www.golden-book.com
封底无防伪标均为盗版   机工教育服务网:www.cmpedu.com

丛书序

"STEM 精品课程资源丛书"就要与大家见面了。这套丛书是"中国 STEM 教育 2029 行动计划"系列丛书的第二套。我们在 2017 年发布的《中国 STEM 教育白皮书》中提出了"中国 STEM 教育 2029 行动计划",行动计划之一是为基础教育阶段学校培养万名 STEM 教师。为了实现这一目标,我们开展了系列行动。我们制定了《STEM 教师能力等级标准(试行)》,系统化地培训种子教师,建立了各地 STEM 协同创新中心,带领学校和教师开展 STEM 相关课题研究和实践探索。

这套"STEM 精品课程资源丛书"是为基础教育阶段教师量身打造的独特系列。本丛书包括幼儿、小学、初中、高中四个学段和校内、校外两种教学形态。丛书采用理论与实践相结合的方式,既提供了 STEM 课程资源开发的理论框架,又提供了针对不同学段的学生经过实践检验的可模仿、可操作的课程资源课例,为教师开展 STEM 教育提供了优质、全面的 STEM 课程资源,成为教师开展 STEM 教育的有效支架和工具。

这套丛书的出版具有独特的价值。如今,我们已经进入人工智能时代,教育必将发生根本性的变革。课程进入素养导向的时代,强调跨学科实践,在真实的情境中学习,培养学生的创新思维和科学问题解决能力。STEM 教育正是跨学科学习的载体,其情境化、任务式的项目学习方式正是课程标准所重视和强调的。

习近平总书记指出,"要在教育'双减'中做好科学教育加法"。教育部等十八部门联合印发了《关于加强新时代中小学科学教育工作的意见》,文件指出,把培养学生的科学精神和提升学生的科学素质作为工作原则。STEM 教育的核心目标就是培养创新思维和科学问题解决能力,通过实践性的学习和项目驱动的学习方式,让学生能够主动思考、探索和解决现实生活中的科学问题,培养学生的创新能力和独立思考能力。

STEM 教育还注重培养学生的综合素质和终身学习能力。在 STEM 教育中,学生需要具备团队合作、沟通交流和解决复杂问题的能力。这些能力不仅对学生的学习和职业发展有益,也对他们的个人成长和社会生活具有重要的意义。

学校开展 STEM 教育也面临很多挑战。

首先,师资不足。优秀的 STEM 教师是实施 STEM 教育的关键。然而,目前高等教育中基本都是按学科培养，基础教育阶段学校对 STEM 教师的培训也有限，教师开展 STEM 教育需要获得更多的资源和工具的支持。

其次，STEM 教育需要不断创新及更新课程内容和教学方法，以适应快速发展的科技和社会需求。然而，传统的教材和教学方法往往难以满足学生的实际需求，学生需要更加注重实践性项目驱动的学习。而基础教育阶段教师面临着如何设计和开发 STEM 课程以及如何有效实施 STEM 课程的挑战。

最后，STEM 教育强调不同学科之间的融合和跨学科的教学。当前基础教育阶段学校仍然是以学科教学为主，开发跨学科课程、打破学科之间的界限是学科融合和跨学科教学的关键。

为了帮助基础教育阶段教师解决这些难题，我们组建了一支由顶尖教育专家、教研员和一线优秀教师组成的团队，致力研发出最优质的 STEM 课程资源，为学校开展 STEM 教育提供可操作的示范课例和教学方法。这些课程资源课例包括了优秀的 STEM 课程应该具有的框架和基本要素，同时提供了丰富的实践活动课例。我们相信，这些资源课例的有效利用不仅可以成为基础教育阶段教师开展 STEM 教育的抓手，也可作为 STEM 课程资源开发时模仿的样例。

我们期待这套"STEM 精品课程资源丛书"能够成为基础教育阶段学校开展跨学科学习实践、做好科学教育加法的有效工具；成为基础教育阶段教师的贴心朋友和伙伴，也能让我们以丛书为平台，成为一个学习共同体。

中国教育科学研究院 STEM 教育研究中心

前 言

在当今全球大变革的时代，科技革命加剧了全球格局的重塑，高科技人才成为大国博弈的根本。STEM 教育应运而生，成为全球多个国家培养科技人才的重要战略。2014 年，我国香港地区开始率先推行 STEM 教育。2017 年，中国教育科学研究院成立了 STEM 教育研究中心，先后发布了《中国 STEM 教育白皮书》，提出了"中国 STEM 教育 2029 行动计划"，通过建立 STEM 教育协同中心、召开全国 STEM 教育发展大会、开展相关课题研究等推动我国中小学 STEM 教育的开展。

目前中国教育科学研究院已经出版了一套"中国 STEM 教育 2029 行动计划丛书"，为我国中小学教师提供了学习 STEM 教育的理论知识和相关方法。虽然这套丛书提供了大量的 STEM 课例，但以片段课例为主，帮助教师理解 STEM 教育的理论和方法。而完整的 STEM 课例对中小学教师来说，更具备可借鉴性和可操作性。因此，"STEM 精品课程资源丛书"以"'中国 STEM 教育 2029 行动计划'丛书"为基础，向全国小学征集了丰富的课例，精心打磨后收录在《小学 STEM 精品课程资源课例（上册）》和《小学 STEM 精品课程资源课例（下册）》中，旨在帮助我国小学教师有效开展 STEM 教育。

小学 STEM 课例在全国一共征集了 400 余个优秀课例，经过层层筛选之后，最终优中选优选取了 44 个课例。之后依据《STEM 教师能力等级标准》和"中国 STEM 教育 2029 行动计划丛书"的理论基础，由我国内地、香港特别行政区和澳门特别行政区的 STEM 专家进行指导修改，最终收录在本书和《小学 STEM 精品课程资源课例（下册）》中。

《小学 STEM 精品课程资源课例（上册）》和《小学 STEM 精品课程资源课例（下册）》都包括理论介绍和课例展示两个部分。两册书的理论层面都对 STEM 教育"整合"进行了诠释和说明，并根据学科整合程度，将 STEM 教学模式分为学科常规课中的 STEM 学习、学科的课外 STEM 学习和跨学科的 STEM 学习。两册的课例数量有所不同，上册收录了 21 个课例，下册收录了 23 个课例。

　　《小学 STEM 精品课程资源课例（上册）》的课例能够培养学生核心素养，落实2022年版义务教育课程标准要求。针对一至三年级学生的认知水平和身心发展规律，为不同的教学模式提供了可供参考的课例，来展现教学设计。课例选题来源于生活中的真实问题，涵盖 STEM 相关学科的知识，并能够以小见大充分挖掘选题内容。课例一方面不流于形式，以培养学生高阶思维为目标，如设计思维、工程思维、创新思维和计算思维等。另一方面采用了丰富的过程性评价，弥补了一般 STEM 课例忽视高阶思维和评价方式的缺憾。

　　鉴于具备实践性的课例并非完美，本书特地邀请了我国内地、香港特别行政区和澳门特别行政区的多位专家撰写课例点评，期待课例的优点和不足能够为教师提供一个全面理解 STEM 课程开发和 STEM 教学设计的机会。同时也希望本书能成为我国小学一至三年级教师开展 STEM 教育和跨学科教育的工具。希望我们的努力能助推我国 STEM 教育的发展，助力新课程标准的落实和落地。

目 录

丛书序

前言

第 1 章　STEM 教育：理论和进阶 1

1.1 对 STEM 教育的再理解 1

1.2 小学 STEM 教育中教学模式的运用 4

1.3 教学目标的设计 6

1.4 STEM 教育中整合的模式和程度的设计 11

1.5 STEM 教学中评价的设计和实施 13

1.6 参考书目与推荐阅读 17

第 2 章　精品课例分析 21

2.1 课例概述 21

2.2 课例一：争做远离流感病毒的小达人 28

2.3 课例二：拯救"小浣熊" 42

2.4 课例三：架起彩虹桥 50

2.5 课例四：设计推进装置 62

2.6 课例五：自制简易浇花器 77

2.7 课例六：智造"节水校园" 88

2.8 课例七：欢迎来我们学校 97

2.9 课例八：自制饮品——本土化探究 107

2.10 课例九：快乐雪爬犁 118

2.11　课例十：我们的新蚕房 127

2.12　课例十一：制作帽子 139

2.13　课例十二：失物招领处变身记 148

2.14　课例十三：苗族银饰 164

2.15　课例十四：鸟巢设计与制作 176

2.16　课例十五：鸡蛋保卫战 186

2.17　课例十六：叶子魔法师 196

2.18　课例十七：声音设计师 203

2.19　课例十八：元宵节的"走马灯" 212

2.20　课例十九：我理想中的学校 224

2.21　课例二十：纸盒弹拨乐 234

2.22　课例二十一：学校的身份识别和权限设置 242

第1章　STEM教育：理论和进阶

STEM教育自面世以来，受到世界各地不同国家的高度重视。除广义的学校教育工作者（包括课程设计者、教师教育者、学校教师等）外，其他相关领域（包括出版界、科技界、科学与工程界等）的人员也都积极参与到STEM教育的实践中。目前，我国的STEM教育已推广至各学段（包括幼儿园、小学、中学、大学），发展模式也越加多样化。然而，要掌握如何在特定学段开展适宜的STEM教育并不容易。STEM教育有别于传统教育模式，无论是在教师培训、课程设计，还是在学习资源设计方面都有所区别。因此，教师需要为STEM教学积累相应的理论基础与实践经验，才能更好地引领学生进行有意义的STEM学习。

STEM教育涉及对概念和理论的不同理解。本章就研究资料、政策和教育文献中与小学STEM教学设计密切相关的部分进行介绍，讨论当下教育工作者对STEM教育的广泛观点，并为其应用于小学教与学提出进阶性的建议。

1.1　对STEM教育的再理解

STEM教育是20世纪80年代提出，并逐步发展的革新性教育理念。随着时间的推移，包括我国在内的世界多国，如美国、英国、澳大利亚、韩国、新加坡等国的教育部门及机构已出版了STEM教育政策或指引文件，并陆续建立了STEM教育相关的试点和教育探索。

自2015年以来，我国在教育领域相关的文件，如《关于"十三五"期间全面深入推进教育信息化工作的指导意见（征求意见稿）》《全民科学素质行动计划纲要实施方案（2016—2020年）》《教育信息化"十三五"规划》等文件中已提出，要探索开展STEM活动或涉及科学创新与技术实践的跨学科探究活动。

我国的一些教育研究机构也成立了推广和研究STEM教育的中心，如中国教育科学研究院STEM教育研究中心、上海STEM+研究中心、江苏STEM科创中心等。除了全国性或区域性的STEM教育实践探索，上述机构也开展了全国性或区域性的教育研究工作，发布了《中国STEM教育白皮书》《STEM教师能力等级标准（试行）》等指导性的文件。

作为小学教师的您，可能听说、了解甚至实践过STEM教育。不同的教师对STEM教育有着不同的感受、认识和理解，这是由于STEM是一个开放性、包容性较高且应用情境非常广泛的理念。STEM 教育自诞生以来受到了广泛的关注和讨论，其中也不乏一些分歧。有的观点认为 STEM 是多个学科的集合，是超越学科之上的一种"元学科"；有的观点则将 STEM 作为一种课程理念，或是一种教学模式。抛开这些分歧，在对 STEM 教育的种种认识中，对其最基础也是最广泛的共识包括以下几方面。

◆ **学科综合与整合**：STEM 是四个学科，即科学（science）、技术（technology）、工程（engineering）和数学（mathematics）的英文缩略词。通常，STEM 不仅仅是四个学科的叠加，而是其综合与整合。

◆ **真实情境下的问题解决**：STEM 教育提倡在真实情境下对科学、技术、工程和数学四个学科领域知识的综合运用，通常是在科学探究或工程设计的过程中，以解决真实问题为导向。在此过程中，学生能够体验到 STEM 中的学科与其个人生活和社会生产的联系，进而对学科的应用及其价值有更深入的理解。

◆ **在合作中进行"做中学"**：学生在 STEM 学习的过程中，通常会进行基于小组合作的科学和工程学实践。在此过程中，学生的社会情感技能、21 世纪技能、STEM 学科的实践技能会得到较充分的发挥和发展。

STEM 教育的学科综合与整合、真实情境下的问题解决、在合作中进行"做中学"，可以为学生提供"少分科""少刁难""多实际""多启发"的学习经验，如图 1-1-1 所示。

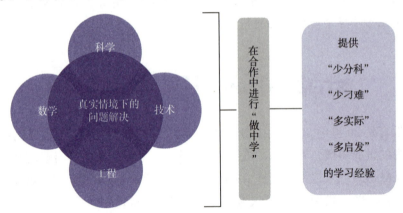

图 1-1-1　STEM 教育的基础及广泛的共识

推行 STEM 教育工作时需要意识到，STEM 教育不像学科常规课程一样，有着清晰的课程标准、进阶式的明确的学段目标，以及范围较明确的教学内容。在课程和活动设计上，这些因素一方面为跨学科综合实践提供了广阔的空间和无限的可能性，另一方面也为教师（即使是教学经验丰富的理科教师）带来了重重困难。教师在准备和进行 STEM 教育时，可能常有如图 1-1-2 所示的疑惑。

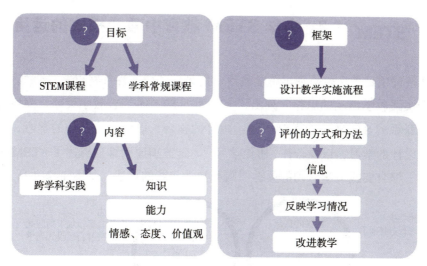

图 1-1-2　对 STEM 教育的疑惑

◆ STEM 课程目标应该如何设计，与学科常规课程的学习目标的关系应该如何对应或补充？

◆应该如何选择教学内容，让学生能够在参与跨学科实践的同时，达成知识、能力和情感态度价值观的目标？

◆对于教学内容，有哪些框架和模式可以帮助设计教学实施流程？

◆有哪些比较适合的方式和方法可以用于教学评价中，以便更好地提供信息，反映学生的学习情况，以供改进教学？

本章将逐步梳理以上问题。希望能为教师在理解和反思 STEM 教育和教学方面提供一些新的角度和方向。

STEM 1.2 小学 STEM 教育中教学模式的运用

STEM 教育项目越来越呈现出跨学科性、情景性和协作性等特点[1]。有教育工作者提供了进行综合实践教学活动的思路，列出了多方面的 STEM 综合教学策略，并概括了五项独立但又相互联系的 STEM 整合关键原则：内容的整合、以问题为中心的学习、基于探究的学习、基于设计的学习，以及合作/协作学习[2]。这五项原则综合概述了 STEM 教育的核心特征，提供了综合实践教学活动的关键原则和教学实践的描述，如图 1-2-1 所示。

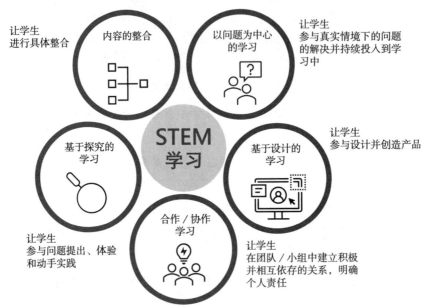

图 1-2-1　STEM 教育的核心特征

◆在内容的整合方面，教学实践需要强调不同学科内容之间的联系、调整不同学科的学习目标和活动，以及应用共通内容，让学生进行具体整合。

◆在以问题为中心的学习方面，提供真实的、开放式的、尚未有明确解决办法的问题等学习经历元素，让学生参与真实情境下的问题解决，并让他们持续投入到学习中[3]。

◆在基于探究的学习方面，提供设计探究、实验和测试，并鼓励教师反思探究结果，让学生参与问题提出、体验和动手实践，使学生能够发现新概念并形成新的理解。

◆在基于设计的学习方面，提供具有挑战性及开放式的实践设计活动，鼓励反思设计过程及使用创新的教育技术，如虚拟现实、移动设备等，让学生参与设计并创造产品，以

⊖ 余胜泉，胡翔. STEM 教育理念与跨学科整合模式 [J]. 开放教育研究，2015，21（4）：13-22.

⊜ THIBAUT L, KNIPPRATH H, DEHAENE W, et al. The influence of teachers' attitudes and school context on instructional practices in integrated STEM education[J]. Teaching and teacher education, 2018, 71:190-205.

⊜ VALLERA F L, BODZIN A M. Integrating STEM with AgLIT (Agricultural Literacy Through Innovative Technology): the efficacy of a project-based curriculum for upper-primary students[J]. international Journal of Science and Mathematics Education, 2020, 18:419-439.

增加当今数字时代学习者的设计经验[一]。

◆在合作／协作学习方面，提供面对面交流的机会并鼓励学生进行团队合作的反思，让学生在团队／小组中建立积极并相互依存的关系，同时明确个人责任。

这些学习策略要求学生解决问题，从原材料中创造产品，并为他们遇到的不同挑战探索多种解决方案。任务的难度水平应适合学生的能力水平，并且鼓励他们对过去可能认为不重要的信息进行更具创造性和批判性的思考。

然而，STEM 教育中的教学模式是多样化的，不少学者都指出要让教学达到预期的教学目标，需要注意以下几点[二][三][四][五]，包括教师、学生及学习环境三方面，如图 1-2-2 所示。

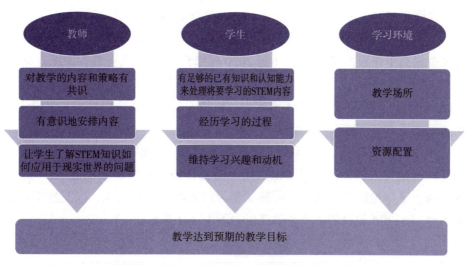

图 1-2-2　在教师、学生及学习环境三方面让教学达到预期的教学目标

◆在教师方面：教师在设计教学计划前对教学的内容和策略要有共识；也要有意识地安排内容，让学生了解 STEM 知识如何应用于现实世界的问题。

◆在学生方面：学生不仅需要有足够的已有知识和认知能力来处理将要学习的 STEM 内容，也需要获得足够的时间经历学习的过程，要在活动时维持学习兴趣和动机。

◆在学习环境方面：教学场所和资源配置等背景因素，能促进 STEM 教学内容和学习活动的有效实施。

[一] VALLERA F L, BODZIN A M. Integrating STEM with AgLIT (Agricultural Literacy Through Innovative Technology): the efficacy of a project-based curriculum for upper-primary students[J]. International journal of science and mathematics education, 2020, 18:419-439.

[二] 苏咏梅，罗天. STEM 教育的概念重塑 [J].《儿童大世界》科学教学，2021（3）：3-7.

[三] KELLEY T R, KNOWLES J G. A conceptual framework for integrated STEM education[J]. International Journal of STEM Education, 2016, 3(11):2-11.

[四] THIBAUT L, KNIPPRATH H, DEHAENE W, et al. The influence of teachers' attitudes and school context on instructional practices in integrated STEM education[J]. Teaching and teacher education, 2018, 71:190-205.

[五] ENGLISH L D. STEM education K-12: perspectives on integration[J]. International Journal of STEM Education, 2016, 3(3):1-8.

STEM 1.3 教学目标的设计

当今世界正在经历百年未遇之大变局，全球的激烈竞争，归根结底是人才的竞争。STEM 教育对于国家当前急需的科技创新人才的培养，具有举足轻重的作用。STEM 教育将可能直接关系到国家的繁荣、社会和经济的发展、个人的成长等 ⊖⊜⊜。而课程是落实教育的最佳载体，要将 STEM 教育的育人价值落实到课堂，就需要明确教学目标。然而，STEM 教育并不像语文、数学、英语等学科的常规课程，具备分明的学科属性、清晰的课程标准、明确的学段目标，以及范围较明确的教学内容。因此，在准备教学目标时，既要以相关的国家课程标准为依据，又要兼顾 STEM 教育本身的育人目标。

最新一轮的课程改革中，核心素养已经成为中小学课程标准的出发点和落脚点，教育部印发的《普通高中课程方案（2017 年版 2020 年修订）》和《义务教育课程方案（2022 年版）》都以核心素养为导向。常规课程中的各个学科也要求以学科核心素养为依据开展教学，故 STEM 课程同样需要以 STEM 素养为目标培养学生。联合国教科文组织认为 STEM 素养包括知识、能力和情感态度价值观三个要素⊗。

因此，本书中的 STEM 课例以 STEM 素养为目标，依据相关国家课程标准，并兼顾 STEM 教育的特定育人目标，围绕知识目标、能力目标、情感态度价值观目标进行组织。同时，明确指出了学生的学习结果，明确了学习结果的类型和层次，以及教学目标与内容的对应关系 ⑤⑥。STEM 教育的各个教学目标如图 1-3-1 所示。

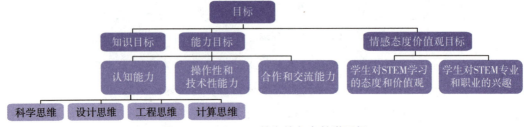

图 1-3-1　STEM 教育的各个教学目标

⊖ 中国教育科学研究院. 中国 STEM 教育白皮书（精华版）[R/OL].（2017-06-20）[2021-08-29]. https://stem.zjnu.edu.cn/2021/0829/c15079a366831/page.htm.

⊜ NATIONAL RESEARCH COUNCIL. A framework for K-12 science education: practices, crosscutting concepts, and core ideas[DB/OL]. Washington, DC: The National Academies Press, 2011 [2023-06-30]. https://research.cc.lehigh.edu/sites/research.cc.lehigh.edu/files/documents/VPRO/Workshops/NRC%20Framework%20for%20K.12%20Science%20Education.pdf.

⊜ DEPARTMENT FOR EDUCATION. National curriculum in England: science programmers of study: statutory guidance[R/OL]. (2015-05-06)[2023-06-30]. https://www.gov.uk/government/publications/national-curriculum-in-england-science-programmes-of-study/national-curriculum-in-england-science-programmes-of-study.

⑭ UNESCO INTERNATIONAL BUREAU OF EDUCATION. Exploring STEM competences for the 21st century[R]. Geneva UNESCO International Bureau of Education, 2019.

⑤ ANDERSON L W, KRATHWOHL D, AIRASIAN P, et al. A taxonomy for learning, teaching, and assessing: a revision of bloom's taxonomy of educational objectives, complete edition[M]. New York: Addison Wesley Longman, 2001.

⑥ BLOOM B S. Taxonomy of educational objectives: handbook I: cognitive domain[M]. 2nd ed. London: Addison Wesley Longman Ltd, 1984.

1.3.1　知识目标

知识目标对应布鲁姆教育目标中的认知目标，既包括知识和过程，也包括理解事实知识和概念知识、实践程序知识和元认知知识。STEM 教育的知识目标，既要与国家课程标准联结，包含一个或多个学科属性知识[一]，又要包含贯穿不同 STEM 学科的跨学科知识和概念[二][三]，以及与 STEM 职业相关的技术性知识[四]。

1.3.2　能力目标

STEM 教育的能力目标主要包括：认知能力（cognitive skills）、操作性和技术性能力（manipulative and technological skills）、合作和交流能力（collaboration and communication skills）[四]。然而由于不能在一个课例中兼顾所有能力的培养和评价，因此教师在撰写能力目标时，可在以上三种能力中选择要重点培养学生的能力目标。

1. 认知能力目标

认知能力是指通过思考和经验进行理解的心理过程，包括：信息处理—数据解读和分析（Information Processing–Data Analysis）、解决问题和工程思维（Problem Solving and Engineering Thinking）、科学探究（Scientific Investigation）、计算思维和信息与通信技术（Computational Thinking，Information and Communications Technology）、设计思维和创新创造（Design Thinking，Creativity and Innovation）[五]。思维能力是重要的认知能力，对 STEM 学习和 STEM 职业都十分重要[六]。因此，本书将认知能力概括为四种思维能力：科学思维、设计思维、工程思维和计算思维。教师在撰写教学目标时，从中选择一种或多种适合的目标即可。

（1）科学思维

科学思维是科学的核心特点之一[七]，是对自然界事物的本质属性、内在规律及事物间相互关系的反映。该反映以科学知识经验为中介，以科学思维方法为途径，需要人脑借助多种科学思维形式，对多变量复杂系统进行加工与处理[八]。STEM 教育可以通过为学生创设真

———————————

[一]　GAO X, LI P, SHEN J, et al. Reviewing assessment of student learning in interdisciplinary STEM education[J]. International Journal of STEM Education, 2020, 7(1):1-14.

[二]　HSU Y S, FANG S C. Opportunities and challenges of STEM education[M/OL]// HSU Y S, YEH Y F. Asia-Pacific STEM Teaching Practices. Singapore: Springer, (2019-01-16)[2022-06-27]. https://doi.org/10.1007/978-981-15-0768-7_1.

[三]　陈峰，陈珍国 . A-STEM：跨学科融合教育价值重构 [J]. 教育发展研究，2019，39（6）：15-22.

[四]　UNESCO INTERNATIONAL BUREAU OF EDUCATION. Exploring STEM competences for the 21st century[R]. Geneva UNESCO International Bureau of Education, 2019.

[五]　杨彦军，张佳慧，吴丹 . STEM 素养的内涵及结构框架模型研究 [J]. 电化教育研究，2021，42（1）：42-49.

[六]　KUHN D. Education for thinking[M]. Massachusetts: Harvard University Press, 2005.

[七]　董博清，彭前程 . 核心素养视域下科学思维的内涵及其实现路径 [J]. 课程·教材·教法，2019，39（4）：84-90.

实的学习情境，激发学生的思维，使学生对问题进行深入思考，从多角度提出并设计问题解决方案，再经过不断地实践检验和反思，有效提升学生的科学思维[○]。

（2）设计思维

设计思维是一种以人为中心的创新方法，整合人的需求、技术的可能性和商业成功的要求[○]。设计思维虽然来自于专业设计领域，但是在全球创新型和复合型人才培养的需求下，设计思维已经渗透到了中小学教育。设计思维融合了工程设计方法、科学及艺术等学科知识，强调解决问题要从人的需求出发，多角度地寻找创新解决方案，是创新人才培养的重要途径[○]。设计思维主要包含"启发、构思、实施"三大要素，以及"移情、定义、设想、原型、测试"五个步骤。并通过非单向线性的方式实施，例如可以对三大要素和五个步骤进行排列组合和灵活运用[○]。

（3）工程思维

工程思维是以系统分析和比较权衡为核心的一种筹划性思维。不同于科学思维的"探索性"和"发现性"，工程思维的核心是"设计性"和"建造性"，以创造价值为导向[○]，用一种结构性、全局性、系统性的思维方式，应用科学定律、技术工具、社会材料，来系统化地解决现实问题[○]。工程思维可以通过与科学思维相互渗透和相互促进，培养复合型的创新人才。在 STEM 教学中有多种教学模式可以培养学生的工程思维，如 CDIO 模式、OBE 模式和 6E 模式。

◆ CDIO 模式代表了构思（Conceive）、设计（Design）、实现（Implement）和运作（Operate）。

◆ OBE 模式是基于结果的教育（Outcome-Based Education）。

◆ 6E 模式代表了参与（Engage）、探究（Explore）、解释（Explain）、工程设计（Engineering）、拓展（Enrich）和评价（Evaluate）。

（4）计算思维

随着信息技术的发展和第四次工业革命的来临，人类已经进入了人工智能时代。为了让学生能够为数字化的未来做好准备，计算思维的培养已经在全球呈现"低龄化"和"跨学科"的发展趋势[○]。因此，用计算的视角表达和连接世界、解决问题是人工智能时代儿童

○ 领荣，安涛，任岩. STEM 教育中科学思维的培养探究 [J]. 现代教育技术，2019，29（11）：107-113.

○ 丁峻峰. STEM 与设计思维 [M]. 北京：教育科学出版社，2023.

○ 周子明，张志，袁磊. 融入设计思维的 STEAM 教育：模式构建与案例分析 [J]. 现代远距离教育，2021（1）：56-62.

○ 李伯聪. 工程思维的性质和认识史及其对工程教育改革的启示——工程教育哲学笔记之三 [J]. 高等工程教育研究，2018（4）：45-54.

○ 李双寿. STEM 与工程思维 [M]. 北京：教育科学出版社，2023.

○ 张屹，高晗蕊，张岩，等. 教学目标导向的小学 STEM 校本课程研发与实施——以《小红鹰气象站的建设与运用》课程为例 [J]. 中国电化教育，2021（4）：67-74.

培养的最重要目标之一，通过 STEM 教育培养小学生的计算思维具有十分重要的意义。计算思维是指在表述问题及其解决方案时所涉及的思维过程，确保解决方案的表征形式可被信息处理并有效执行，强调思维加工对象为表述问题，思维加工的指向是提出解决方案，并且要验证思维结果的可靠性○。

2. 操作性和技术性能力目标

操作性和技术性能力是指能够正确、安全地使用和处理科学和技术设备、仪器、标本和物质的能力○。人工智能时代，机器人会替代人做很多程序化操作的工作，那些能够根据具体情境适时调整的非标准化的操作技能，是专业人才的重要技能○。在 STEM 教学中，需要重视学生操作性和技术性能力的培养，从而帮助学生对未来职业做好更充分的准备，跟上人工智能时代的创新步伐。

3. 合作和交流能力目标

有效的协作能够为每名团队成员提供在共同责任范围内参与和交流想法的平等机会。有效的合作和交流能力无法凭空产生，需要教师明确地培养；而如何让学生面对复杂的和相关联的真实任务，触发真正的团队合作和交流是 STEM 教育的必然要求○。STEM 教育的一大特征就是协作性。在进行教学设计时，要重视学生的"协作"和"会话"。例如让学生以小组为单位，共同搜集和分析学习资料、提出和验证假设、评价学习成果，并交流和商讨如何完成学习任务○。

1.3.3　情感态度价值观目标

STEM 教育的情感态度价值观目标强调了 STEM 学习者的个人价值和社会价值的统一，涉及态度、信念、兴趣、动机和价值观。

1. 学生对 STEM 学习的态度和价值观

STEM 教学要建立学生对 STEM 的意识，提高学生对 STEM 实践的兴趣、参与度、态

○ 张进宝. 计算思维教育：概念演变与面临的挑战 [J]. 现代远程教育研究，2019，31（6）：89-101.
○ UNESCO INTERNATIONAL BUREAU OF EDUCATION. Exploring STEM competences for the 21st century[R]. Geneva UNESCO International Bureau of Education, 2019.
○ 王奕俊，杨悠然. 人工智能背景下专业人才培养的发展路径与方向——基于会计职业相关数据的实证研究 [J]. 中国远程教育，2020（1）：35-45；76-77.
○ 冯翠典. 联合国教科文组织 21 世纪 STEM 素养框架及其实现路径 [J]. 比较教育研究，2020，42（10）：58-65.
○ 余胜泉，胡翔. STEM 教育理念与跨学科整合模式 [J]. 开放教育研究，2015，21（4）：13-22.

度和动机 ①②，培养学生的自主选择、自我决定及自我调节能力 ③④⑤⑥，建立合作性的社会目标，以及培养学生利用 STEM 整合解决真实问题的态度 ⑦。

2. 学生对 STEM 专业和职业的兴趣

培养 STEM 领域的专业创新人才是 STEM 教育的重要目标。然而在 2015 年的 PISA 测试中，调研了各国或各地青少年希望在 30 岁时从事 STEM 相关职业的人数比例，我国内地具有 STEM 职业期望的学生百分比排名位于第 68 位，远低于经济合作与发展组织（OECD）的平均水平⑧。因此，在我国内地中小学开展 STEM 课程时，要促进学生了解真实的 STEM 行业和职业，让学生为未来从事的职业做好准备。STEM 教育目标要重视培养学生对 STEM 职业的职业期望 ⑨，从而为中华民族的伟大复兴培养 STEM 创新人才。

目前，针对学生对 STEM 专业和职业的兴趣研究受到全球教育研究者的广泛关注。英国牛津大学教授西蒙·马金森（Simon Maraginson）等人建议帮助年轻人建立对 STEM 学科和 STEM 相关职业的认识⑩。但是要加强学生对职业的认识并不容易。在华中师范大学学者张屹的研究中，小学生在课程前后对 STEM 职业的兴趣没有显著性提高，其原因可能是学生年龄较小，还未能体会到职业兴趣的内在含义 ⑪。有学者建议建立社会伙伴关系，以提升学生对 STEM 的兴趣和参与程度；也有学者建议建立可持续的社会合作机制，让社会相关成员（如大学研究者、工程师等）有机会参与学生的 STEM 学习 ⑫，包括建立 STEM 专家与学校合作的机制、发展 STEM 实践的社会网络，以及在教学中强调 STEM 专业人士对社会的贡献。

㊀ 浦小松，康建朝. 学习成绩、STEM 兴趣与 21 世纪技能——基于中介效应模型分析 [J]. 开放教育研究，2021，27（4）：71-84.

㊁ 涂涛，张煜明. 面向 STEM 教学过程的学习动机序列模型建构与应用 [J]. 现代远程教育研究，2021，33（2）：104-112.

㊂ 王旭卿. 面向 STEM 教育的创客教育模式研究 [J]. 中国电化教育，2015（8）：36-41.

㊃ ZOLLMAN A, SMITH M C, REISDORF P, et al. Motivation and disposition: pathways to learning mathematics[M]// Brahier D J, Speer W R. Seventy-third National Council of Teachers of Mathematics yearbook. Reston, VA: National Council of Teachers of Mathematics, 2011, 43-53.

㊄ ZOLLMAN A. Learning for STEM literacy: STEM literacy for learning[J]. School Science and Mathematics, 2012, 112(1):12-19.

㊅ 陈大琴. 在早期 STEM 教育中注重幼儿学习品质的培养 [J]. 学前教育研究，2018（8）：64-66.

㊆ 李世瑾，周榕，顾小清. 基于学习进阶的 STEM 教育模式 [J]. 现代远程教育研究，2022，34（2）：73-84.

㊇ 王晶莹. 关注 STEM 职业期望的青少年科学素质教育：基于 PISA 2015 和 NARST 2017 的反思 [J]. 科学与社会，2017，7（3）：33-42.

㊈ LUO T, SO W W M, LI W C, et al. The development and validation of a survey for evaluating primary students' selfefficacy in STEM activities[J]. Journal of Science Education and Technology, 2020, 30(3): 408-419.

㊉ MARGINSON S, TYTLER R, FREEMAN B, et al. STEM: country comparisons: international comparisons of science, technology, engineering and mathematics (STEM) education. Final report [R]. Canberra: Australian Council of Learned Academies, 2013.

㊉ 张屹，高晗蕊，张岩，等. 教学目标导向的小学 STEM 校本课程研发与实施——以《小红鹰气象站的建设与运用》课程为例 [J]. 中国电化教育，2021（4）：67-74.

㊉ SO W W M, GUO C. Community engagement in STEM education[R]//International encyclopedia of education.4th ed. Oxford: Elsevier Science,2023:234-243.

STEM　1.4　STEM 教育中整合的模式和程度的设计

在 STEM 教育理念中，较为强调的即是"整合"（或"综合"），纵观各类 STEM 教学课例，可以发现不同的教学设计有着不同程度的整合。对于整合程度的划分及类别，也有着不同的观点。

研究者认为，STEM 教育中的整合程度，可以分为不同的级别[○]：首先，最低层次的整合是学科的（disciplinary）教学，即以某个学科领域内（如数学）的知识技能为教学内容；第二级的整合为多学科的（multidisciplinary）整合，意味着学生在同一个主题下学习不同学科的知识和技能；第三级的整合为跨学科的（interdisciplinary）整合，这种学习方式能让学生从不同的学科角度学习一系列相关的知识和技能，从而获得更深层的理解；而最高层次的整合被称为超越学科的（transdisciplinary）整合，这意味着知识和技能不仅从不同的学科视角进行学习，并且在真实情境下的项目或问题中得到应用。

有学者以教师的视角将 STEM 教学设计中的整合从一个坐标的两个角度（学习内容和教学策略）划分为四个象限[○]，如图 1-4-1 所示。

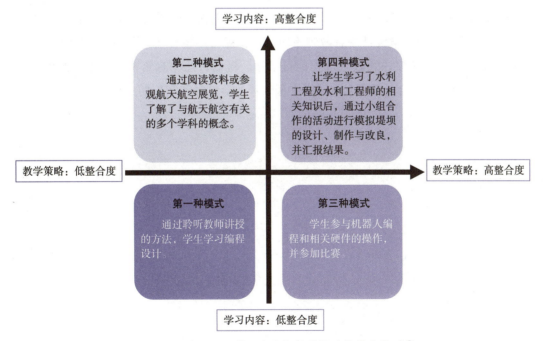

图 1-4-1　STEM 学习内容与教学策略的整合类型[○]

○　ENGLISH L D. STEM education K-12: perspectives on integration[J]. International Journal of STEM Education, 2016, 3(3):1-8.

○　CHENG Y C, So W W M. Managing STEM learning: a typology and four models of integration[J]. International Journal of Educational Management, 2020, 34 (6):1063-1078.

○　苏咏梅，罗天 . STEM 教育的概念重塑 [J].《儿童大世界》科学教学，2021（3）: 3-7.

第一种模式，学生仅仅通过单一的教学法，学习到了某一个学科领域的知识或技能。这一模式反映了较低程度的教学策略整合和学习内容整合。例如，让学生在 STEM 课堂中通过聆听教师讲授的方法来学习编程设计，并获得相关的实践知识，其内容和教学策略的整合程度较低，尚未跨越学科和方法的界限。

第二种模式，学生通过单一的教学法来学习多个学科领域的知识或技能。这一模式反映了较低程度的教学策略整合和较高程度的学习内容整合。例如，在 STEM 学习活动中，通过阅读资料或参观航天航空展览，学生了解了与航天航空有关的多个学科的概念。

第三种模式，学生通过多种教学策略，学习较少学科领域内的概念和内容的活动。这一模式反映了较高程度的教学策略整合和较低程度的学习内容整合（通常只涉及单个或少数学科）。例如，组织学生参与机器人编程和相关硬件的操作，并参加比赛。

第四种模式是整合程度最高的模式，让学生参与较为丰富的学习活动，并且学习多个学科的知识或技能，体现了较高程度的教学策略和学习内容的整合。例如，STEM 教学案例让学生学习了水利工程及水利工程师的相关知识后，通过小组合作的活动进行模拟堤坝的设计、制作与改良，并汇报结果。这种学习模式的特点是让学生参与多样化的学习和认知活动，并在活动中综合运用所学的多学科知识。

值得注意的是，在 STEM 教育中，科学、技术、工程和数学应该以一种自然衔接的方式呈现[⊖]。换言之，在教学设计中，教师不应"为了整合而整合"，不应只注意其学习内容、教学策略的整合，也应该注意教学过程是否自然、流畅、互相有紧密的联系。此外，更高的整合程度并不一定更合适教学[⊖]，且往往意味着教学设计和实施的难度增大。

⊖ LUO T, SO W W M, LI W C, et al. The development and validation of a survey for evaluating primary students' selfefficacy in STEM activities[J]. Journal of Science Education and Technology, 2021, 30(3): 408-419.
⊖ NATIONAL RESEARCH COUNCIL. STEM integration in K-12 education: status, prospects, and an agenda for research [DB/OL]. Washington, DC: The National Academies Press, 2014[2023-08-18]. https://nap.nationalacademies.org/catalog/18612/stem-integration-in-k-12-education-status-prospects-and-an.

STEM 1.5　STEM 教学中评价的设计和实施

1.5.1　STEM 跨学科学习评价的挑战

尽管 STEM 教育受到越来越多的关注，但如何对 STEM 跨学科学习进行有效和可靠的评价仍然是一个挑战。教师在评价时面临的挑战包括：如何评价跨学科学习、如何评价 STEM 学习过程 / 实践，以及如何开发课堂测评工具等。有学者总结了以下两种现状 ⊖。

◆许多课程旨在提高学生的跨学科理解能力或技能，但对学生的评价与其制定的学习目标并不一致。

◆大多数侧重于对单学科知识、单学科或跨学科情感领域的评价，很少评价跨学科学习和实践。

评价时教师应首先明确涉及的学科的性质，例如明确是单学科、学科间，还是跨学科；此外还需要对学科之间的联系进行备课实践，而后拟定评价方向；在评价时，需要明确其对应的知识、技能、实践和情感领域的学习目标。

1.5.2　评价与学习目标

为了更深入地整合课程，必须注意教学目标、教学内容、活动和课程以及评价之间是一致的 ⊖。核心学习过程和实践需要在学习目标中明确描述，并且需要围绕学习目标建立评价标准，以适应跨学科 STEM 学习的复杂性。

学者依据教学目标类型，选用任务单、课堂观察、师生交谈 / 互动、随机访谈、量表等形式进行教学评价 ⊜。其中，任务单可以用于评价学生的学习过程；课堂观察、师生交谈 / 互动、随机访谈等方式则可以关注学生的知识和实践能力；量表则可以用于对学生的计算思维和 STEM 职业兴趣进行测评。

⊖ GAO X, LI P, SHEN J, et al. Reviewing assessment of student learning in interdisciplinary STEM education[J]. International Journal of STEM Education, 2020, 7(1):1-14.

⊖ VALLERA F L, BODZIN A M. Integrating STEM with AgLIT (Agricultural Literacy Through Innovative Technology): the efficacy of a project-based curriculum for upper-primary students[J]. International Journal of Science and Mathematics Education, 2020, 18:419-439.

⊜ 张屹，高晗蕊，张岩，等. 教学目标导向的小学 STEM 校本课程研发与实施——以《小红鹰气象站的建设与运用》课程为例 [J]. 中国电化教育，2021（4）：67-74.

1.5.3　知识、技能、实践和情感的评价

有学者将小学生跨学科学习态度的研究分为意识（awareness）、价值（value）、能力感知（perceived ability）、倾向（commitment）四个维度来进行调查[⊖]。而重庆师范大学学者首新等的研究构建了中小学 STEM 学习中高层次思维测评指标及其权重，形成了测评模型[⊖]；九个测评指标是：问题解决、元认知与反省、创造性思维、批判性思维、决策思维、自我监控、迁移与应用、科学方法、自我调节。在其后的研究还发现，小学生基于 STEM 学习目标的高阶思维可分为四个进阶层级，这为如何逐步培养学生跨学科高阶思维提供了依据[⊜]。四个进阶层级的思维形式、思维基础、创造性水平、跨学科水平及其局限性见表 1-5-1。

表 1-5-1　四个进阶层级的思维形式、思维基础、创造性水平、跨学科水平及其局限性

进阶层级	思维形式	思维基础	创造性水平	跨学科水平	局限性
水平 1	倾向于采用孤立的观点看待具体现象和事物	基于理解运用知识和概念，并尝试基于具体现象和事物进行归纳、解释	新想法受限	跨学科迁移程度不高	设计经不起精细的逻辑推理；总是臆断，急需提高证据的合理性和权威性
水平 2	基于经验建立具体现象和事物之间的联系	进行初步判断与推理；尝试用不同方法进行优化设计	酝酿出新想法	建立学科之间的联系	推理过程仍缺乏逻辑或关键证据；涉及的跨学科知识、关键证据等仍然不足以实施新的计划
水平 3	思维过程逐渐从具体到抽象	尝试利用证据或听取他人建议完善新想法或设计，并在实施过程中进行分析与预测	提出新的想法、设计等	从条件、过程、原因等跨学科概念的角度建立学科之间的联系，但仍不能有效整合多学科知识，理解事件的相互影响机制	分析、反省、监控等过程还有待加强；较易出现循环解释或论证
水平 4	从结构、功能、变化及相互关系等角度建立事物之间的影响机制	想象思维较为活跃；能设计方案开展科学实践	拓展新想法	从跨学科视角解释科学、技术问题	独创性可能不足、预测缺乏可信度

⊖　张屹，李幸，黄静，等 . 基于设计的跨学科 STEM 教学对小学生跨学科学习态度的影响研究 [J]. 中国电化教育，2018（7）：81-89.

⊖　首新，胡卫平，刘念 . 中小学 STEM 学习中高层次思维测评模型构建与应用 [J]. 电化教育研究，2020，41（8）：82-89.

⊜　首新，黄秀莉，李健，等 . 基于 STEM 学习目标的高阶思维评价 [J]. 现代教育技术，2021，31（3）：20-27.

◆处于水平 1 的学生倾向于采用孤立的观点看待具体现象和事物。

◆处于水平 2 的学生能基于经验建立具体现象和事物之间的联系，进行初步判断与推理，建立学科之间的联系。

◆处于水平 3 的学生的思维过程逐渐从具体走向抽象，能从条件、过程、原因等角度建立联系。

◆处于水平 4 的学生能从结构、功能、变化及相互关系等角度建立事物之间的影响机制。

1.5.4　STEM 教育的评价工具

STEM 教育的评价工具有不同的形式（表 1-5-2），在评估 STEM 学习的文献综述中发现：STEM 评价从标准化测试等传统形式转化为以研究为导向的访谈、视频分析等方法；单学科的知识和情感领域的评价在研究中相对普遍，而评价跨学科知识和实践的形式则更加多样化[⊖]。评价各个学科的内容知识具有悠久的传统并且相对容易。相比之下，评价跨学科知识、实践和情感领域更具挑战性，需要创新。

表 1-5-2　STEM 教育的评价形式

主要形式	方法或工具
问卷/测试	李克特量表，多项选择，开放题，是非题，语义差异量表
访谈	个人访谈，焦点小组
其他	观察/现场记录，学习/工作表/活动手册，设计产品分析，学生书面作业分析

Gao 等人通过文献综述还指出：

◆单学科知识评价的研究通常使用前后测的比较来评价学生的内容学习收获，其评价侧重于衡量学生在各个学科中的知识增长。即使是同时评价多个学科，也通常以单学科评价的传统方式进行。此外，评价通常采用或改编自现有的标准化测试。大多数工具结合了多项选择题和开放式题目。

◆跨学科知识的评价方式较多样化（例如演示、书面作业和包括多项选择和开放式题目的测试）。强调通过识别学生在学习过程中建立的不同学科之间的联系来评价学生的跨学科学习。

◆在跨学科技能评价时使用了能力测试、访谈和非正式观察（过程评价）。有部分研究还使用访谈来了解学生对自己的技能状况和收获的看法。

◆在跨学科实践评价时侧重于学生涉及的知识和技能，同时关注学生如何将多个学科的知识和技能联系起来。

⊖　GAO X, LI P, SHEN J, et al. Reviewing assessment of student learning in interdisciplinary STEM education[J]. International Journal of STEM Education, 2020, 7(1):1-14.

◆情感及认识评价的主题包括对 STEM 特定学科的认识、态度、信念、动机和兴趣，以及对 STEM 相关职业的看法。

1.5.5　STEM 学习评价的未来方向

将常用的纸笔测验与表现性评价相结合，形成性评价和终结性评价相融合，适当增加评价方式方法、评价对象、评价主体的多样性，这样的学习评价系统能更好地全面反映学生经历 STEM 教学后的成效。此外，评价也反映教师的教学成效和课程设计的成效，最终形成良性的循环，持续地提升 STEM 教育的质量和教学效能⊖。我们希望本书课例中使用的多样性评价工具能够为教师提供丰富的资源。

在上述理念和基础之上，《小学 STEM 精品课程资源课例（上册）》和《小学 STEM 精品课程资源课例（下册）》从全国各地小学征集的课例中优选 44 个课例，进行了展示、分析，并邀请专家进行了点评。值得注意的是，本书中的课例并不是"完美"的，其设计和实现都与当地学校的校情和学情有关。

因此，建议教师在阅读课例的过程中，既关注课例本身，也着重参考课例中学生的学习效果（包括学情及学习成果）、教师的教学反思（主要是自我评析部分）以及专家的点评建议三个方面。这三个方面分别从学生、教师、STEM 教育专家的视角对课例的迭代优化提出了发展方向，如图 1-5-1 所示。建议教师参考这三重视角，并根据自己的理解，对课例进行批判性的吸收与借鉴。

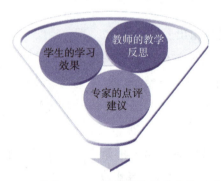

图 1-5-1　书中 STEM 课例的迭代优化的三重视角

相信在不久的将来，STEM 教育的理念、内涵和实践路径会不断发展，伴随着更多探讨教师教学效能、学生学习成果及学习环境设计的研究出现，会有更多不同的学者参与探讨学生 STEM 素养、学生未来的 STEM 职业意愿等主题。期待通过更多的课堂实践及教育研究为教育者提供更多与 STEM 课程决策有关的实证证据，让 STEM 教育更好地促进个人成长、人类福祉及繁荣国家经济。

⊖　江丰光，蔡瑞衡 . 国内外 STEM 教育评估设计的内容分析 [J]. 中国电化教育，2017（6）：59-66.

STEM 1.6　参考书目与推荐阅读

［1］ ANDERSON L W, KRATHWOHL D, AIRASIAN P, et al. A taxonomy for learning, teaching, and assessing: a revision of bloom's taxonomy of educational objectives, complete edition[M]. New York: Addison Wesley Longman, 2001.

［2］ BLOOM B S. Taxonomy of educational objectives: handbook I: cognitive domain[M]. 2nd ed. London: Addison Wesley Longman Ltd, 1984.

［3］ CHENG Y C, So W W M. Managing STEM learning: a typology and four models of integration[J]. International Journal of Educational Management, 2020, 34 (6):1063–1078.

［4］ DEPARTMENT FOR EDUCATION. National curriculum in England: science programmers of study: Statutory Guidance[R/OL]. (2015–05–06)[2022–06–30]. https://www.gov.uk/government/publications/national-curriculum-in-england-science-programmes-of-study/national-curriculum-in-england-science-programmes-of-study.

［5］ DEPARTMENT FOR EMPLOYMENT AND LEARNING. Success through STEM: STEM strategy[R/OL]. (2011–10–05)[2023–06–30]. https:// dera.ioe.ac.uk/id/eprint/10407/1/2857p_stem_booklet_v5.pdf.

［6］ EDUCATION COUNCIL. National STEM school education strategy: a comprehensive plan for science, technology, engineering and mathematics education in Australia[R/OL]. (2015–12–11)[2023–06–30]. https://files.eric.ed.gov/fulltext/ED581690.pdf.

［7］ ENGLISH L D. STEM Education K–12: perspectives on integration[J]. International Journal of STEM Education, 2016, 3(3):1–8.

［8］ GAO X, LI P, SHEN J, et al. Reviewing assessment of student learning in interdisciplinary STEM education[J]. International Journal of STEM Education, 2020, 7(1):1–14.

［9］ HSU Y S, FANG S C. Opportunities and challenges of STEM education[M/OL]// HSU Y S, YEH Y F. Asia–Pacific STEM Teaching Practices. Singapore: Springer, (2019–01–16)[2022–06–27]. https: //doi.org/:10.1007/978–981–15–0768–7_1.

［10］ KELLEY T R, KNOWLES J G. A conceptual framework for integrated STEM education[J]. International Journal of STEM Education, 2016, 3(11):2–11.

［11］ MINISTRY OF EDUCATION, SCIENCE AND TECHNOLOGY. The second basic plan to foster and support the human resources in science and technology (2011–2015)[R]. Seoul, South Korea: MEST, 2011.

［12］KUHN D. Education for thinking[M]. Massachusetts: Harvard University Press, 2005.

［13］LUO T, SO W W M, LI W C, et al. The development and validation of a survey for evaluating primary students' selfefficacy in STEM activities[J]. Journal of Science Education and Technology, 2021, 30(3): 408-419.

［14］MARGINSON S, TYTLER R, FREEMAN B, et al. STEM: country comparisons: international comparisons of science, technology, engineering and mathematics (STEM) education. Final report [R]. Canberra: Australian Council of Learned Academies, 2013.

［15］NATIONAL RESEARCH COUNCIL. A framework for K-12 science education: practices, crosscutting concepts, and core ideas[DB/OL]. Washington, DC: The National Academies Press, 2011 [2023-06-30]. https://research.cc.lehigh.edu/sites/research. cc.lehigh.edu/files/documents/VPRO/Workshops/NRC%20Framework%20for%20 K.12%20Science%20Education.pdf.

［16］NATIONAL RESEARCH COUNCIL. STEM integration in K-12 education: status, prospects, and an agenda for research [DB/OL]. Washington, DC: The National Academies Press, 2014[2023-08-18]. https://nap.nationalacademies.org/catalog/18612/ stem-integration-in-k-12-education-status-prospects-and-an.

［17］NATIONAL SCIENCE BOARD. A national action plan for addressing the critical needs of the U.S. science, technology, engineering, and mathematics education system[R/OL]. (2007-10-30)[2023-06-30]. https://www.nsf.gov/pubs/2007/nsb07114/nsb07114.pdf.

［18］SO W W M, GUO C. Community engagement in STEM education[R]//International encyclopedia of education. 4th ed. Oxford: Elsevier Science,2023:234-243.

［19］STEM INC. Applied learning programmer[DB/OL]. Singapore: Science center Singapore, 2023[2023-06-30]. https://www.science.edu.sg/stem-inc/applied-learning-programme.

［20］THIBAUT L, KNIPPRATH H, DEHAENE W, et al. The influence of teachers' attitudes and school context on instructional practices in integrated STEM education[J]. Teaching and teacher education, 2018, 71:190-205.

［21］UNESCO INTERNATIONAL BUREAU OF EDUCATION. Exploring STEM competences for the 21st century[R].Geneva UNESCO International Bureau of Education, 2019.

［22］VALLERA F L, BODZIN A M. Integrating STEM with AgLIT (agricultural literacy through innovative technology): the efficacy of a project-based curriculum for upper-primary students[J]. International Journal of Science and Mathematics Education, 2020, 18:419-439.

［23］ZOLLMAN A. Learning for STEM literacy: STEM literacy for learning[J]. School Science and Mathematics, 2012, 112(1):12-19.

［24］ZOLLMAN A, SMITH M C, REISDORF P, et al. Motivation and disposition: Pathways to learning mathematics[M]//Brahier D J, Speer W R. Seventy-third National Council of Teachers of Mathematics yearbook. Reston, VA: National Council of Teachers of Mathematics, 2011, 43-53.

［25］陈大琴. 在早期 STEM 教育中注重幼儿学习品质的培养 [J]. 学前教育研究, 2018（8）: 64-66.

［26］陈忞，陈珍国. A-STEM:跨学科融合教育价值重构 [J]. 教育发展研究, 2019, 39（6）: 15-22.

［27］丁峻峰. STEM 与设计思维 [M]. 北京：教育科学出版社，2023.

［28］董博清，彭前程. 核心素养视域下科学思维的内涵及其实现路径 [J]. 课程·教材·教法, 2019, 39（4）:84-90.

［29］冯翠典. 联合国教科文组织 21 世纪 STEM 素养框架及其实现路径 [J]. 比较教育研究, 2020, 42（10）:58-65.

［30］江丰光，蔡瑞衡. 国内外 STEM 教育评估设计的内容分析 [J]. 中国电化教育, 2017（6）:59-66.

［31］李伯聪. 工程思维的性质和认识史及其对工程教育改革的启示——工程教育哲学笔记之三 [J]. 高等工程教育研究, 2018（4）:45-54.

［32］李世瑾，周榕，顾小清. 基于学习进阶的 STEM 教育模式 [J]. 现代远程教育研究, 2022, 34（2）:73-84.

［33］李双寿. STEM 与工程思维 [M]. 北京：教育科学出版社，2023.

［34］领荣，安涛，任岩. STEM 教育中科学思维的培养探究 [J]. 现代教育技术, 2019, 29（11）:107-113.

［35］浦小松，康建朝. 学习成绩、STEM 兴趣与 21 世纪技能——基于中介效应模型分析 [J]. 开放教育研究, 2021, 27（4）:71-84.

［36］首新，胡卫平，刘念. 中小学 STEM 学习中高层次思维测评模型构建与应用 [J]. 电化教育研究, 2020, 41（8）:82-89.

［37］首新，黄秀莉，李健，等．基于 STEM 学习目标的高阶思维评价 [J]. 现代教育技术，2021，31（3）：20-27.

［38］苏咏梅，罗天．STEM 教育的概念重塑 [J].《儿童大世界》科学教学，2021（3）：3-7.

［39］涂涛，张煜明．面向 STEM 教学过程的学习动机序列模型建构与应用 [J]. 现代远程教育研究，2021，33（2）：104-112.

［40］王晶莹．关注 STEM 职业期望的青少年科学素质教育：基于 PISA 2015 和 NARST 2017 的反思 [J]. 科学与社会，2017，7（3）：33-42.

［41］王旭卿．面向 STEM 教育的创客教育模式研究 [J]. 中国电化教育，2015（8）：36-41.

［42］王奕俊，杨悠然．人工智能背景下专业人才培养的发展路径与方向——基于会计职业相关数据的实证研究 [J]. 中国远程教育，2020（1）：35-45；76-77.

［43］杨彦军，张佳慧，吴丹．STEM 素养的内涵及结构框架模型研究 [J]. 电化教育研究，2021，42（1）：42-49.

［44］余胜泉，胡翔．STEM 教育理念与跨学科整合模式 [J]. 开放教育研究，2015，21（4）：13-22.

［45］张进宝．计算思维教育:概念演变与面临的挑战 [J]. 现代远程教育研究,2019,31（6）：89-101.

［46］张屹，高晗蕊，张岩，等．教学目标导向的小学 STEM 校本课程研发与实施——以《小红鹰气象站的建设与运用》课程为例 [J]. 中国电化教育，2021（4）：67-74.

［47］张屹，李幸，黄静，等．基于设计的跨学科 STEM 教学对小学生跨学科学习态度的影响研究 [J]. 中国电化教育，2018（7）：81-89.

［48］中国教育科学研究院．中国 STEM 教育白皮书（精华版）[R/OL].（2017-06-20）.[2021-08-29]. https：//stem.zjnu.edu.cn/2021/0829/c15079a366831/page.htm.

［49］周子明，张志，袁磊．融入设计思维的 STEAM 教育：模式构建与案例分析 [J]. 现代远距离教育，2021（1）：56-62.

第2章 精品课例分析

STEM 2.1 课例概述

由于 STEM 是一个开放性、包容性较高且应用情境非常广泛的理念，在进行 STEM 教育实践时，没有像一般学科课程那样的课程标准和丰富的参考资料，再加上教师可能对 STEM 教育有着不同的、多样的认识、理解和感受，实践的经验及课后的反思便在课程循环迭代中至关重要。不单单是实践的教师可以验证自己的理解，课例的分享对其他教师也起了参考的作用。以下分析是对本书 21 个课例及专家点评的归纳，为各位教师提供具有理论基础及实践经验的 STEM 课例反思和总结。分析从课例的亮点、课例的目标及其达成、活动设计特色及课例的评价四个方面梳理和剖析课例特征，并提出建议。

2.1.1 课例的亮点

本书收录的课例呈现的特点是：课例来源于生活中的真实问题，涵盖 STEM 相关学科的知识，以及能够以小见大、充分挖掘选题内容。具体如下。

◆本书收录的课例选题主要来自三类生活中的真实问题。第一类是贴近低年级学生的日常生活，例如聚焦快递包装、校园环境、居家生活和服装饰品等问题；第二类是社会热点问题，例如对重大公共疾病防控和航天探索的关注等；第三类是有地域特色的问题，例如根据黑龙江的雪爬犁、四川的种桑养蚕和珠三角地区的港珠澳大桥等地域特色事物提出问题。选题新颖有趣，能够激发学生的学习兴趣。课例多采用项目式学习，通过真实情境、仿真情境以及虚拟环境与真实环境相结合的方式，来呈现问题，引导学生分析和解决问题。

◆本书收录的课例的主题涵盖了科学、技术、工程、数学、艺术等 STEM 相关学科的知识。在选题中，既有传统的与科学学科密切相关的选题，如人工鸟巢，也有与科学以外的学科更密切相关的选题，如失物招领处。很多课例（如《纸盒弹拨乐》《元宵节的"走马灯"》《苗族银饰》等）都融合了人文艺术的元素，尤其是语文、美术等学科。

◆以小见大，充分挖掘。好的选题是优秀课例设计的开端，在本书收录的课例中，有许多新颖有趣，却也精准聚焦于某一个"小点"的选题。本书中的许多课例"以小见大"，对一个小的选题进行了充分的挖掘，结合学生年龄特点进行了延伸和拓展。

活动设计的突出特点是聚焦学生的能力培养，一方面重点聚焦学生的思维能力培养，另一方面也会关注学生操作性和技术性能力的培养，或合作和交流能力的培养。具体如下。

◆本书收录的课例聚焦学生的思维能力培养。以工程思维、设计思维、科学思维或计算思维为导向，采用适合的教学方式，并设计了多元的学习支架促进目标的实现和达成。例如，以工程思维和设计思维为导向的课例，会应用已有知识，结合工具使用，经历调查、设计、迭代、制作、产品发布等环节，来体验工程设计的一般过程。把工程设计和解决问题结合起来，突出了思考改良、优化改进和体验设计循环等要素。以科学思维为导向的课例，会让学生进行科学探究式测试，通过探究过程分析问题。然后将科学探究的结果应用于设计上，使抽象的理念变得更具体；或将抽象知识生活化、具体化；或先让学生想出不同维度的意见然后再进行综合，提升学生多角度思考及综合与归纳能力；或选择合适的材料做出模型。

◆本书收录的课例同样关注其他能力的培养。部分课例关注学生操作性和技术性能力的培养，例如让学生了解材料和工具，并进行材料的使用、工具的使用和仪器的操作等。另外，多数课例关注学生合作和交流能力的培养，通过小组合作学习、作品展示、互评互助等方式提升学生的合作和交流能力。

2.1.2 课例的目标及其达成

本书收录的课例在设定教学目标时，能够聚焦核心目标，符合学生发展水平，并且能够让教学目标与教学设计和教学评价相适应。

（1）课例设计的目标聚焦，重点突出

教学目标没有一味追逐全面实现 STEM 课程的所有育人目标，而是根据 STEM 素养的三个维度（知识、能力和情感态度价值观），每个维度都会聚焦少数目标，对学生进行重点培养。例如：能力维度的目标，本书收录的所有课例都会选择工程思维、设计思维、计算思维和科学思维中的 1~2 个目标，作为思维能力目标。

（2）不同课例的目标设置，整体都适合小学低年级学生学习水平

本书收录的部分课例与小学低年级的国家课程内容进行了衔接，本书收录的部分课例则依据小学低年级学生的知识和能力水平进行设计。每个课例都会分析学生已有的知识、经验、技能基础等情况，任务兼顾了挑战性和学生的最近发展区，既能够调动学生的积极性，又能够激发学生的潜能，使学生得到多方面的发展。例如关于植物生长的科学知识、

水泵抽水的原理、套嵌条件语句的使用、工程设计图纸的制作等。

（3）教学目标与教学设计和教学评价相适应

本书收录的课例的教学设计围绕教学目标开展，每一个教学目标都有对应的教学环节来实现。例如，以工程思维为能力目标的课例，会根据工程实践的流程，综合设计探究性问题，通过"提出问题→分析问题→确定标准→制订可行的解决方案→画出设计图→进行创造→测试改进→反思总结"的过程，来实现工程思维能力目标的实现。另外，本书收录的课例的教学评价同样围绕教学目标开展，采用结果性和过程性评价相结合方式，合理运用多种评价工具，采用小组互评、师生评价等方式进行评价，指导和促进学生学习活动的展开。

综合不同专家点评的意见，本书收录的课例在设置教学目标时注意以下几个方面，包括：教学目标的表述要具体化和细致化；教学目标、学习活动和评价指标三者之间要具备一致性和对应性；知识、能力、情感态度价值观目标要具有关联性和迁移性；教学目标要以学科课程标准为依据，并关注学习者的差异。

例如，注意目标表述上要具体化和细致化，让学生对课程的要求把握得更准确，可以参考以下几点方法。

◆在罗列目标时，内容表述可以更具针对性。如进一步把不同学科的元素具体说明，从而强化活动和其他 STEM 活动可能存在的逻辑关系。例如，有的课例目标划分的类型及依据比较混乱，既有三维目标，又从 S、T、E、A、M 五个维度进行了目标设计。如果选取三维目标表达，建议把 S、T、E、A、M 涉及的目标分别放到三维目标的不同维度进行表述。

◆增强目标、学习活动和评价指标的一致性和对应性：对知识目标和能力目标的设定，要结合具体的活动过程进行设置，这有利于教师在每个活动步骤中进行更有针对性的教学行为。可考虑根据不同维度描述目标，以便制作相应的终结性评价表，也可和成品的评估准则达成一致性，使目标可更具体地呈现。

◆加强知识、能力、情感态度价值观的关联性和迁移性。可再加强描述如何引导学生制作成品的过程，及学生如何通过测试和修正的过程改进成品制作。可让学生多做规范性的记录及反思与建议，特别是让学生在设计实践流程中，学习从过程中进行反思与反馈。例如，课例《设计推进装置》让学生通过对火箭技术资料的分析研究，了解火箭系统的组成及推进系统的工作原理，并通过工程设计评价和工程决策任务深化学生对推进原理知识的理解，提高学生发现并解决问题的能力。

◆加强与多个学科课程标准的联系。部分课例可以在教学目标设计时，注意加强与数学、科学等学科课程标准的联系。为实现这一目标，教师在设计 STEM 课程或教学时，可以组建跨学科课程团队，或邀请不同学科的教师作为顾问。通过教师间的跨学科合作与咨询，加强教学设计与不同学科课程标准的联系。

◆关注学生的发展水平，照顾不同学生的差异问题。拟定目标时，要依据学生的知识、能力发展水平来确定难度。部分课例的目标设定高于学生的发展水平，对于小学一至三年级学生来说，难度较大。建议在两方面改进，一方面是教学活动要为学生提供脚手架或适当降低难度，另一方面评价方式也要难易适中。例如小学一至三年级学生并不适合对同学的跨学科能力进行自评或互评。此外，也要关注到同一班级中不同学生的差异，合理地进行分工协作。

◆加强目标的简约性。或许由于 STEM 的综合性及多向性，教师容易在教学目标设计上进行较为全面的列举，但目标条目越多，焦点就可能越模糊。教师在教学和评估时所能关注的维度是有限的，因此建议教师在设置教学目标时进行一定的筛选，凸显该 STEM 课程活动的特点，从而在教学过程中有针对性地实施。

2.1.3 活动设计特色

本书收录的课例有不少活动设计以项目式学习为主，有创意和趣味性，条理清晰，活动全面，让学生动手动脑，用问题引导进行学习。具体如下：

（1）**项目式学习为主**。课例的学习过程设计主要以项目式学习为主，很多课例中体现了项目式学习的典型特征，包括以项目主题为中心、注重驱动性问题、注重学习目标、探究性学习、学生之间的合作探究、技术工具支持教学和学习等。

（2）**活动设计有创意和趣味性**。例如，课例《争做远离流感病毒的小达人》采用游戏化方式展开教学活动，如采用"大转盘"进行远离流感病毒知识的学习和充满趣味性的防护材料的"采购"等，从而激发学生的学习热情和远离流感病毒意识。又例如，课例《快乐雪爬犁》以我国东北地区冬天非常受儿童喜欢的户外活动展开，让学生设计和制作雪爬犁，在模仿制作中感受前人的智慧。

（3）**活动设计条理清晰，逻辑严密，可操作性强，遵循进阶思想**。例如，课例《设计推进装置》以"确定需求→调查研究→设计制作→测试评估"的工程实践过程划分项目实施目标及阶段，以"分析失败原因→寻找解决方案→实施解决方案→获得问题解决"的过程设计学习活动，让学生体验工程问题解决流程，以策略型、资源型、任务型、交流型、评价型学习支架促进学生进行有意义的自主探究学习。

（4）**课例活动涉及范畴较全面，较好地融合了 STEM 的各个要素**。例如，课例《智造"节水校园"》通过"发现问题→调查分析→提出解决方案→设计并实施方案→测试改进→反思总结"的活动，层层推进科学探究和工程实践。

（5）**让学生动手动脑的特点突出**。例如，课例《拯救"小浣熊"》让学生借助工程设计的方法和流程，通过科学实验和动手，以数学为支撑，反复迭代，不断优化，寻找创新的解决方案，较好地平衡了"动手做"和"用脑想"两个重要的方面。

（6）**注重情境导入，让学生能在问题的引导下进行学习**。例如，课例《欢迎来我们学校》以学校每年接待幼儿园参观的活动为背景，以"为幼儿园小朋友设计一条最佳校园参观路线"为驱动性问题，使学生经历数据分析、路线设计、实践体验、迭代优化、带领参观等一系列的活动。真实性的问题不仅能够提高学生的知识运用能力和问题解决能力，还能够提升学生的学习兴趣和自我价值感。

综合不同专家的意见，活动设计要注意五个方面的问题，包括要拓展活动的深度、时间分配比例要合理、重视学生的安全问题、标题应当凸显活动内容和活动特色，以及要增加活动的个性化和推广性。具体如下。

（1）**拓展活动的深度，而非将活动停留在浅层次的动手和动脑**。例如，课例《我们的新蚕房》针对桑叶变干问题进行科学探究，并提出工程设计解决方案，最终进行蚕房改造。比如将第五课中判断桑叶干湿度的实验方案引入到"温度升高引起桑叶变干"的猜想验证之中，引导学生形成科学探究意识。同时可以考虑增加项目的扩展性，而不仅仅是围绕保湿问题改进蚕房。

（2）**不同环节的活动设计，时间分配比例要聚焦，突出活动主轴**。例如，课例《拯救"小浣熊"》的第一课中情境创建和问题确定两个环节内容有交叉，建议做适当合并以减少时间，而学生的自主设计环节宜安排更多些时间来增强其设计的规范性和科学性。又例如，课例《智造"节水校园"》可以适当聚焦和强化在某个活动片段、方法或者过程，能让学生充分展开并有收获。此外，原型制作迭代时间很有限，希望能有更多模块时间的安排。

（3）**活动设计要重视学生的安全问题**。例如，课例《争做远离流感病毒的小达人》需要学生操作和使用热熔胶枪，对于小学一至三年级学生来说较为困难，并且存在安全隐患，应当有具体的方法去指导学生使用热熔胶枪，而不仅仅是通过出示安全使用小贴士的方式。又例如，课例《制作帽子》也需要学生使用多种有安全隐患的工具制作帽子，所以应当为学生提供工具使用说明等脚手架（比如打印出的工具使用手册等），或者增加一个工具使用的讲解环节，这样不但解决了工具使用的问题，还可以更好地强调安全问题，降低风险。

（4）**课例的名称应当更准确地凸显活动内容和活动特色等**。例如，课例《拯救"小浣熊"》的名称可能会让人误以为是保护生物多样性的活动，建议名称可以更直接，比如用《物流"软"金刚》。

（5）**增加活动的个性化和推广性**。教师可以通过活动设计，让 STEM 活动与学生的生活更紧密相关，更有意义。其一，可以鼓励学生在设计产品时融入"个人化"的特点。例如，课例《鸟巢设计与制作》中，鸟巢的设计与制作这一活动已经与学生生活紧密相关，学生在日常生活中对鸟巢有一定的认识和经验。但在活动进一步优化时，还可以考虑让学生专门为自己熟悉或喜欢的鸟类设计鸟巢，这样可以进一步增强学生参与该活动的兴趣与动机。其二，可以在 STEM 课程和活动后，进一步鼓励学生"推广"自己的成果。例如，学生得出的探究结论、提出的问题解决方案可以通过海报的形式展示在教室或校园内，学生设计和制作的产品可以在活动中展示，甚至可以应用于实践中，如课例《失物招领处变身记》。

2.1.4 课例的评价

综合各课例的评价，呈现不同的情况，有相当数量的课例，其评价有比较理想的全面性。在评价对象方面，不同课例都较为多样，有评价学生和评价作品、展示、表现等方式。且课例大部分能够留意到过程性评价与终结性评价相结合的方式，让教师在不同的阶段发挥评价的不同作用，既能基于评估结果调整后续教学，也能够对整个课程或者活动效果进行总结性评估。例如课例《拯救"小浣熊"》设计了兼顾过程性与终结性的评价量表，系统性高，内容相对翔实，具有很高的实操性。

有的课例在终结性评价后进行了统计分析，得出了班级整体对概念的理解情况；有的课例反思中，教师甚至借鉴准实验研究的理念，通过问卷、访谈的形式比较参与 STEM 教学的学生和未参与 STEM 教学的学生的学习状况，从而评估该 STEM 教学的效果；有的课例结合调查问卷的形式收集学生对授课的反馈和意见，并已进行多次迭代。上述策略都能够较好地促进课例的优化。

然而，专家们点评课例时，提出了一些理想的 STEM 评价设计需要具备以下要素。

（1）**课例评价需要具备合理性**。在活动中能设计不同的评估准则，以观察及评价学生的学习过程和成果，让学生可以根据教师的期望努力向前，以达至成功。

评价的准则需清晰而详尽，分值分配合理，能让评价者做到评分相对公平。

从评价方式、评价工具到评价量表等都需符合课程标准对评价提出的要求。

无论是学生自评、组间互评、师评，还是多元评价相结合的方式，都宜注重过程性评价，项目终结性评价与学习目标紧密结合，做到"目标—手段"的一致性。

（2）**评价的范畴和维度需要完善**。标准维度的设计需反映活动的步骤，以及相关学科的知识和技能；评价学生的科学探究过程思维时，评价范围可多集中于实验过程的变量控制、记录及结论推演上。

评价学生的科学思维、计算思维、工程思维、设计思维等思维能力的达成，宜提出合理的评价维度。例如，是从哪些过程或角度加以说明以达成目标；增加对作品美观程度的评价指标，相信评价范畴会更完备；加强评价结果的反馈功能时，能就多个评价量表给出综合评价方案；在涉及的学科知识方面，可以增加测试，以巩固学习效果。

把评价与学习过程更紧密地结合，让评价描述更能体现学生在学习中的成长过程。根据活动进程设计评价维度和项目，例如针对学生的实验结果和汇报的评价，以此反映出学生对课堂所学知识的掌握程度，表现出形成性评价的特点。

评价工具要明确、具体，评价标准和说明要清晰明了，这样才能够保证评价的效度。

（3）**评价方式需要提高可操作性**。评价量表最好能描述评价内容及准则，采用浅显和具体化的文字表述，可以让学生更容易理解学习的情况。

评分表宜设置具体的水平描述，加入不同等级的标准，然后让学生勾选"优秀""良好""一般"等选项，对表现欠佳的学生亦能起到鼓励的作用，也可以帮助师生更直观地了解整体的教学效果。

（4）**评价方式和评价主体需要多元化**。评价项目式学习成果，可引入小组互评、学生自评、教师评价，以实现多元化评价主体。结合专家评价可以发现，尽管绝大多数课例都进行了小组合作的 STEM 活动，但是许多课例并未针对合作情况进行评价。有的课例可以增加小组互评量表的使用，从而了解在 STEM 活动中学生的合作情况。

或许由于非正式评价通常很少被写在课例中，所以不少课例中并未体现非正式的评价方式（如口头评价和反馈、提建设性意见等），但是非正式的评价方式在 STEM 教学中可以发挥重要作用，尤其是在合作学习、探究学习等过程中。

让学生进行成果展示或汇报，利用多元课业的表达方式展示，可加强学生的学习自信，提升共通能力。

STEM 教育理念具有高度开放性和包容性，有别于传统学科。本书征集了全国多地小学教师设计的多样化课例，涵盖了在不同的学校场景实践的 STEM 教育，获得了宝贵的教学经验及对学生学习的反思；本书也邀请了中国内地、香港和澳门三地的 STEM 教育专家对课例进行了点评，专家团队包括具备理论高度的大学教授、教研经验丰富的教研员及实践经验丰富的一线教师；本书从学生的学习成果、教师的教学反思、专家的点评建议三个方面，为课程进一步循环迭代提供了很好的参考依据。

课例选题方面，选题主要来源于三类生活中的真实问题，关注学生的日常生活、社会热点和地域特色的问题。能够以小见大充分挖掘选题内容，并结合学生年龄特点进行延伸和拓展，让学生在解决问题的过程中综合运用 STEM 相关学科的知识，培养多个方面的能力。

拟定教学目标方面，能够聚焦核心目标，符合学生发展水平，并且能够让教学目标与教学设计和教学评价相适应。由于众多课例涉及不同的主题、内容和范畴，不同点评专家建议：要注意目标表述的具体化和细致化，要增强目标与学习活动和评价指标的一致性和对应性，要加强知识、能力、情感态度价值观目标的关联性和迁移性，要加强目标与多个学科课程标准的联系，要照顾学习差异，以及要加强目标的简约性。

活动设计方面，多数课例呈现的特点是：以项目式学习为主，有创意和趣味性，条理清晰，活动全面，让学生动手动脑，用问题引导进行学习。纵观不同专家点评活动设计的意见，建议拓展活动的深度，合理分配时间比例，重视学生的安全问题，课例名称应当凸显活动内容和活动特色，以及要增加活动的个性化和推广性。

最后，评价方面，课例呈现不同的情况，有相当数量的课例，其评价比较具备全面性，注重评价维度、评价对象和评价方式的多样性，评价策略能够较好地促进课例的优化。但也有部分课例的评价方式需要改进，综合专家的建议，STEM 教学评价需要关注多个要素，包括课例评价需具有合理性、要完善评价项目的范畴和维度、形成评价体系、提高评价方案的可操作性、使用多元化评价方式和评价主体。

STEM 2.2 课例一：争做远离流感病毒的小达人

★**适用年级**：小学一、二年级。

★**关键词**：跨学科 STEM 学习，设计思维，科学、数学、美术、语文，小组合作。

★**课例提供团队**：浙江省湖州市吴兴区湖师附小教育集团西山漾校区童淼桢、朱敏怡、梅佳琪、胡旭丽、潘秋月。

★**课时**：10 课时，400 分钟。

★ 课例背景

结合校园生活中的实际情况，开展"远离流感病毒小达人"的项目乐考活动。学生经历了设计、制作、改进、分享等探究过程，在项目的实践过程中，他们了解了季节性流感病毒的传播途径，认识了口罩，学会了如何正确佩戴口罩并尝试制作，与生活实际紧密结合。同时在团队的合作、实践中，学生的语言表达能力、设计思维、选择材料和运用工具的能力等知识和技能得到综合运用，实现综合素养的全面提升。

★ 连接生活

春、秋、冬三个季节是流感病毒高发的季节，在小学校园里，由于学生年龄小，防范意识弱，特别容易交叉感染。那么作为小学生，如何加强自己在这一方面的防护意识呢？全面了解流感病毒防护知识，学会科学、正确的防护方法，同时还能设计出口罩这类防护产品，对他们非常有意义。

★ STEM 学科内容及教学策略的整合

将启蒙、训练学生的设计思维作为本 STEM 教学实施的主要目标。根据学生现有知识水平和教师提前铺垫的知识，以防护为导向，通过设计、制作、改进为主导，融合科学（了解防流感病毒知识）、数学（测量与计算）、美术（设计草图）、语文（沟通与表达）的跨学科课程内容，采用小组合作的形式展开课程。

★ 学生已有知识、经验、技能基础情况

低年级学生知识储备不够多，但在生活中，通过各种形式的宣传，和教师的教育，具备了正确佩戴口罩、会用"七步洗手法"洗手、知道打喷嚏捂口鼻等基本的防护常识。学生已经历过一次学业游园乐考活动，初步了解了探究式学习小组合作、方案设计、制作产品等基本步骤，并能较好地使用一些测量工具，完成任务。

★ 学生学习过程中可能遇到的困难

准备环节：制作时穿针引线的能力可能不能较好掌握。

设计环节：对所设计产品的尺寸掌握可能不够精准，与实际运用的匹配度不高。

制作环节：成品不能较好地按照设计稿制作。

分享环节：对活动过程不能较好地表述清楚，反思不够深入，从而对产品做不到进一步优化。

★学习目标

1. 知识目标

通过教师讲解，了解口罩的结构组成，并能选择合适的材料设计并制作。

通过教师指导，学会使用卷尺测量脸部尺寸，并能根据不同对象来设计尺寸合适的口罩。

2. 能力和技能目标

思维能力：培养学生自主学习的能力，感悟方案可行的重要性和方案迭代的必要性，养成探究习惯，逐步形成同理心，培养学生学以致用的能力和良好的学习品质。启蒙训练学生的设计思维。

社会情感技能：在项目的实践过程中，让学生了解流感病毒的危害，提高防护意识，将所学知识融入生活。

3. 情感态度价值观目标

学生对 STEM 学习的态度和价值观：学生在小组合作采购、设计、制作中提高了合作意识，加深了对课程活动的责任感。

学生对 STEM 专业和职业的兴趣：根据最近发展区理论和学习支架的作用，初步建构学生的设计意识，学会从生活中发现问题并解决问题，实现个人综合素养的全面提升。

★材料和物资准备

1. 教室空间分布

本课程设置了不同的情景，以两个教室作为活动地点，每个教室分别划分了不同的空间区域，如图 2-2-1 和图 2-2-2 所示。

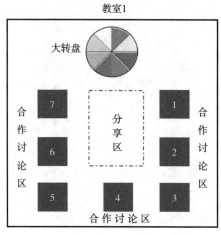

图 2-2-1　教室 1

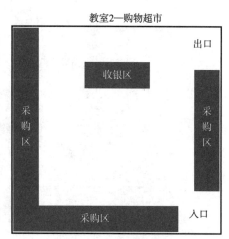

图 2-2-2　教室 2

2. 教具

大转盘、多媒体、制作材料（图 2-2-3）、"流感病毒知多少"易拉宝、活动流程介绍易拉宝。

图 2-2-3　制作材料

★教学流程

教学流程如图 2-2-4 所示。

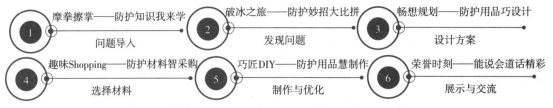

图 2-2-4　教学流程

第一课　摩拳擦掌——防护知识我来学

争章卡第一关——储备阶段，如图 2-2-5 所示。

图 2-2-5　争章卡第一关——储备阶段

★ 课节目标

让学生了解**口罩结构及所需材料**，学会穿针引线、测量、绘制草图等技能，保障活动顺利展开。

★ 课时安排

4 课时，160 分钟。

★ 学习活动

活动 1：科学课

科学教师介绍流感病毒的来源和主要传播途径，学生深入了解流感病毒。

科学教师介绍口罩的结构及各构造部分的材料，学生知晓制作原理。

科学教师播放口罩制作视频，学生初步了解制作方法。

活动 2：数学课

数学教师教授学生认识卷尺。

学生初步学习使用卷尺测量脸部尺寸的方法。

活动 3：美术课

美术教师教授学生如何通过手绘草图来实现自己的设计，学生手绘设计草图。

美术教师教授学生学习适当美化草图，学生美化草图。

活动 4：语文课

语文教师介绍活动流程，学生知晓活动流程。

语文教师组织各小组交流、分工，学生根据各自特长，培养默契，促进实践体验。

语文教师教授学生表达技巧，学生学会用关联词来表述事情的发展顺序，尝试上台表达。

★ 评价工具

教师评价：在前期知识储备的 4 课时中，教师根据各组表现评分，组内成员积极参与，实践体验按需完成的均可得 1 颗☆，表现不佳者，则不得☆。

★ 学习成果

在项目正式开始前，学生通过教师指导，校内外自主练习，储备了相关的知识与技能，组内成员在 4 课时的磨合中初步形成默契，达成共识，如图 2-2-6 ~ 图 2-2-10 所示。

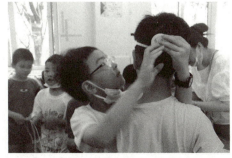

图 2-2-6　用卷尺练习测量头围　　图 2-2-7　在家练习裁剪、穿针引线技能

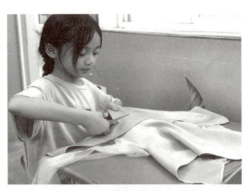

图 2-2-8　学生成品　　　图 2-2-9　班级组织包包制作活动　　　图 2-2-10　学生一节课
制作出的成品

🔷 第二课　破冰之旅——防护妙招大比拼

争章卡第二关——防护妙招大比拼，如图 2-2-11 所示。

图 2-2-11　争章卡第二关——防护妙招大比拼

★ 课节目标

让学生巩固流感病毒的特点和必要的防护知识，让每名小组成员间形成初步的合作。

★ 课时安排

1 课时，40 分钟。

★ 学习活动

活动 1：大转盘转转转

教师制作大转盘，并摆放在教室讲台上。

学生分组选派代表转动大转盘。

组内选派代表根据转到的内容进行回答，组内其他成员进行补充。

活动 2：介绍活动流程

教师总结相关防护知识，明确活动流程及规则。

学生组内初步建立默契，达成共识。

★ 评价工具

教师评价： 争章卡。这一环节共 1 颗☆，考查组员是否能准确回答抽到的防护常识题目。若遇到困难，组员也可帮助作答，回答正确均可得☆，见表 2-2-1。

表 2-2-1　争章卡 1

评价标准	争章数	争章总数
抽到的防护常识题目回答准确		

★ 学习成果

各小组轮流上台抽题，各组成员根据答题情况获得☆。

第三课　畅想规划——防护用品巧设计

争章卡第三关——防护用品巧设计，如图 2-2-12 所示。

图 2-2-12　争章卡第三关——防护用品巧设计

★ 课节目标

让学生从生活实际出发，综合组内成员创意来设计产品，在活动中初步培养学生的设计思维和协作能力。

★ 课时安排

1 课时，40 分钟。

★ 学习活动

活动 1：选择设计对象

教师布置任务：各组选择设计对象。

学生根据本组需求商议并选择将合作制作口罩。

活动 2：明确小组分工

教师组织组内成员合理分工。

组长根据组员特点及优势，进行合理分工，并做好记录。

活动 3：设计师初体验

以**设计思维"635 法"头脑风暴的学习支架**来激发学生的设计创意。

教师发放白纸，引导学生在白纸上写下或画下自己对产品的初步构思；组织各组根据可行性设计方案，绘制设计图；组织学生一稿后讨论，进行二次修改。

学生组内成员顺时针互相传递构思，传阅并交换想法；讨论并绘制产品设计图，在汇报、讨论中不断调整设计图，进行再修改。

活动 4：选择材料清单

教师组织各组根据设计图，选择制作所需的材料清单，并适当提醒学生节约资源。

学生分组选择材料清单。

★ **评价工具**

教师评价：争章卡。此环节主要从三方面评价各组的设计图，最高可得 3 颗☆，见表 2-2-2。

表 2-2-2　争章卡 2

评价标准	争章数	争章总数
设计图结构清晰、尺寸标注合理，符合主题		
设计图设计美观整洁		
清单列表选择完整，能根据设计图所需不多选也不漏选		

★ **学习成果**

各组在不断讨论、设计、修改、再设计中完成设计稿，并对设计稿所需材料进行相应选择，为下一步制作材料的采购做好准备，如图 2-2-13 所示。

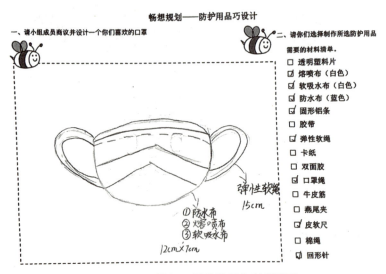

图 2-2-13　某组口罩设计图与材料清单

✦✦✦ 第四课　趣味 Shopping——防护材料智采购

争章卡第四关——防护材料智采购，如图 2-2-14 所示。

图 2-2-14　争章卡第四关——防护材料智采购

★ **课节目标**

（1）通过体验"防护三部曲"，让学生养成良好的防护习惯。

（2）通过体验"自主采购"，促使各组能充分考虑采购成本，学会合理消费。

★ **课时安排**

1 课时，40 分钟。

★ **学习活动**

活动 1：防护三部曲

模拟商场环境：

教师扮演"商场工作人员"，负责维持商场秩序。

学生扮演"顾客"进入商场。

活动 2：自主采购

教师扮演"收银员"，为"顾客"结账。

学生根据设计稿中的材料清单采购材料，并尝试考虑所购材料的成本，在收银台结账。

★ **评价工具**

教师评价：争章卡。此环节主要从两方面评价各组表现，最高可得 4 颗☆，见表 2-2-3。

表 2-2-3　争章卡 3

评价标准	争章数	争章总数
模拟商场基本防护措施都做到		
能成功按材料清单采购到所需材料		

★ **学习成果**

在模拟商场采购中，学生有意识地能按照防护要求的戴口罩、与人保持一定距离；在采购环节中，组员们群策群力，做到按需购买，能力强的小组还能充分考虑到成本，以最划算的方式买到了所需材料。这一环节，促使学生综合能力的不断输出。

第五课　巧匠 DIY——防护用品慧制作

争章卡第五关——防护用品慧制作，如图 2-2-15 所示。

图 2-2-15　争章卡第五关——防护用品慧制作

★ **课节目标**

组内成员根据图纸上的工作进行明确分工，从而培养学生协调合作的能力。根据实际情况，据图施工，进而培养工程思维和较好的动手能力。

★ **课时安排**

2 课时，80 分钟。

★ **学生活动**

活动 1：根据设计图制作成品

教师巡视各组制作情况，提醒按图施工，对各组给予适当的指导。

学生根据产品设计图，利用采购回来的材料和工具，进行口罩的制作，并进行美化。

活动 2：根据实际再次修改

教师根据各组成果反馈，适当给予技术指导与建议。

学生通过一次次地尝试、讨论，各组将设计稿中不可行的部分不断进行修改、调整。

★ 评价工具

教师评价：争章卡。此环节主要从三方面评价各组制作出的成品，最高可得 3 颗☆，见表 2-2-4。

表 2-2-4 争章卡 4

评价标准	争章数	争章总数
根据设计图制作出成品		
成品可立即佩戴到脸部		
能根据实际情况对成品再次修改、调整		

★ 学习成果

在教师的提醒下，每个小组都能做到按图施工，顺利将设计图中的产品制作出来。每组成员还能根据成品的不足，进行反复修改、调整。图 2-2-16 所示为某组口罩设计图初稿；图 2-2-17 所示为第一次调整长和宽的尺寸，在造型上做整体修改，以更符合面部轮廓；图 2-2-18 所示为长和宽的尺寸经过一次次实际测量再次进行调整，并再次进行美化。

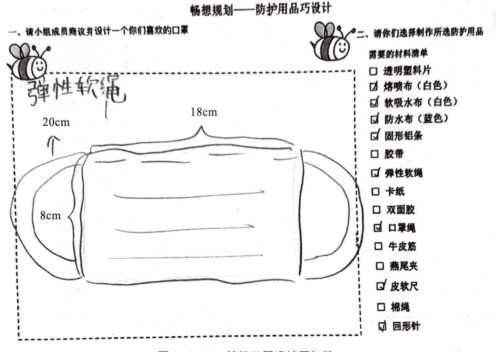

图 2-2-16 某组口罩设计图初稿

畅想规划——防护用品巧设计

一、请小组成员商议并设计一个你们喜欢的口罩

二、请你们选择制作所选防护用品

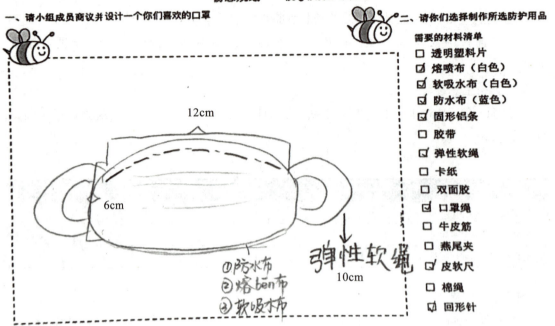

需要的材料清单

☐ 透明塑料片
☑ 熔喷布（白色）
☑ 软吸水布（白色）
☑ 防水布（蓝色）
☑ 固形铝条
☐ 胶带
☑ 弹性软绳
☐ 卡纸
☐ 双面胶
☑ 口罩绳
☐ 牛皮筋
☐ 燕尾夹
☐ 皮软尺
☐ 棉绳
☑ 回形针

图 2-2-17　第一次修改

畅想规划——防护用品巧设计

一、请小组成员商议并设计一个你们喜欢的口罩

二、请你们选择制作所选防护用品

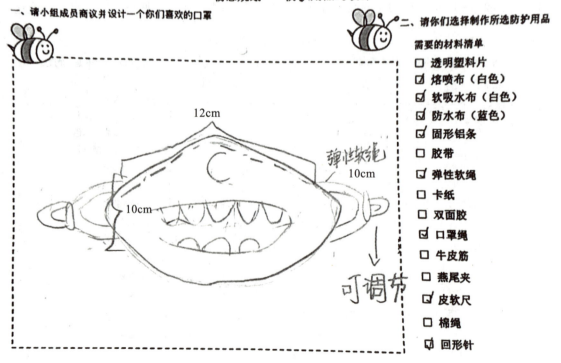

需要的材料清单

☐ 透明塑料片
☑ 熔喷布（白色）
☑ 软吸水布（白色）
☑ 防水布（蓝色）
☑ 固形铝条
☐ 胶带
☑ 弹性软绳
☐ 卡纸
☐ 双面胶
☑ 口罩绳
☐ 牛皮筋
☐ 燕尾夹
☑ 皮软尺
☐ 棉绳
☑ 回形针

图 2-2-18　第二次修改

✦❖✦ 第六课　荣誉时刻——能说会道话精彩

争章卡第六关——能说会道话精彩，如图 2-2-19 所示。

图 2-2-19　争章卡第六关——能说会道话精彩

★ 课节目标

展示成果，分享经验，培养学生口头表达能力。让每位学生敢于表达，展示自己；对活动成果进一步反思优化，初步具备批判性思维；分享交流项目成果；各组进行反思与评价。

★ 课时安排

1 课时，40 分钟。

★ 学生活动

活动：上台展示，分享收获

教师根据学生的年龄特点，提供关键词，让学生把经历的过程说清楚，引导学生对成果做反思和优化。

各组成员以合作形式分享本次活动收获，展示活动成果，提出反思和进一步优化设想。

★ 评价工具

教师评价：争章卡。此环节主要从三方面评价各组的汇报展示，最高可得 3 颗 ☆，见表 2-2-5。

表 2-2-5　争章卡 5

评价标准	争章数	争章总数
语言表达清晰流畅，能借助关键词把过程说清楚		
对成品有反思，有进一步优化设想		
对剩余材料做到正确垃圾分类		

活动总评价：荣誉奖状在经历完整个活动后，学生将根据得到的☆总数，获得不同等级的荣誉称号，见表 2-2-6。

表 2-2-6　争章卡 6

奖章总数	荣誉称号
14~15 颗☆	全能防护小达人
12~13 颗☆	优秀防护小达人
10~11 颗☆	防护小达人

★ 学习成果

各组上台展示成果，分享活动体验。教师为每位组员颁发荣誉奖状，并在指定区域合影留念。

★ 教学设计课例自我评析

1. 全面提升了学生的综合素养

学生在乐考活动过程中自主合作探究，增强流感病毒防护知识，还成功制作了口罩。在教师的引导下，学生按照设计思维流程，基于提供的不同学习支架，能自主运用多学科知识和技能来解决问题。学生运用工具从初次接触到深层体验，测量、针线等工具都能较好地使用，同时学生的表达能力也得到了充分的展示和提升。

2. 提高小学一、二年级学业评价的有效性

传统的学业评价大多以纸质评价为主，更偏向于学生的终结性评价。而项目化一、二年级乐考更注重学生的过程性评价，将所学知识和技能与社会化的成长有机融合，让更多的学生转变学习方式，提高了评价的有效性。

3. 为一、二年级项目化活动提供经验

基于 STEM 的教育理念，将一、二年级乐考转变成项目化实践是首次尝试。反思过程也存在不足，如在分工合作方面，能力比较薄弱的学生相对来说较为弱势，能力强的学生则一直占主导地位；在知识储备方面，学生对项目化学习的核心问题定义了解的还不够，特别是用户需求方面没有进行充分调查，导致作品呈现比较单一，缺少适用性和创新性。

★专家点评

点评专家	王志成，清华大学基础工业训练中心（iCenter）研发推广部副部长，副教授。 张柳，北京市海淀区教师进修学校教研员，理学博士。
课例亮点	聚焦学生的思维培养和能力提升，学生在解决真实问题和实践中学习多学科知识，体现了课程活动与生活实际紧密联系的特点。教师为学生提供了多类型的学习支架，每一个学习环节都进行了过程性评价，并在课程的设计中融入了设计思维和工程思维的培养元素。
课例目标 及其达成	（1）学生知识层面的目标基本达成。能力层面：学生的同理心、设计思维，以及问题解决能力得到了提升；价值观方面：培养了学生关注社会、热爱生活等方面的情感。目标成功融合了科学、数学、美术和语文等跨学科课程内容。 （2）建议加强学生探究能力的培养。
课例活动设计	（1）活动的设计符合学科学习的逻辑和解决真实工程问题的逻辑。 （2）建议补充学生自画像分析；加强与现有课程标准中核心素养要求的结合。
课例评价	（1）课例采用了结果性和过程性评价相结合的方式，评价方式基本合理。教师根据学生小组的表现，包括成员积极参与的程度、实践体验过程、产品完成情况等方面设计了评价标准和相应的评价工具，并在课程的最后为学生颁发荣誉称号，作为评价的反馈。 （2）对于过程性和表现性评价详细量表设计，建议与课程标准内容结合，体现课程标准内容和要求。
其他评价	本课例是一个适合小学一、二年级学生的高质量的 STEM 课程，学习过程符合工程实践的真实过程，活动指向学生设计思维、工程思维等的提升。教师通过学习支架和过程性评价的设计和实施，保证了学生在项目中的自主实践和项目的高质量完成。

STEM 2.3 课例二：拯救"小浣熊"

★**适用年级**：小学三年级。

★**关键词**：跨学科 STEM 学习，工程思维，科学、技术、工程、数学，小组合作。

★**课例提供团队**：吉林省长春市力旺实验小学张露丹、张芮、田雪、孙玉新。

★**课时**：3 课时，120 分钟。

★ 课例背景

本课例在小学三年级学生对于材料硬度、承重能力已经学习和了解的基础上设计而成，以"双十一"购物潮为项目背景，通过快递运输视频提出任务，头脑风暴，发现核心问题：易碎品的快递包装要具有良好的缓冲、减震效果。以学生常见的小浣熊方便面为易碎品代表，由于包装材料种类和成本的制约，让学生体会到工程的核心。以工程师的角度，引导学生设计、制作、测试、优化，并迭代整个过程。利用填写的评价量表让学生进行自我评价与反思。通过展示、沟通与交流，分享小组智慧，锻炼学生的口头表达能力和沟通交流能力，提高批判性思维。

★ 连接生活

以"双十一"购物潮为背景，以学生生活中经常接触的网络购物、物品运输、快递拆箱为切入点，通过快递运输中各种意想不到的状况视频（如分拣、投掷快递时箱子受到撞击、落地等情况导致物品破损）引发学生思考，哪些材料适合用来做快递包装呢？它们又该怎样组合才能更好地保护物品呢？

★ STEM 学科内容及教学策略的整合

本课例将科学、技术、工程与数学有机结合在一起，以工程学为思想，科学知识为骨架，数学为支撑，技术为手段，反复迭代"提出问题—头脑风暴—构思—设计—制作—测试—优化"这些环节。在课程中模拟快递运输可能出现的粗暴运输情况，给学生提供亲自参与、操作、真切感受的平台；学生综合运用各方面能力将所学知识转化为自己的作品，例如一些学生知道空气具有弹性，因此选择空气柱等物品设计快递包装；通过优化改良、反思评价等过程培养学生的批判性思维、创新能力和综合实践能力，提升勇于探索、理性思维、实践创新等科学核心素养。

★ 学生已有知识、经验、技能基础情况

小学三年级学生对生活中的常见材料及其性能、特点都有一定的了解，对快递包装也非常熟悉，可以准确地进行成本计算，能够通过小组合作完成简易的包装制作。

★学生学习过程中可能遇到的困难

（1）难以把握成本控制与保证缓冲、减震效果的平衡点。

（2）方案设计时小组内会出现多种方案，制作和测试环节所需时间会较多。

★学习目标

1.知识目标

通过参与"设计—制作—测试—优化"快递包装的过程，理解材料的不同选择及组合方式会影响快递包装的缓冲、减震能力。

2.能力和技能目标

思维能力：以快递包装为载体，让学生感知真实的工作流程，通过小组协作、实践操作、技术改进等过程形成通过迭代不断优化快递包装制作方法的工程思维。

社会情感技能：通过小组合作完成快递包装制作，培养学生的交流沟通能力、团体精神和主体意识，锻炼心理素质，增强集体责任感。

3.情感态度价值观目标

学生对 STEM 学习的态度和价值观：以真实的问题情境激发学生的探索兴趣，发展乐于动手、善于合作、尊重他人、认真倾听、敢于发表意见的品质。

学生对 STEM 专业和职业的兴趣：通过体验包装工程师的工作流程，激发学生对包装的研究兴趣。

★材料和物资准备

1.教室空间分布

教室空间分布如图 2-3-1 所示。学生在不同的区域进行相应的学习任务。

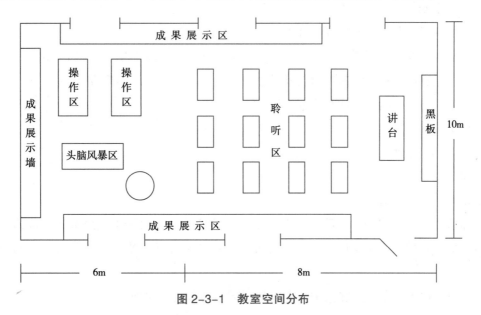

图 2-3-1　教室空间分布

2. 教具

（1）**所需教学设备**：联网的计算机、多媒体设备。

（2）**所需制作工具**：剪刀、透明胶带、双面胶、尺子、电子秤、自封袋、测试高台、评价记录手册。

（3）**所需制作材料**：尺寸不同的包装盒、气泡膜、空气柱、报纸、海绵、珍珠棉纸、珍珠棉块、小浣熊干脆面。

★ 教学流程

教学流程如图 2-3-2 所示。

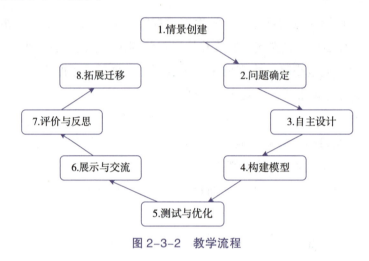

图 2-3-2　教学流程

⚙ 第一课　聚焦快递难题

▊⭐ 课节目标

（1）了解项目背景，明确项目任务。

（2）头脑风暴，识别制约因素，如快递包装的效果、成本问题、材料的选择。

（3）根据制约因素选定所需材料及数量，通过绘制设计草图体现设计方案。

（4）能清晰、准确地表达与沟通交流。

▊⭐ 课时安排

1 课时，40 分钟。

▊⭐ 学习活动

活动 1：情景创建

教师播放关于"双十一"购物大潮中快递运输的视频，引导学生思考现今快递运输过程中的现状与问题，提出本课任务：设计并制作一款易碎品的快递包装，以小浣熊干脆面为例。

学生观看视频，交流能够保护快递物品的措施与方法，明确任务。

活动 2：问题确定

教师引导学生思考：

（1）针对快递包装运输过程中容易破损的问题，大家有什么好的解决办法吗？

（2）为了能够让更多快递公司大力购买我们制作的快递包装，我们还需要考虑哪些方面？

学生进行头脑风暴，站在工程师的角度，思考并交流优质快递包装需要具备的特点，从而识别任务的制约因素。

活动 3：团队分工

教师介绍团队分工，每个团队包括项目总监、设计总监、物料经理、测试总监、总工程师。

学生小组商讨，明确分工。

活动 4：自主设计

教师出示可选材料：两种不同大小的快递盒、空气柱、气泡纸、报纸、珍珠棉纸、珍珠棉块以及海绵块。

学生小组讨论，确定包装所需要的材料种类和数量，计算出总成本并绘制草图，完成方案设计。

★ 评价工具

从语言表达、记录情况、合作分工三方面对各小组本节课任务完成情况进行评价。通过评价量表中各项的不同等级，帮助学生正确判断，从而明确优化、完善的方向，见表 2-3-1。

表 2-3-1 自主设计评价量表

评价内容	评价标准			评价
	1分	2分	3分	
语言表达	描述清晰，思维混乱	能准确描述、较流利表达	能准确描述，清楚、流利表达，条理清晰	
记录情况	缺少部分内容，绘图不清晰	记录较及时，绘图较清晰	能及时记录，并按照要求清晰画图，并配简要文字说明	
合作分工	由少数组员完成所有工作	所有组员都有参与，但分工不明确	分工合理，各司其职，合作顺畅	
总分				

★ 学习成果

学生通过情境创设、教师引导、头脑风暴等环节了解本节课任务及制约因素，经历小组讨论、自主设计、小组分享等过程，能够初步完成快递包装的材料选择和简单设计。

第二课　制作、测试快递包装

★ 课节目标

（1）能根据设计方案制作快递包装。

（2）能按照要求进行公平测试。

（3）能利用电子秤准确称量测试前后完整面饼的质量，并计算测试前后面饼破损的质量。

（4）能通过调整材料的组合方式或改变材料的结构方式提高快递包装的缓冲、减震能力。

（5）能通过迭代，不断优化快递包装的制作方法。

★ 课时安排

1 课时，40 分钟。

★ 学习活动

活动 1：构建模型

教师请各组先按照设计方案去材料区选取材料，然后按照设计图制作快递包装。

学生的各小组物料经理根据设计方案在材料区选取所选材料及工具，根据设计图制作快递包装。

活动 2：明确测试方法与标准

教师问学生：怎样评价本次方案的包装效果？向学生介绍：由于我们的电子秤是厨房用秤，没有那么精确，如果只碎了几小块，测量的质量就不太准确。所以我们就需要知道面饼起始质量和测试后质量。那么在包装之前，需要完成面饼起始质量的称重和装袋工作。

学生将测试前后面饼的质量和计算出的破损质量记录在测试结果记录表中，见表 2-3-2。活动中，学生要思考评价测试结果的标准，并确定具体实行办法。

表 2-3-2　测试结果记录表

测试前质量（g）	
测试后质量（g）	
破损的质量（g）	

活动 3：测试

教师组织学生模拟快递运输中可能出现的粗暴运输情况，进行公平测试。

学生测试总监走上台阶，将快递在测试高台（约 2 m 高）上轻轻推下，反复落地 5 次，小组成员记录测试结果。

活动 4：优化

教师引导学生完成一次制作、测试流程之后，还要思考怎样使我们的快递包装更加物美价廉，不仅缓冲减震效果好，而且成本低廉。对设计方案进一步优化，形成 2 号设计方案，再用刚才测试后的最大块面饼进行新一轮的设计、制作、测试，迭代这个流程。

学生分析结果，优化方案，迭代制作、测试，优化流程。期间，学生物料经理可以随时到材料区进行退换货。

★ **评价工具**

从材料选取、制作完成情况、测试改进、记录与计算、规定时间内完成测试次数、合作分工六个方面对各小组本节课任务完成情况进行评价。通过评价量表中各项的不同等级，帮助学生正确判断本组任务完成的具体情况，明确小组优化、完善的方向，见表 2-3-3。

表 2-3-3　制作测试评价量表

评价内容	评价标准			评价
	1分	2分	3分	
材料选取	盲目选取材料，未按设计方案执行	对材料简单分析后，按照设计方案选取材料	对材料有清晰的认识，严格按照设计方案选取材料	
制作完成情况	未能按设计方案完成制作，不美观	能大致按设计方案完成制作，但没有达到预期效果	能按设计方案完成制作，美观，效果好	
测试改进	测试效果较差，不知如何改进	测试较成功，有改进的思路和空间	测试非常成功，有继续完善的想法，将包装效果改进得更好	
记录与计算	记录与数据计算不及时，不准确，记录脏乱	记录与数据计算较及时，记录较工整	及时记录数据，计算快速、准确，记录完整且整洁	
规定时间内完成测试次数	1次	2次	3次及以上	
合作分工	由少数组员完成所有工作	所有组员都有参与，但分工不明确	分工合理，合作顺畅	
总分				

★ **学习成果**

学生根据片面的前概念而设计的方案，经过制作和测试后，普遍发现缓冲减震的效果一般，经过小组不断的讨论、对材料的逐步深入分析，以及组间的信息置换交流后，优化后的快递包装缓冲减震效果均得到了较大幅度的提升，同时节约了一定的成本。

💫 第三课　成果发布会

★ **课节目标**

（1）展示、介绍各组作品并说明设计思路和优缺点。

（2）提供评价量表，组织学生对小组综合表现、创新性、成本、作品效果进行综合评价，促进学生自我反思。

（3）通过本课程所学知识拓展迁移到更多的生活实际问题，提升学生的拓展迁移能力和知识转化能力。

★ 课时安排

1 课时，40 分钟。

★ 学习活动

活动 1：展示与交流

教师组织各组带着最好的快递包装及其设计方案到台前进行展示并介绍设计方案、创意、优缺点。

学生互相点评，提出建议。

活动 2：评价与反思

教师引导各组学生根据最好的方案填写评价量表，组织各组和大家分享本课的反思与收获。

学生对自我表现进行评价、反思，各组相互交流、讨论，说出在本课中遇到的问题、解决的方法和收获。

活动 3：拓展迁移

教师向学生提出：日常生活中，针对手表、手机等小型贵重物品，人们也会设计相应结构和材料的包装提供保护；对于冰箱、电视机等，会在它的四周包上缓冲减震效果好的材料。请大家课后继续调查，生活中不同类别的其他物品都会有怎样的包装。

学生课后查阅相关资料。

★ 评价工具

从包装效果、成本、创意、设计记录、合作分工、展示交流六方面对各小组本节课任务完成情况进行评价。通过评价量表中各项的不同等级，帮助学生正确判断本组任务完成的具体情况，明确小组以后努力的方向，见表 2-3-4。

表 2-3-4 终结性评价量表

评价内容	评价标准			评价
	1 分	2 分	3 分	
包装效果	破损 >5g	破损 1.1~5g	破损 0~1g	
成本	>1 元	0.9~1 元	0~0.8 元	
创意	单一普通	有一些新颖的想法	独特新颖	
设计记录	缺少文字和画图设计，书写不完整，字迹脏乱	能够及时记录，书写较完整，但设计混乱，缺少相应的说明或指示	合理设计，表述清晰，书写完整，字迹工整	
合作分工	由少数组员完成所有工作	所有组员都有参与，但分工不明确	分工合理，合作顺畅	
展示交流	对小组设计和制作过程的描述缺乏逻辑，不能清晰地表述学习过程中的收获和发现	小组对设计和制作过程进行了部分展示，但是展示不具体，部分展示显得混乱	展示清晰明确，有效地体现出了作品的特点和创意，并愿意分享自己的发现和反思	
总分				

★ 学习成果

　　学生通过组间分享了解更多的方案和想法，从而丰富自己对快递的包装和材料的认识。通过小组自评和反思环节清晰认识本组在各方面的表现以及本节课自身的收获，能够更清晰地认识自我，为以后的学习找准方向。

★教学设计课例自我评析

　　学生在科学、技术、工程、数学等方面均有所收获，得到一定的提高。

　　（1）在科学上，学生对材料的缓冲、减震能力有了进一步的理解，能通过材料的不同选择及组合增强快递包装的缓冲、减震能力。

　　（2）在技术上，学生能通过对材料的组合、结构的调整，能够不断优化、改进快递包装，增强其缓冲、减震能力。

　　（3）在工程上，学生能根据限制因素制作快递包装，并能通过迭代，不断优化快递包装的制作方法；能通过绘制设计草图体现设计方案；能清晰、准确地表达与沟通交流。

　　（4）在数学上，学生能根据快递盒大小选择合适的包装材料；能利用电子秤进行准确称量，并记录数据；能计算快递包装总成本和面饼破损质量。

　　学生设计出的成本低廉、可复制且具有良好缓冲、减震效果的快递包装方案，在学生和家长日常寄快递时得到了良好的推广和应用。

★专家点评

点评专家	黄志红，广东省教育研究院基础教育研究室副主任，研究员，博士。 丁峻峰，同济大学设计创意学院，副教授。
课例亮点	项目从日常生活中的问题入手，学生借助工程设计的方法和流程，通过科学实验和动手，以数学为支撑，反复迭代，不断优化，寻找创新的解决方案。
课例目标及其达成	（1）课例从知识、能力和技能、情感态度价值观三个维度系统构建了课程学习目标，目标设定比较全面，路径清晰，并设有明确知识结构和评价体系，提供了辅助课程开展的空间设计设想和详细的材料清单。 （2）建议课程目标进一步凸显与其相关的大概念如材料、缓冲、减震、结构等，密切项目与工具应用、数据分析等的关联，体现 STEM 课程的特征，让深度学习发生。亦建议延长相应课时，若课时有限，可以聚焦在目标达成中的某个或者几个步骤和素养，并精准评价。
课例活动设计	（1）活动的设计、组织逻辑清晰，步骤翔实，过程涵盖讲解、问题提出、分配设计任务、项目展示以及评价整个完整体系。通过角色扮演、学生互评体现以学生为中心的理念，创新课堂活动和体验。 （2）课例设计上有些环节可进一步优化，如第一课中情境创建和问题确定两个活动内容有交叉，建议做适当合并，减少时间。学生的自主设计活动宜安排更多的时间来增强其设计的规范性和科学性。亦可以考虑适当减少活动步骤，在有限的课时中，重点拓展、深化更适合小学三年级学生思维发展的关键步骤。
课例评价	（1）评价设计了兼顾过程性与终结性的评价量表，系统性高，内容相对翔实，具有很高的实操性。 （2）可以适当简化评价中的内容，添加学生自我评价量表。
其他评价	建议题目可以更直接，例如"物流'软'金刚"。题目"拯救'小浣熊'"可能会让人误以为是保护生物多样性的课题。

STEM 2.4 课例三：架起彩虹桥

★适用年级：小学二年级。

★关键词：跨学科 STEM 学习，创造思维，科学、数学、艺术，小组合作。

★课例提供团队：广东省广州市越秀区朝天小学刘曼丽、芦玉玲。

★课时：13 课时，520 分钟。

★课例背景

基于 STEM 理念，结合科学、数学、艺术等学科进行设计活动，引导学生在 STEM 研学中思考生活、提出问题、边动手边思考，学生经历"桥的文化、桥的形状与结构、广州的桥、港珠澳大桥和桥梁设计师"五个方面的学习，以培养创新精神和动手实践能力。

★连接生活

我校地处广东省广州市，广东省广州市作为 21 世纪海上丝绸之路的主要始发地，发挥着"一带一路"重要枢纽城市作用，共同参与"一带一路"建设，推动全面开放再出发，增强国际商贸中心功能，建设国际交往中心，共建"一带一路"建设重要支撑区。

在"一带一路"的倡议下，小学一年级的学生已学习海上丝绸之路的相关知识，走进了精彩的 STEM 活动——"船的世界"，他们感受到了"船"在古代海上丝绸之路中的重要作用。到了小学二年级，小小探索家再次踏上研学之路，随着时代的发展，领略从"坐船"到"架桥"的社会变迁，小到公园常见的桥，大到具有重要意义的港珠澳大桥。

★ STEM 学科内容及教学策略的整合

将启蒙、训练学生的动手能力、创新设计作为主要目标。根据学生现有知识水平，以设计桥的问题为导向，融合科学、数学、艺术等学科课程内容，如三角形的稳定性与桥的稳定性结合等；在生活中发现问题，通过小组合作、动手实践、感悟思考等方式，提高学生学习的兴趣，培养创新精神和动手实践能力。

★学生已有知识、经验、技能基础情况

学生已有一次 STEM 活动"船的世界"的学习体验，通过小组合作、启发思考、动手创造等方式，学习船的结构和功能，感悟船的重要作用，初步具备了再次参与 STEM 学习活动的能力，如小组合作的能力、简单的动手操作能力；在科学、数学、艺术方面也具备一些知识，如数据的记录方法等，但要教师适当引导才能完成整个 STEM 的学习。

★学生学习过程中可能遇到的困难

（1）在"任务驱动"环节，了解不同结构的桥的原理及其功能时难度比较大，可能有些学生无法真正理解。

（2）在"创意实践"环节，在桥的模型制作过程中，不易按照比例正确绘制桥梁设计图。

★学习目标

1. 知识目标

结合数学、科学和艺术等学科知识，学习桥和建造桥的相关基础知识，并能综合运用在创造桥的模型中，例如，结合数学中三角形的稳定性与建造桥的稳定性相结合，在建造桥的时候，合理构造三角形以增加桥的稳定性。

2. 能力和技能目标

思维能力：在生活中发现问题，经历小组合作、动手创作、感悟思考等过程，启蒙和训练学生的创造思维。

社会情感技能：在不断的感知、操作、合作中逐步了解、认识桥，提高动手操作的基本技能和与伙伴交流合作的能力。

3. 情感态度价值观目标

学生对 STEM 学习的态度和价值观：从生活需要出发，启发思考，用学生喜欢的方式展示学习成果，让学生对活动中的问题保持较高的研究兴趣；通过小组合作方式，让学生乐于与伙伴进行交流。

学生对 STEM 专业和职业的兴趣：通过动手创作、感悟思考等方式，发展学生的创造思维，对桥梁设计师的职业产生兴趣。

★材料和物资准备

1. 教室空间分布

教室空间分布如图 2-4-1 所示。

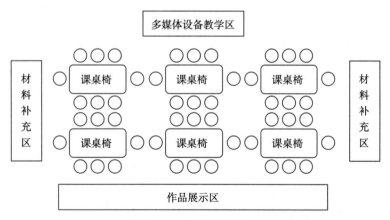

图 2-4-1　教室空间分布

2. 教具

（1）所需教学设备：多媒体设备，课件。

（2）所需制作材料：木条、剪刀、尺、卡纸、胶水、砝码。

★ 教学流程

教学流程如图 2-4-2 所示。

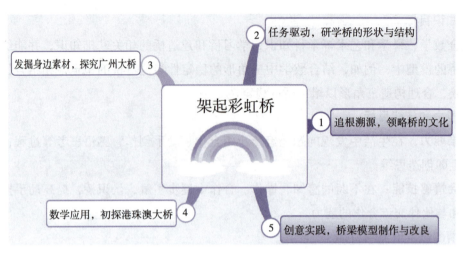

图 2-4-2　教学流程

⬥ 第一课　领略桥的文化

★ 课节目标

（1）了解我国的四大古桥的历史故事，了解桥梁设计师茅以升的故事，对桥梁设计师的职业产生兴趣。

（2）学生通过搜集、创作、交流，提高学习的积极性，并乐于与伙伴进行交流。

★ 课时安排

2 课时，80 分钟。

★ 学习活动

活动 1：初步介绍

教师介绍我国的四大古桥的历史故事，以及各自的特点；介绍著名桥梁设计师茅以升立志造桥的故事。

学生认真倾听教师的介绍。

活动 2：搜集创作

教师指引家长可以带孩子去图书馆、电子阅览室等，协助孩子搜集自己感兴趣的桥梁文化知识。

学生在家长的帮助下完成知识搜集。

活动 3：展示交流

教师组织展示交流活动。

学生将自己的手抄报带回学校，先在组内交流，再选出小组代表在班上交流汇报。

■ ★ **评价工具**

评价方式主要是小组评价，分两个部分：手抄报和交流汇报，见表 2-4-1。评价时，评价人在对应评价前的○中打"√"。

表 2-4-1　过程性评价量表（1）

评价内容	评价标准	评价			评价方式
手抄报	（1）内容正确、丰富	○一般	○较好	○很好	小组评价
	（2）版面设计合理、精美	○一般	○较好	○很好	
交流汇报	（1）在组内表达自己学会的桥的知识	○一般	○较好	○很好	
	（2）代表小组在班上进行交流汇报	○一般	○较好	○很好	

■ ★ **学习成果**

举办手抄报作品展，如图 2-4-3 所示。

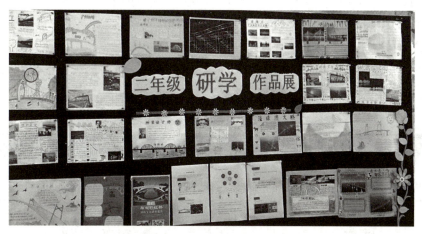

图 2-4-3　优秀手抄报作品展

第二课　研学桥的形状与结构

■ ★ **课节目标**

（1）分辨桥梁种类，如梁式桥、拱桥、钢架桥、缆索桥。

（2）知道桥的梁、柱的作用，例如，柱主要是承重构件。

（3）了解不同结构的桥的原理及其功能，例如，桥墩主要是支撑桥跨的作用。

（4）感受不同形状的承受力不一样，经历桥的承重测试。

■ ★ **课时安排**

2 课时，80 分钟。

■ ★ **学习活动**

活动 1：进入情景，提出问题

教师以古代跨江困难的例子引入，因跨江需要一种更加便捷的通过方式；提出原始时代跨江的限制，以天灾造成树木倒塌形成独木桥，分析独木桥的不稳定性；引导学生运用力学原理合理制造桥梁作品。

学生分析例子，感受建造桥的必要性；观看图片，分析弊端，知道桥的梁、柱的作用，并了解不同结构的桥的原理及其功能。

活动 2：探究学习，数学应用

教师向学生提出探究问题：

（1）哪座桥掀开了我国建造现代化大桥的开端，而建造它的里程碑式设计师为什么被称为我国的"传奇设计师"？

（2）哪种桥的承重力最好？

（3）当桥面承受压力时，各种桥的哪个部分最先断裂（受力分布效果）？

渗透概念：厘米、分米、平衡力、结构工程师、悬索桥。

学生进行小实验：经历桥的承重测试，使用 3 张厚实的卡纸、胶水等材料制作不同形状的桥，测量桥的最大承重，观察桥变形的难易程度。

★ 评价工具

小组评价和教师评价相结合，小组评价实验过程，教师评价实验报告，见表 2-4-2。评价时，评价人在对应评价前的○中打"√"。

表 2-4-2　过程性评价量表（2）

评价内容	评价标准	评价	评价方式
实验过程	（1）积极参与实验	○一般　○较好　○很好	小组评价
	（2）积极参与组内讨论	○一般　○较好　○很好	
实验报告	（1）完整性	○一般　○较好　○很好	教师评价
	（2）科学性	○一般　○较好　○很好	

★ 学习成果

引导学生进行桥的承重测试，如图 2-4-4 所示。

图 2-4-4　引导学生进行桥的承重测试

✸ 第三课　探究广州大桥

★ 课节目标

（1）了解选择桥的设计材料，如石材、木材、混凝土、钢材等。

（2）学会带着问题进行实地参观，讨论思考，与伙伴交流合作。

★ 课时安排

3 课时，120 分钟。

★ 学习活动

活动 1：学习基础，提出问题

教师向学生介绍桥的设计材料，如石材、木材、混凝土、钢材等；引导学生思考，以广州大桥为例，提出相关问题，如为什么要建设广州大桥？结合学生情况，整理可研究的问题形成 STEM 学习单；引导学生课后延伸学习。

学生了解桥的设计材料；课后查阅关于广州大桥的资料。

活动 2：实地观察，研究讨论

教师带领学生观察广州大桥；引导分组讨论。

学生带着学习单上的问题去观察广州大桥，包括引桥、桥墩、桥面、栏杆、人行梯；组内讨论，填写学习单。

活动 3：展示交流，共同成长

教师引导展示交流，活动小结。

学生小组代表发言，聆听汇报内容。

★ 评价工具

小组评价和教师评价相结合，小组评价实地观察，教师评价学习单，见表 2-4-3。评价时，评价人在对应评价前的○中打"√"。

表 2-4-3　过程性评价量表（3）

评价内容	评价标准	评价	评价方式
实地观察	仔细观察	○一般　○较好　○很好	小组评价
	积极参与组内讨论	○一般　○较好　○很好	
学习单	完整性	○一般　○较好　○很好	教师评价
	科学性	○一般　○较好　○很好	
	创新性	○一般　○较好　○很好	

★ 学习成果

完成 STEM 学习单，如图 2-4-5 所示。

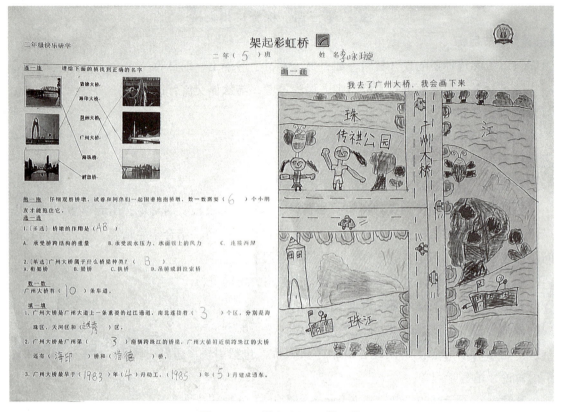

图 2-4-5　学生 STEM 学习单

第四课　初探港珠澳大桥

★ 课节目标

（1）感受几何形状在桥梁设计的初步应用，如运用数学中三角形的稳定性使建造的桥更稳固。

（2）学会利用收集和记录的数据。

★ 课时安排

1 课时，40 分钟。

★ 学习活动

活动 1：查阅搜集

教师课前引导学生自主查阅港珠澳大桥的资料，如世界之最的数据、通行规则。

学生查阅和收集港珠澳大桥的资料。

活动 2：分析数据

课上交流，教师引导学生思考、分析自己收集到的关于港珠澳大桥的数据资料；启发学生感受几何形状在桥梁设计的初步应用，例如，教师通过引导学生分析桥梁中隐含的三角形，让学生感悟运用数学中三角形的稳定性使建造的桥更稳固。

学生感悟港珠澳大桥的神奇之处。

活动 3：家校合作

教师引导兴趣浓厚的学生，依据收集到的数据按一定比例制作港珠澳大桥的模型。

学生尝试制作港珠澳大桥的模型；有条件的学生可以带着收集到的数据和分析的结果参观港珠澳大桥，实地感悟分析的结果。

★ 评价工具

主要是教师评价学生收集的数据和分析数据的合理性，见表 2-4-4。

教师在对应评价前的○中打"√"。

表 2-4-4　过程性评价量表（4）

评价内容	评价标准	评价	评价方式
收集数据	数据丰富，表达完整	○一般　○较好　○很好	
分析数据	准确性，有效性	○一般　○较好　○很好	教师评价
附加项目：尝试制作港珠澳大桥的模型		○一般　○较好　○很好	

★ 学习成果

尝试制作出港珠澳大桥的模型，如图 2-4-6 所示。

图 2-4-6　港珠澳大桥的模型

第五课　桥梁模型制作与改良

★ 课节目标

了解桥的制作方法，如先设计画图纸，再制作；学会选择桥的模型材料，如木材、乐高、纸板、3D 打印等；经历桥的模型制作过程和改进过程，绘制桥梁设计图。

★ 课时安排

4 课时，160 分钟。

★ 学习活动

活动 1：方法介绍

教师介绍桥梁制作的方法、桥梁模型的材料选择和桥梁的简单设计图。

（1）根据功能确定制作桥的类型和材料。

（2）根据桥的类型和选材画简单的设计图。

（3）用选用的材料分别制作桥的各个部件。

（4）连接各个部件。拼接时，一般按照先安装桥面，然后再安装各部件和零配件的顺序。

（5）模型拼装好以后，还要进行总体整形和外观修正美化，做到结构科学合理，外表美观。

学生了解桥梁制作的方法、如何进行桥梁模型的材料选择和绘制桥梁的简单设计图，为制作桥梁模型做好准备。

活动 2：画设计图

教师示范引导绘制较规范的桥梁设计图：画出基本轮廓，标上制作尺寸数据，并确定模型制作的材料。（注意比例问题、稳固性和美观。）

学生尝试画出桥梁设计图的基本轮廓，标上合理的尺寸数据，确定合适的模型制作材料。

活动 3：模型制作

教师在学生制作的过程中巡视和引导，协助学生解决制作过程中遇到的困难。

学生依据桥梁设计图，选用已定的模型材料制作桥梁模型。（制作过程中要注意安全性。）

活动 4：交流改进

教师给学生提供展示交流的平台，并适时点拨改进方案和进行小结。

学生展示交流，讲述自制桥梁的特点，反思后根据"桥梁设计师桥梁改进方案"进行桥梁改进。

★ 评价工具

主要是教师评价学生的设计图的准确性和创新性，以及桥梁模型的稳固性、美观和创新性（包括选材、适用性、自动化、改进程度等），见表 2-4-5。评价时，教师在对应评价前的○中打"√"。

表 2-4-5　过程性评价量表（5）

评价内容	评价标准	评价			评价方式
设计图	准确性	○一般	○较好	○很好	教师评价
	创新性	○一般	○较好	○很好	
桥梁模型	稳固性	○一般	○较好	○很好	
	美观	○一般	○较好	○很好	
	创新性	○一般	○较好	○很好	

★ 学习成果

完成和改进彩虹大桥、升降桥的制作，如图 2-4-7~ 图 2-4-10 所示。

图 2-4-7　学生制作的彩虹大桥

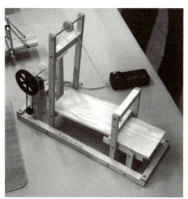

图 2-4-8　学生制作的升降桥

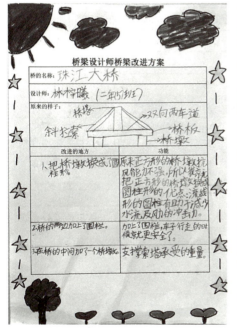

图 2-4-9　桥梁模型的改进方案（一）

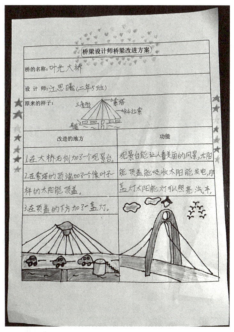

图 2-4-10　桥梁模型的改进方案（二）

第六课　结束总结／学生评价／课后作业

★ 课节目标

通过对教学过程的整体反思与评价，进一步培养学生的创新思维模式。

★ 课时安排

1 课时，40 分钟。

★ 学习活动

活动：我的收获

教师引导学生回顾整个 STEM 学习过程。教师可以引导有兴趣的学生把所学的知识做成立体图书或编排成科普戏剧。对制作成立体图书的学生，教师给予一定的引导，例如，在制作立体图书的过程中，如何让物体立起来，可以通过构造平行四边形；对编排成科普戏剧感兴趣的学生，教师可以让他们组成一个小组，一起编排和参演科普戏剧。

学生谈谈自己学习的收获。

★ 评价工具

回顾整个 STEM 的学习过程，分别从知识目标、过程方法、情感态度以及延伸学习四个方面进行评价，通过自我评价、小组评价、教师评价进行终结性评价，见表 2-4-6。

表 2-4-6　终结性评价量表

评价内容		评价标准（满分）	自我评价	小组评价	教师评价
知识目标	桥梁知识	（1）了解桥的相关文化知识（5分）			
		（2）了解桥的形状和结构（5分）			
		（3）了解桥的设计材料（5分）			
	数学知识	（1）掌握绘制简单图纸的方法（5分）			
		（2）能够简单地进行数据统计与分析（5分）			
过程方法	合作交流	（1）积极参与组内讨论，敢于提出问题，表达想法（5分）			
		（2）能分享成果，展示汇报（5分）			
	模型作品	（1）完成手抄报（5分）			
		（2）填写承重实验报告（10分）			
		（3）完成 STEM 学习单（10分）			
		（4）绘制桥梁图纸（10分）			
		（5）制作桥梁模型（15分）			
	能力发展	（1）跨学科学习能力明显提升（5分）			
		（2）创新思维得以发展（5分）			
情感态度	兴趣发展	保持较高的研究兴趣，对桥梁设计师的职业产生兴趣（5分）			
延伸学习	能力提升	参与立体图书制作或科普戏剧表演（10分）			
总分					

★ 教学设计课例自我评析

在 STEM 教学实践中，考虑学生是小学二年级，每个步骤都要充分引导后再让其进行操作实践，并根据每个步骤的评价标准引导教学。在前面的环节进行学生基础知识的铺垫，在后面的环节进行创新实践，在实践中发现问题，组内讨论或全班探讨解决。

　　课例的亮点是：

　　（1）针对学生小学一、二年级的学情，设计合适的基础知识，为后续创造做铺垫。

　　（2）在创新实践环节除了有桥梁模型设计与制作，还有交流改进的步骤，最大限度地提升学生的创新思维。

　　（3）在总结时，引导有兴趣的学生把所学的知识做成立体图书或编排成科普戏剧，进行传播学习，带动其他学生更深入地学习。

★ 专家点评

点评专家	王志成，清华大学基础工业训练中心（iCenter）研发推广部副部长，副教授。 邸泽民，北京市十一学校一分校课程院主任助理、科学与技术学科主任，中学一级教师。
课例亮点	课例来源于身边事物和生活，以贴近学生生活中的桥为载体，开展跨学科活动设计，贴切合理，培养学生的创新精神和实践能力。汇报形式用立体图书或科普戏剧来呈现，符合小学生的特点，有一定的创新性。
课例目标及其达成	课例目标基本能够达成，培养了学生的动手实践能力。本课例融入数学、科学和艺术等学科，内容相当丰富，对学生有较全面的锻炼。 相关知识对小学二年级的学生可能有难度，建议适当降低难度。课例活动内容可以多考虑学生的思维发展和情感培养等。
课例活动设计	课例中的活动设计很丰富，有价值，设计基本合理。 活动内容总体偏难，建议适当简化或同时提供脚手架，当然亦可两种方式同时进行。建议结合新课程标准，对应小学二年级学生的认知能力及核心素养要求。多关注学生的思维发展及情感价值培养，优化课例活动。
课例评价	评价量表综合了结果性和过程性评价，评价量表设计基本合理有效，相对完整。 量表的部分内容，可以根据小学二年级学生的发展水平做适量的调整，如表 2-4-6 中跨学科能力评价难度略大，不适合二年级学生的自我评价和小组评价。
其他评价	教学流程的 5 个大环节的逻辑可以进一步调整和优化，并细化相关文字表述。

STEM 2.5 课例四：设计推进装置

★适用年级：小学三年级。

★关键词：跨学科 STEM 学习，工程思维、设计思维，科学、数学、综合实践，小组合作。

★课例提供团队：北京市海淀区七一小学吴楠。

★课时：6 课时，240 分钟。

★ 课例背景

本课例是以"航天探索"为主题的课例，学生对万户飞天装置提出改进建议，以工程协作方式开展研究，经过交流和迭代后获得安全的、能持续加速的工程设计方案，并最终通过工程决策选择最佳方案验证可行性。通过参与活动，学生的信息获取、创意物化和合作交流能力得到提升，初步形成合作意识，工程设计、实施、评价思维、设计思维和创新思维能力得到发展。

★ 连接生活

14 世纪末，万户陶成道乘坐自制"火箭"推进装置尝试飞天，成为进行火箭飞行尝试第一人。为了纪念陶成道，国际天文学联合会将月球上一座环形山命名为"万户"。本课例将带领学生探究火箭知识，重现飞天实验设计推进装置，致敬陶成道的探索精神与创造力。

★ STEM 学科内容及教学策略的整合

以"确定需求→调查研究→设计制作→测试评估"的工程实践过程划分项目实施目标及阶段，体验工程问题解决流程。以完成推进装置设计任务、完成工程设计评价、完成最终方案决策的方式承载解决问题所需的知识和解决问题的方法。以解决问题的"分析失败原因→寻找解决方案→实施解决方案→获得问题解决"的过程设计学习活动。以策略型、资源型、任务型、交流型、评价型学习支架促进学生进行有意义的自主探究学习。

★ 学生已有知识、技能、兴趣基础情况

1. 知识

（1）了解白醋和小苏打会发生反应释放气体。

（2）掌握水的三态变化，了解干冰是固态 CO_2。

（3）了解气泡饮料会排出气体。

（4）了解地球有引力，人类进入太空需借助火箭。

2. 技能

（1）在教师的帮助下开展小组合作，按照自己在小组中的分工进行汇报、质疑和交流。

（2）在策略型（如挤压式火箭发动机结构）、资源型（如火箭发动机原理视频）、任务

型（如设计推进装置）、交流型（如汇报用语、汇报规则）、评价型（评价量表）等各种学习支架的帮助下进行自主学习。

3. 兴趣

（1）求知欲强，乐于通过解决问题获得成就感。

（2）乐于展示自己独特的个性和魅力。

★学生学习过程中可能遇到的困难

小学三年级学生抽象思维、计算和数学表达能力较弱，理解概念和公式较困难，课程应符合学生发展规律，选择形象化较高的模型、图片和视频资源帮助学生进行理解。

★学习目标

1. 知识目标

（1）通过对火箭技术资料的分析研究，了解火箭三大系统结构及推进系统工作原理。

（2）通过选择工质驱动让学生发现生活中能够生成气体的反应或现象，并将其创造性地应用于设计。

（3）通过完成核心任务，促进学生对火箭方程核心内容⊖的应用，提升工程设计能力，培养工程思维和设计思维。

（4）通过对设计方案及其工作原理的解释交流，深化对推进原理知识的理解并形成评价，提高发现并解决问题的能力。

（5）通过迭代结构设计，促进学生对几何形状作用的认识，促进创新思维和设计思维的发展。

2. 能力和技能目标

思维能力：工程思维，通过协作和交流的方式，完成推进装置的设计，培养学生的工程实施和评价思维；通过设计推进装置完成知识向能力的转化，培养学生的工程设计思维。设计思维，通过完成核心任务挑战，培养学生解决问题的能力。创新思维，让学生在迭代中产生新想法并以图像表达新创意。

社会情感技能：通过对陶成道探天事迹的讨论，让学生在共情中感受人本主义情怀，乐于与同伴交流合作，能够尊重他人观点，初步形成合作意识。

3. 情感态度价值观目标

学生对 STEM 学习的态度和价值观：通过完成团队任务和有组织的交流活动，帮助学生认识团队协作和反思改进在解决问题中的重要性，树立技术服务于人类的价值观。

学生对 STEM 专业和职业的兴趣：通过完成设计推进装置任务，初步培养学生的 STEM 学习兴趣和工程设计的兴趣。

⊖　齐奥尔科夫斯基火箭方程的核心内容是：基于动量守恒原理，任何一个装置，通过一个消耗自身质量的反方向推进系统，可以在原有运行速度上，产生并获得加速度。

★ 材料和物资准备

1. 教室空间分布

教室空间分布如图 2-5-1 所示。

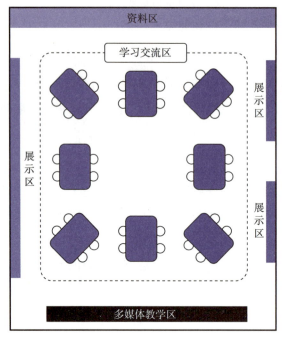

图 2-5-1　教室空间分布

2. 教具

计算机。

3. 材料

绘图纸，彩笔，铅笔，橡皮，便利贴。

★ 教学流程

教学流程如图 2-5-2 所示。

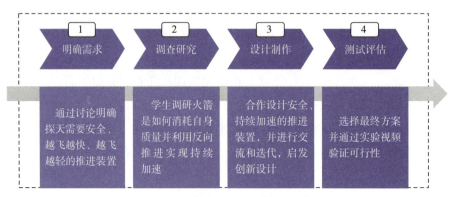

图 2-5-2　教学流程

✦ 第一课　设计加速的推进器

★ 课节目标

明确核心任务目标，设计安全、能持续加速的推进器。

★ 课时安排

1 课时，40 分钟。

★ 学习活动

活动 1：天问一号与万户探天

教师导入情境：天问一号登陆火星……但探天之路的起点可追溯至 14 世纪末的万户（陶成道）……

布置课堂任务：

万户被给予"火箭飞天第一人"的最高评价，你有何种想法或启发？

万户探天的方法应用了什么知识和技术？

你有何改进想法？

学生完成教师布置的课堂任务。

活动 2：如何离开地球

教师组织分享交流：如何离开地球？组织学生讨论不同原理的区别，明确哪种方式可以离开地球。资源支架：热气球原理、飞机原理、火箭原理。总结：反向推进、持续加速、逃逸速度。

学生分享观点：热气球、飞机、火箭等。形成观点：火箭向后喷射气体，能够越飞越轻、越飞越快，达到进入宇宙空间所需的速度，火箭可以离开地球。

活动 3：明确核心任务

教师组织学生交流活动 1 布置的课堂任务。

启发：伟大、无畏、探索精神、使命感，科学、技术尚不发达，使用火药反向推动。

建议：安全性和速度不够等。

发布核心任务：为重现飞天实验，设计安全的、能持续加速的推进器。

学生开展活动 1 的交流活动，听教师发布核心任务。

★ 评价工具

教师对学生课堂交流和分享行为进行评价，对学生从学习资料中获取信息的准确度进行评价，对学生学习任务的完成情况进行评价，见表 2-5-1。

表 2-5-1　评价量表（1）

评价内容	评价标准（满分）	教师评价
信息	信息获取较为准确、客观，能形成自己的想法（☆☆☆☆☆）	
协作	专注完成任务，效率高，分工协作清晰（☆☆☆☆☆）	

（续）

评价内容	评价标准（满分）	教师评价
汇报	声音洪亮，语言流畅、有逻辑性（☆☆☆☆☆）	
倾听	能倾听，会提问，语言有礼貌（☆☆☆☆☆）	
总评		

★ 学习成果

学生通过课堂讨论指出应围绕安全性和实现持续加速对万户飞天装置进行改进，并逐渐树立交流和倾听的规则意识。

第二课　火箭如何持续加速

★ 课节目标

学生能合作完成研究，了解火箭是如何消耗自身质量并利用反向推进实现持续加速的。

★ 课时安排

2 课时，80 分钟。

★ 学习活动

活动 1：火箭持续加速的理论基础

教师提供理论基础：齐奥尔科夫斯基火箭方程的核心内容是：基于动量守恒原理，任何一个装置，通过一个消耗自身质量的反方向推进系统，可以在原有运行速度上，产生并获得加速度。布置课堂任务：什么是"消耗自身质量的反向推进系统"？它是怎样工作的？

学生听教师讲授火箭持续加速的理论基础和布置课堂任务。

活动 2：什么是消耗自身质量的反向推进系统

教师组织学生开展小组学习，搜集、整理"什么是消耗自身质量的反向推进系统"的相关知识信息。

问题支架：为了实现加速，火箭的外部和内部是如何设计的？火箭的组成部分有哪些？反向推进系统的原理是什么？如何获得加速度？

资源支架：两部火箭原理动画《火箭的原理和构造》⊖《火箭为什么能飞上天》⊖。

学生完成如图 2-5-3 所示的学习单任务。

⊖ 视频链接：https://www.kepuchina.cn/article/articleinfo?business_type=100&classify=2&ar_id=116615.

⊖ 视频链接：https://www.kepuchina.cn/article/articleinfo?business_type=1&classify=2&ar_id=AR201907191412116275.

1. 火箭结构及其作用。

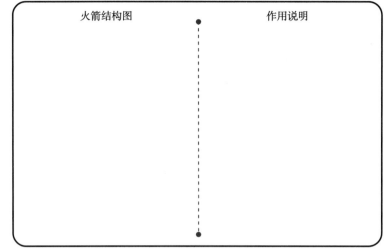

火箭结构图　　　　　　　　　　作用说明

2. 火箭外形有何特点?

3. 如何获得加速度?

评价量表

评价内容	评价标准（满分）	教师评价
信息	信息获取较为准确、客观，能形成自己的想法（☆☆☆☆☆）	
协作	专注完成任务，效率高，分工协作清晰（☆☆☆☆☆）	
汇报	声音洪亮，语言流畅、有逻辑性（☆☆☆☆☆）	
倾听	能倾听，会提问，语言有礼貌（☆☆☆☆☆）	
总评		

图 2-5-3　火箭结构学习单

活动 3：交流火箭结构及其设计意图

教师引导学生以小组为单位，按照一定分工组织汇报展示。组织学生完善或修正结论。

学生汇报讲解火箭由载荷、制导、推进系统组成，流线型外观设计，通过喷气产生推力，通过分级和消耗燃料减轻质量而获得加速度。

活动 4：推进系统是如何工作的

教师组织学生开展小组学习，搜集、整理"火箭推进系统是如何工作的"的相关知识信息。

问题支架：推力如何产生? 质量如何消耗?

资源支架：挤压式火箭发动机原理视频（扫描二维码观看挤压式火箭

扫一扫

发动机原理介绍）。

学生完成如图 2-5-4 所示的挤压式火箭发动机学习单。

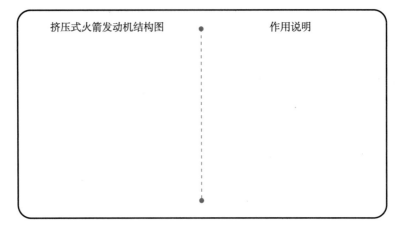

1. 火箭发动机结构及其作用。

| 挤压式火箭发动机结构图 | 作用说明 |

2. 挤压式火箭发动机如何产生推力？

3. 挤压式火箭发动机如何消耗火箭质量？

评价量表

评价内容	评价标准（满分）	教师评价
信息	信息获取较为准确、客观，能形成自己的想法（☆☆☆☆☆）	
协作	专注完成任务，效率高，分工协作清晰（☆☆☆☆☆）	
汇报	声音洪亮，语言流畅、有逻辑性（☆☆☆☆☆）	
倾听	能倾听，会提问，语言有礼貌（☆☆☆☆☆）	
总评		

图 2-5-4　挤压式火箭发动机学习单

活动 5：交流对推进系统的认识

教师引导学生以小组为单位，按照一定分工组织汇报展示。组织学生以补充、质疑的形式完善或修正想法。

学生汇报挤压式火箭发动机的工作流程和原理。

★ **评价工具**

教师对学生课堂交流和分享行为进行评价，对学生从学习资料中获取信息的准确性进行评价，对学生学习任务的完成情况进行评价，对学生执行分工的情况进行评价，见表 2-5-2。

表 2-5-2　评价量表（2）

评价内容	评价标准（满分）	教师评价
设计	图像和文字美观，符合原理（☆☆☆☆☆）	
协作	专注完成任务，效率高，分工协作清晰（☆☆☆☆☆）	
汇报	声音洪亮，语言流畅、有逻辑性（☆☆☆☆☆）	
倾听	能倾听，会提问，语言有礼貌（☆☆☆☆☆）	
总评		

★ **学习成果**

学生通过课堂讨论完成对火箭持续加速原理的学习，逐步形成交流和倾听规则，能够按照角色分工组织并完成本组的汇报交流活动。

S⬡ 第三课　设计制作 —— 设计推进装置

★ **课节目标**

通过设计推进装置完成核心任务，实现前置知识物化。

★ **课时安排**

1 课时，40 分钟。

★ **学习活动**

活动 1：发布设计任务

教师布置课堂任务：设计安全的、能持续加速的推进器。引导学生列举生活中可产生气体的安全工质，如干冰、小苏打 + 白醋、汽水等。

问题支架：如何产生推力？如何产生气体并喷射？质量如何消耗？安全性怎么样？

学生列举要点：产生推力—喷气产生推力—能产生气体，消耗质量但不燃烧、不爆炸、无腐蚀性、无毒无害等。

活动 2：设计推进装置

教师组织学生小组合作完成设计推进装置学习单，如图 2-5-5 所示。

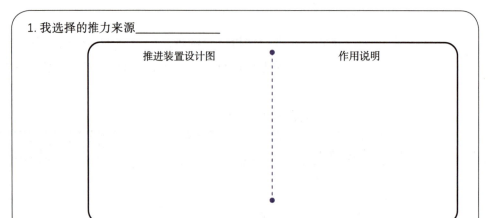

1. 我选择的推力来源＿＿＿＿＿＿＿

| 推进装置设计图 | 作用说明 |

2. 我们对推进系统的设计

评价量表

评价内容	评价标准（满分）	教师评价
设计	图像和文字美观，符合原理（☆☆☆☆☆）	
协作	专注完成任务，效率高，分工协作清晰（☆☆☆☆☆）	
汇报	声音洪亮，语言流畅、有逻辑性（☆☆☆☆☆）	
倾听	能倾听，会提问，语言有礼貌（☆☆☆☆☆）	
总评		

图 2-5-5　设计推进装置学习单

策略支架：挤压式火箭发动机简图，如图 2-5-6 所示。

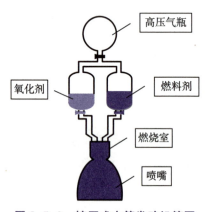

图 2-5-6　挤压式火箭发动机简图

学生设计推进装置。

活动 3：展示设计方案

教师组织学生小组展示，帮助形成交流、质疑的规范。

交流支架：气体由……产生，通过……消耗质量。

学生汇报交流、质疑。

★ 评价工具

教师对学生课堂交流和质疑行为进行评价，对学生设计的完成情况进行评价，对学生执行分工的情况进行评价，对学生组织交流活动和听取汇报情况进行评价，见表 2-5-3。

表 2-5-3　评价量表（3）

评价内容	评价标准（满分）	教师评价
设计	图像和文字美观，符合原理（☆☆☆☆☆）	
协作	专注完成任务，效率高，分工协作清晰（☆☆☆☆☆）	
汇报	声音洪亮，语言流畅、有逻辑性（☆☆☆☆☆）	
倾听	能倾听，会提问，语言有礼貌（☆☆☆☆☆）	
总评		

★ 学习成果

学生通过小组合作完成对简易推进装置的初版设计，进一步掌握火箭推进装置的工作原理，如图 2-5-7 所示。学生通过汇报展示活动更加遵守交流规则，能够按照分工组织并完成本组的汇报交流活动，并尝试对其他小组的倾听和质疑情况进行评价。

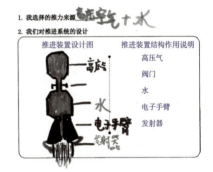

图 2-5-7　学生设计图初版

第四课　迭代设计方案

★ 课节目标

通过交流、质疑方案是否符合"消耗自身质量的反向推进系统"深化对知识的理解，启发创新设计。

★ 课时安排

1 课时，40 分钟。

★ 学习活动

活动 1：汇报交流设计方案

教师组织学生小组交流展示。在学生不能准确质疑或评价时适当介入，引导交流。

交流支架：它的工作流程是……请解释……如何产生反作用力？如何消耗质量？我的建议是……

学生分组汇报交流（5 分钟/组），对照评价量规互评、自评。

活动 2：课下设计优化

教师发布迭代任务，修改并对内部设计进行优化。

问题支架：管路的设计依据（形状、粗细、角度）；阀门位置选择；舱室合并和删除的依据。

学生解决内部管路、阀门、舱室等部件的优化问题。

★ 评价工具

教师对学生课堂交流和质疑行为进行评价，对学生执行分工的情况进行评价，对学生较为新颖的设计进行鼓励；学生对其他小组听取汇报和质疑的情况进行评价，见表 2-5-4。

表 2-5-4　评价量表（4）

组号（　　　　）

评价内容	评价标准（满分）	组间评价	教师评价
设计	图像和文字美观，符合原理（☆☆☆☆☆）		
协作	专注完成任务，效率高，分工协作清晰（☆☆☆☆☆）		
汇报	声音洪亮，语言流畅、有逻辑性（☆☆☆☆☆）		
倾听	能倾听，会提问，语言有礼貌（☆☆☆☆☆）		
总评			

★ 学习成果

学生通过汇报展示活动更加遵守交流规则，能够按照角色分工组织并完成本组的汇报交流的活动，并尝试对其他小组的倾听和质疑情况进行评价。

学生通过对设计方案的质疑和解释进一步掌握火箭推进装置的工作原理，为迭代改进、创新设计铺垫基础，最终涌现出一批有特色的设计，如图 2-5-8 和图 2-5-9 所示。

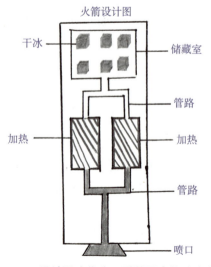

说明：闸门打开，酸液和小苏打混合成气体，火箭上升，脱落舱一层一层落下（包含燃料舱），电池和备用舱移动，火箭飞出地球

① 阀门
● 脱落舱
● 电池
● 酸液
● 小苏打
● 电动手臂
② 备用舱
● 气体

图 2-5-8　设计干冰作为工质并配套修改内部结构　　图 2-5-9　设计可逐步脱落的火箭发动机

学生设计的使用水蒸气产生推力的火箭发动机如图 2-5-10 所示。巧合的是，世界上还真有一家名为 ARCA 的私人航天公司在制造蒸汽火箭，目前已有发动机试车视频放出，如图 2-5-11 所示。

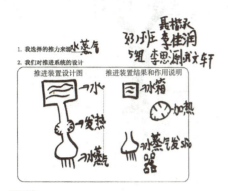

图 2-5-10　水蒸气火箭发动机　　　　　图 2-5-11　ARCA 蒸汽火箭 ⊖

✦🚀🜨 第五课　测试评估——决策并评估设计

★ 课节目标

完成工程决策并通过实验视频验证设计可行性。

★ 课时安排

1 课时，40 分钟。

★ 学习活动

活动 1：优化的目标是什么

教师引导学生自行组织汇报设计，总结管路、阀门和舱室的优化方法。

交流支架：我建议……我认为……

引导学生总结优化的一般方法：

管路：弧形拐角、倾斜放置、改变粗细等方式促进工质流动。

阀门：一般安置于舱室下方。

工质相同或不发生反应则可以合并舱室，不产生作用则可删除。

组织学生观察优化趋势：优化后的舱室数量会减少，舱室越少，最终设计就越简单。

策略支架：一组学生的设计，如图 2-5-12～图 2-5-15 所示。

───────────

⊖　图片出处：https://www.arcaspace.com/las.

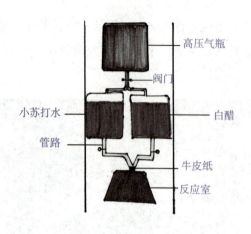

图 2-5-12　原挤压式结构

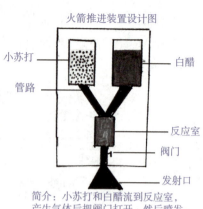

图 2-5-13　经过初步简化后的挤压式结构

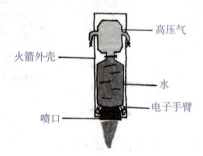

图 2-5-14　进一步简化后的挤压式结构

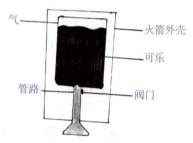

图 2-5-15　高度整合的挤压式结构

学生总结、优化，最终会达成最简。

活动 2：完成方案决策并验证设计

教师组织学生完成方案决策并验证设计。

学生选择最终设计的水火箭雏形，如图 2-5-15 所示。实验验证方案可行性，收获 STEM 学习的成就感。畅谈感受。

资源支架：252 支水火箭托举 2 名成年人试验（10~11 分钟部分）[⊖]。

★ 评价工具

教师对学生的课堂交流和质疑行为进行评价，对学生执行分工角色的情况进行评价，见表 2-5-5。学生对其他小组听取汇报的情况进行评价，从不同角度对学生设计进行评价。

表 2-5-5 评价量表（5）

评价内容		评价标准（满分）	组间评价	教师评价
作品方面	图像	工整、美观、可读性强（☆☆☆☆☆）		
	文字	准确、美观、清晰、工整（☆☆☆☆☆）		

（续）

评价内容		评价标准（满分）	组间评价	教师评价
创新方面	设计	设计、构思较为巧妙（☆☆☆☆☆）		
	原理	将新知识融入设计，想法新颖（☆☆☆☆☆）		
	技术	技术实现可行性较成熟（☆☆☆☆☆）		
交流方面	语言	声音洪亮、流畅、准确、有科学性（☆☆☆☆☆）		
	倾听	能倾听，具有秩序感（☆☆☆☆☆）		
	体态	大方、得体、自信（☆☆☆☆☆）		
	质疑	能进行科学、理性的质疑（☆☆☆☆☆）		
	思考	能够在汇报后形成新的思考（☆☆☆☆☆）		
协作方面	任务	专注任务的完成，有效学习程度较高（☆☆☆☆☆）		
	规划	能够注意任务的时限（☆☆☆☆☆）		
	协作	能进行分工，甚至领导组织（☆☆☆☆☆）		
总评				

★ 学习成果

　　学生通过项目式学习收获知识，交流和合作能力得到提高，能够自主完成简单的汇报和交流活动。学生了解到工程设计的最优结果会"达成最简"，"是否达成最简"可以作为工程决策的依据之一，并通过完成核心任务收获 STEM 学习的成就感。

★ 教学设计课例自我评析

1. 以培养学生的工程能力为主

　　学生按照一定的工程流程开展学习活动，以工程协作的方式解决问题，通过完成团队任务和有组织的交流活动，认识团队协作和反思改进在解决问题中的重要性。学生体验了工程实施、工程设计、工程评价和工程决策环节，交流和合作能力得到了提高，能够按照一定的组织安排完成汇报交流的活动，并尝试对其他小组的倾听和质疑情况进行评价。学生了解到工程设计的最优结果会"达成最简"，"是否达成最简"可以作为工程决策的依据之一。

2. 迭代过程激发学生设计创新

　　学生在"挤压式火箭发动机结构"的学习支架帮助下进行了有效的自主学习，并在评价与交流环节不断深化对知识的认知，在工程能力得到提升的同时，还有足够的时间和信息进行反思和再创造，能够更进一步地在掌握知识的基础上产出具有创新精神的自主学习成果。

3. 难度符合学生发展规律

教师利用问卷调研学生的知识、能力水平和认知特点，设计符合学生发展规律的任务，组织学生进行有针对性的探究活动。课程设置了大量的学习支架，支架内容整合自网络信息，这种方式拉近了学生与知识的距离，解决难题的门槛不再是知识的量，而是获取知识的手段，对于学生来说更能树立起解决高难度问题的信心。

★ 专家点评

点评专家	丁峻峰，同济大学设计创意学院，副教授。 卢毅，江苏省苏州市苏州工业园区 STEM 教育联盟生命科学联盟负责人、园区小学科学兼职教研员，高级教师。
课例亮点	以航天探索为主题背景，以工程协作方式开展设计研究，实现工程和设计的整合。
课例目标及其达成	课程整体目标和分解课程目标系统性强，讲求循序渐进，注重知识和探究的结合，以生动的体验和现象的观察带动知识结构的学习，符合小学三年级学生的学情和心智。其中，重点突出了对学生的工程思维、设计思维、科学思维等的培养，并设计了多元的学习支架促进目标的实现和达成。 建议适当加入制作、测试和比赛环节，增强探究趣味和试错迭代，完善工程设计的过程性学习，能更好地对标课程目标。
课例活动设计	学生活动设计形式多样、生动活泼，增加了学习的趣味和主动探究的动力。老师通过多种学习支架的设计，建构了学生课程开展的学习框架，课程设计能包容学生在项目探究中的决策权和话语权。在活动设计中也选择了形象化较高的模型、图片和视频资源来帮助学生理解，符合学生发展规律。通过任务驱动，课例活动以设计方案为主，并加以优化和方案的不断迭代。 建议可适当增加具体原型制作和实验环节，让学生真正体验工程设计的流程，培养动手实践方面的能力。
课例评价	评价维度设计合理，系统性较强，能体现目标和活动中设置的关键素养。评价量表有 5 套，其中表 2-5-1、表 2-5-2 和表 2-5-3 更注重自我评价，表 2-5-4 更注重组间评分，表 2-5-5 按完成程度评分。 建议评价量表可以考虑工程设计的流程分解，细化分段式和梯度化的评价规则。
其他评价	课例名称建议用《我的火箭推动器》或《大力神——火箭推动器设计》。

STEM 2.6　课例五：自制简易浇花器

★适用年级：小学二年级。

★关键词：跨学科 STEM 学习，工程思维，科学、数学，小组合作。

★课例提供团队：浙江省杭州市莫干山路小学胡妍、孙卓儒、俞秀秀。

★课时：5 课时，200 分钟。

★ 课例背景

在"长途旅行时家中植物无人照顾"的真实情境中，提出"设计并制作一个在无人看管情况下可以持续浇水的浇花器"的挑战任务。学生探究浇花器的结构与功能，结合材料吸水性的科学知识，选取材料完成设计、制作、测试和优化并召开产品发布会。学生在小组学习中提升合作能力、动手能力、解决问题的能力，在班级研讨中敢于质疑、创新建议、客观评价，发展工程思维、创新思维和批判性思维。

★ 连接生活

学生一般曾在家中养过植物，也有过长途旅行的经历。如果遇到长途旅行，植物长期不浇水将影响其健康生长。以"在离开家的日子里，怎样让植物依然能及时'喝'水"为驱动性问题引发学生思考，通过制作一个能够在无人看管的情况下持续浇水的工具来解决这个问题。

★ STEM 学科内容及教学策略的整合

以"不同材料吸水性不同"的科学知识为基础，通过探究浇花器结构，根据需求确定功能，运用"长条状吸水材料可运输水、支架提高稳固性"等结构与功能相关联的工程思维，嵌入成本计算、水速控制等数学应用，让学生经历浇花器的设计、制作、测试再优化的工程活动。

★学生已有知识、经验、技能基础情况

小学二年级的学生已学习了"植物生长需要水"和"不同材料性能不同"的科学知识，并初步形成了良好的科学探究习惯，能以小组合作形式完成简单的图文设计与制作。在此项目之前，学生已经历过"做一顶帽子"的 STEM 项目，在认识材料性能的基础上，根据需求实现帽子的多功能化，完成了"设计并制作一顶帽子"的挑战性任务。

★学生学习过程中可能遇到的困难

浇花器制作中的工程技术问题，如热熔胶的使用、瓶子外形的改造等，需要教师开设技术指导区为遇到困难的学生提供一对一的技术指导。

★学习目标

1. 知识目标

了解不同材料的吸水性不同。

2. 能力和技能目标

思维能力：通过小组合作经历"提出问题→分析问题→绘制设计图→制作产品→测试优化→反思总结"的过程，初步形成工程意识，发展工程思维。

社会情感技能：乐于承担团队任务，主动与他人合作；能客观评价他人设计和产品，敢于提出自己的观点与建议；能根据评价量表反思自己在学习过程中的优点与不足。

3. 情感态度价值观目标

学生对 STEM 学习的态度和价值观：对"设计并制作浇花器"的真实挑战性任务具有浓厚的探究兴趣。

学生对 STEM 专业和职业的兴趣：在解决问题的过程中体验成功的乐趣。

★材料和物资准备

1. 教室空间分布

教室空间分布如图 2-6-1 所示。

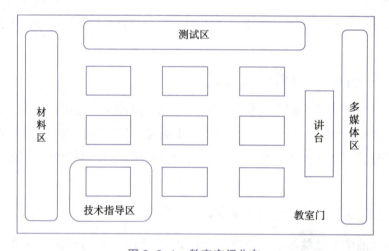

图 2-6-1　教室空间分布

2. 教具

多媒体计算机，8 台 iPad 平板，黑板，9 套制作测试工具（塑料瓶、一次性塑料杯、吸管、筷子、粗棉线、脱脂棉、布条、粗麻绳、橡皮筋、剪刀、小刀、胶带纸、热熔胶枪、热熔胶、秒表，如图 2-6-2 所示）。

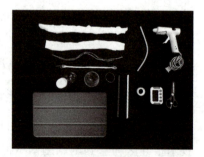

图 2-6-2　制作测试工具

★ 教学流程

教学流程如图 2-6-3 所示。

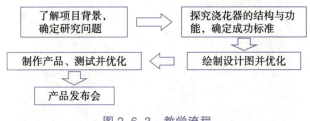

图 2-6-3　教学流程

第一课　确定研究问题

★ 课节目标

呈现真实情境，引发学生思考"如何解决长途旅行中植物无人浇水"的驱动性问题，明确项目任务，提出研究问题，激发学生持续探究的兴趣。

★ 课时安排

1 课时，40 分钟。

★ 学习活动

活动 1：呈现情境，引发思考

教师播放情境视频（视频内容：家人即将长途旅行，家养植物无人浇水），提出"家养植物需要定期浇水，没人照顾时该怎么办"的驱动性问题，引导学生思考。

学生观看情境视频，思考驱动性问题。

活动 2：明确项目任务，提出研究问题

教师提出"设计并制作一个可在无人看管情况下持续浇水的浇花器"的挑战任务，鼓励学生思考完成挑战任务需解决的问题，提供问题卡，巡视、答疑。

学生明确挑战任务，根据任务通过小组讨论提出问题，完成问题卡并板贴展示。

★ 评价工具

通过有效提问、善于倾听、乐于表达三个维度完成评价，见表 2-6-1。

学生基本能表达自己的观点并倾听他人建议，提出能为设计提供帮助的有效问题。

表 2-6-1　"问题卡"评价量表

评价内容	评价标准（满分）	自我评价	组内评价
有效提问	提出的问题能为设计提供帮助（☆☆☆☆☆）		
善于倾听	耐心倾听他人建议（☆☆☆☆☆）		
乐于表达	能准确地表达自己的想法（☆☆☆☆☆）		
总评			

★ 学习成果

学生根据挑战任务罗列出浇花器的外形、材料、功能等问题，如图 2-6-4 所示。

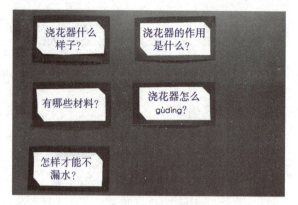

浇花器什么
样子？

浇花器的作用
是什么？

有哪些材料？

浇花器怎么
gùdìng？

怎样才能不
漏水？

图 2-6-4　问题卡展示

第二课　确定成功标准

★ 课节目标

探究浇花器的结构和功能，建立结构与功能之间的联系。为解决驱动性问题，确定浇花器成功标准。

★ 课时安排

1 课时，40 分钟。

★ 学习活动

活动 1：探究浇花器的结构

教师提出浇花器结构的问题，用 iPad 展示浇花器的图片（图 2-6-5 和图 2-6-6），总结浇花器一般有水源、水速控制器、管道和固定器四个部分。

学生查阅图片，小组通过对比讨论浇花器的结构，完成结构图。

图 2-6-5　按键式智能浇花器　　　　图 2-6-6　旋钮式智能浇花器

活动 2：思考浇花器的功能

教师通过重现情境和结构指导学生思考浇花器的功能，组织小组讨论，提供功能核心词板，将结构与功能相对应。

学生结合情境，思考浇花器的功能，小组讨论后写出功能核心词并板贴展示，明确结构与功能之间的联系。

活动 3：确定成功标准

教师根据"持续且自动浇花"功能凝练出浇花器的水速、水量、稳定性是成功的关键要素，确定成功标准。

学生提出自己的想法，明确成功标准。

活动 4：明确产品评价量表

教师出示产品评价量表，并做出评价。

学生使用产品评价量表做自我评价。

★ 评价工具

学生通过了解结构、确定功能、成功标准、善于倾听、乐于表达五个评价维度开展自我评价；教师借助该表中的结构、功能和倾听对学生展开评价，见表 2-6-2。学生学习了浇花器的结构与功能，明确了成功标准，在探究中基本能通过小组讨论表达观点并耐心倾听。

表 2-6-2　确定成功标准过程评价量表

评价内容	评价标准（满分）	自我评价	教师评价
了解结构	知道浇花器有水源、水速控制器、管道、固定器四个部分（☆☆☆☆☆）		
确定功能	知道浇花器需要具有持续浇水和自动浇水的功能（☆☆☆☆☆）		
成功标准	知道浇花器的五个成功标准（☆☆☆☆☆）		/
善于倾听	耐心倾听他人建议（☆☆☆☆☆）		
乐于表达	积极参与讨论，能准确地表达自己的想法（☆☆☆☆☆）		/
总评			

★ 学习成果

如图 2-6-7~ 图 2-6-9 所示，学生结合图片填写浇花器的结构，罗列出持续浇水、运输水、能固定等功能，通过全班研讨确定自动运输、水速控制、水量充足、能固定、成本低的成功标准，最终明确产品评价表。

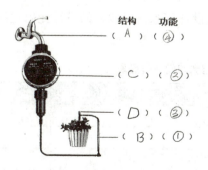

结构：A.水源　　B.管道　　C.水速控制器　　D.固定器
功能：①输送水　②控制水速　③固定　④提供水

图 2-6-7　浇花器结构功能图

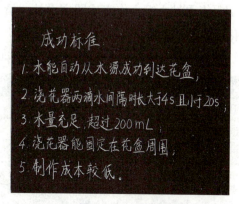

图 2-6-8　成功标准

图 2-6-9　功能板贴

第三课　绘制设计图并优化

★ 课节目标

依照产品评价标准完成设计，实现"教—学—评"一致。通过设计图交流完成设计优化，为成功制作产品做好铺垫，在对他人的设计提出建议和质疑的过程中形成批判性思维。

★ 课时安排

1 课时，40 分钟。

★ 学习活动

活动：绘制设计图，讨论并完善

教师出示材料及成本，准备材料吸水性的视频资料（扫描二维码观看），组织学生绘制设计图，巡视，为遇到设计困难的学生提出建议；引导学生从水速、水量、稳固性和低成本四个成功维度思考设计的合理性。

扫一扫

学生分小组扫描二维码观看视频，选取材料，计算成本，以图文形式完成设计图；介绍设计原理，全班共同探讨，优化初始设计图。

★ 评价工具

小组与组间针对设计图、小组合作、乐于表达、提出质疑四个评价维度展开评价，见表 2-6-3；教师针对设计图的完整性、结构性和可行性进行评价并提出建议，见表 2-6-4。

学生能通过小组合作完成图文设计，清晰表达设计理念，对他人的设计提出建议，经过优化后的设计基本具备制作可行性。

表 2-6-3　"绘制设计图"小组和组间评价量表

评价内容	评价标准（满分）	小组评价	组间评价
设计图	图文设计具有可行性（☆☆☆☆☆）		
小组合作	小组共同讨论，分工完成设计图（☆☆☆☆☆）		
乐于表达	能完整准确地表达自己的设计理念（☆☆☆☆☆）		
提出质疑	评价他人的设计并提出建议（☆☆☆☆☆）		
总评			

表 2-6-4 "设计图"教师评价量表

评价内容	评价标准（满分）	教师评价	建议：
设计图的完整性	通过画图和文字形式完成设计（☆☆☆☆☆）		
设计图的结构性	有水源、水速控制器、管道、固定装置（☆☆☆☆☆）		
设计图的可行性	可以尝试将设计图制作成成品（☆☆☆☆☆）		
总评			

★ 学习成果

学生选择材料完成设计图，通过全班研讨实现设计的优化迭代。

学生的设计例图分为三类：插管式，以吸管为支架，利用吸水材料将水从水源引出，如图 2-6-10 所示；支架式，用塑料瓶的瓶身部分加工成支架，利用吸水材料将水从水源引出，如图 2-6-11 所示；倒置式，将塑料瓶倒置，用筷子固定瓶身，瓶口打孔穿线实现引流，如图 2-6-12 所示。

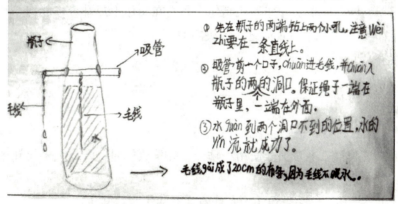

图 2-6-10　插管式浇水器设计图

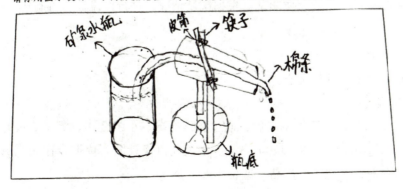

图 2-6-11　支架式浇水器设计图

请你用图示设计一个简易浇花器（可以用文字对你的设计进行说明哦）

图 2-6-12　倒置式浇水器设计图

⑤ 第四课　制作产品、测试并优化

★ 课节目标

根据浇花器设计图以小组合作形式制作产品，在制作中提升合作能力、动手能力。在"测试→反思→优化"过程中发现问题、解决问题。

★ 课时安排

1 课时，40 分钟。

★ 学习活动

活动 1：完成浇花器制作

教师出示热熔胶枪、小刀安全使用小贴士，并发放材料，开放技术指导区域为在制作中遇到困难的学生提供解决方案。

学生阅读安全使用小贴士，以小组形式有序完成浇花器制作。

活动 2：测试产品效能，实现优化迭代

教师巡视并个别指导，用 iPad 将测试情况以视频形式记录下来。

学生分小组用秒表完成水速测试；根据测试情况，进行再设计，再制作，再测试。

活动 3：完成产品评价量表

教师巡视指导。

学生完成产品效能评价量表。

★ 评价工具

小组在完成产品效能评价量表后，通过制作情况、小组合作、测试改进和客观评价四个评价维度开展小组评价，见表 2-6-5。各小组能以设计图为依据合作完成浇花器的制作并进行测试、优化、客观评价产品，见表 2-6-6。

表 2-6-5　浇花器制作过程评价量表

评价内容	评价标准（满分）	小组评价
制作情况	根据设计图完成浇花器的制作（☆☆☆☆☆）	
小组合作	小组合作，分工完成制作、测试（☆☆☆☆☆）	
测试改进	根据测试情况对产品进行改进（☆☆☆☆☆）	
客观评价	根据评价内容评价产品（☆☆☆☆☆）	
总评		

表 2-6-6　浇花器效能评价量表

评价内容	评价标准			小组评价	组间评价
	1分	3分	5分		
水速控制	无法出水	两滴水的出水间隔小于 10 s 或者大于 30 s	两滴水的出水间隔大于 10 s，并且小于 30 s		
水量控制	小于 100 mL	100~200 mL	大于 200 mL		
稳固性能	浇花器无法固定	浇花器基本可以固定在花盆周围	浇花器可以固定在花盆周围		
制作成本	高	中	低		
总分					

★ 学习成果

各小组通过分工合作，在教师的技术指导下完成浇花器的制作、测试、优化、再测试，最终呈现成功的产品，如图 2-6-13 和图 2-6-14 所示。

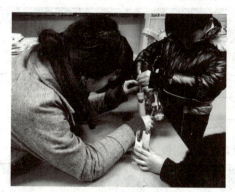
图 2-6-13　学生制作图

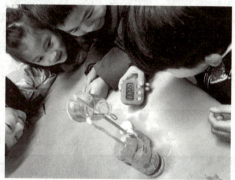
图 2-6-14　浇花器的测试

第五课　产品发布会

★ 课节目标

小组通过展示产品，阐述制作过程中遇到的问题及解决方案，在组间评价中反思不足，发展批判性思维。

★ 课时安排

1 课时，40 分钟。

★ 学习活动

活动 1：产品介绍

教师提出产品介绍要求，内容需包括产品、产品优缺点和设计制作中遇到的问题及解决方法三部分，并组织各小组依次介绍。

学生以小组形式介绍产品，播放测试视频展现产品效能的达成情况。

活动 2：头脑风暴，提出看法

教师布置产品展区。

学生根据产品效能评价量表开展评价，将自己对产品的看法写在便利贴上，贴在产品展区。

活动 3：项目反思

教师出示项目各环节的照片和评价量表，带领学生回顾项目中的成功与不足。

学生反思在项目中的收获与不足。

★ 评价工具

产品发布会环节包含产品汇报评价和产品效能评价。其中汇报评价从表达交流、小组合作、敢于质疑三个维度开展小组评价和组间评价，见表 2-6-7。产品评价将以量化评价（表 2-6-2）和质性评价（表 2-6-8）相结合的方式开展。

学生在产品介绍中乐于表达，在倾听中敢于质疑和提出建议。

表 2-6-7　产品汇报评价量表

评价内容	评价标准（满分）	小组评价	组间评价
表达交流	准确介绍产品、优缺点和设计制作中遇到地问题及解决方法（☆☆☆☆☆）		
小组合作	小组合作形式介绍产品（☆☆☆☆☆）		
敢于质疑	能对他人作品提出看法（☆☆☆☆☆）		
总评			

表 2-6-8　我对浇花器有话说

浇花器的优点	我的建议

★ 学习成果

学生以小组形式展示浇花器成品，对产品结构、优缺点和设计制作过程进行介绍。评委（其余学生）在便利贴上写出自己对产品的看法（优点和建议）并有序贴板。学生完成自我评价与同伴评价，反思项目的收获与不足。

★ 教学设计课例自我评析

本课例打破学科壁垒，巧妙地引导学生运用"材料吸水性"的科学知识、经历"设计→制作→测试→优化"的工程活动、嵌入"成本估算"的数学应用，达成科学、工程、数学跨学科的完美融合。

1."真实情境"内驱深度学习

以"长途旅行时无人照顾植物"这一真实情境为起点，从解决真实问题出发，提出设计制作浇花器的挑战性任务。站在学生视角，将学习与生活有机融合，激发学生在解决问题的同时完成对知识的再应用、再建构，驱动学习走向深入。

2."技术指导"破局学习难点

在制作浇花器环节加入"技术指导区"，尊重不同层次学生学习的需求，满足不同小组设计的差异。学生需要完成技术难点的自我梳理和自主求助，从中获得解决问题的经验和要领。在学生主动"问"和教师个性"教"的双向联动中破局学习难点。

3."多元评价"检视目标达成

将评价与目标关联，对学习的全过程、成果的多样化实时评价，可视化呈现学生在各个环节知识、能力、态度目标的达成情况。丰富评价内容与形式，采用质性评价和量化评价相结合的手段，利用自评、互评、师评、小组评、组间评的方式，检视学生在焦点问题凝练、结构功能探究、设计研讨迭代、制作测试优化、产品发布展示中的收获与不足，为未来活动提供经验。这种方式拉近了学生与知识的距离，解决难题的门槛不再是知识的量，而是获取知识的手段，对于学生来说更能树立起解决高难度问题的信心。

★专家点评

点评专家	申大山，清华大学附属中学 STEM 教师，高级科技辅导员。 陈有志，江苏省南通市教育科学研究院教研员，高级教师。
课例亮点	该课例挖掘学生生活场景中的问题，以工程任务为导向，在"提出问题→分析问题→设计制作→测试优化→展示交流"中发展学生问题意识、实践意识，提升物化能力、合作能力，体现了 STEM 项目实践特色。
课例目标及其达成	目标定位准确，考虑到学生已有的知识经验基础，对学生可能遇到的困难有充分考虑。课程设计基本达成学习目标，合理的活动流程设计凸显工程思维，对于思维目标的达成是突出的亮点。情感态度目标主要通过团队协作和互相评价来实现。 建议继续深入挖掘知识性目标，扩展科学探究部分。
课例活动设计	整个活动设计较为合理活动设计全面且细致，考虑到了学生的年龄特征及项目实施的关键环节。 课时安排上可以适当增加制作与优化环节，更加充分地引导学生在实践中扩展思路、创造性解决问题。在第二课和第三课中，建议安排时间让学生通过摸一摸、试一试等操作，充分了解材料和工具，再在此基础上开展设计制作。在第四课的活动 1 中除了出示安全使用小贴士的方式外，还可以补充具体方法的指导。
课例评价	本课例的评价量表设计非常详细，既有过程性评价，也有结果评价；既有物化作品的评价，也有协作交流的评价；既有个人评价，也有师生互评，实用性较强，具有学习借鉴价值。对于浇花器的产品效能评价，给出了明确的性能参数指标描述，以评价促进学生作品制作实践的学习过程。
其他评价	这是一个优秀的低年级 STEM 课例。

STEM 2.7　课例六：智造"节水校园"

★ 适用年级：小学三年级 。

★ 关键词：跨学科 STEM 学习，工程思维，科学、数学、信息技术，小组合作。

★ 课例提供团队：四川省德阳市岷山路小学黄飞、李明、李静文、胡盼、高勋。

★ 课时：课内 4 课时，160 分钟；课外 4 天（2 个周末）。

★ 课例背景

地球上的水资源严重匮乏，节约用水是我们每个人的责任和义务。在教科版《科学三年级上册》第一单元的学习过程中，学生掌握了水的三种状态以及溶解和过滤等相关知识。本课例主要是通过调查学校卫生间、洗手池、食堂等地方的用水情况，并用已有知识对其进行分析，设计小学校园节水作品，提高校园水资源利用率，达到节约用水的目的。

★ 连接生活

节水教育一直是学校教育的重要内容之一，通过此课例的实施，让学生养成节约用水、爱护资源的好习惯。

★ STEM 学科内容及教学策略的整合

本课例主要采用基于真实生活问题的教学策略，让学生在探究过程中解决水资源利用率低的问题。根据三年级学生现有知识水平，以提高水资源利用率、降低校园用水量为目标，构建以工程思维为主导，融合与水相关的科学知识、信息技术、数学知识、人文知识的跨学科内容，以分组合作的形式开展课程。

★ 学生已有知识、经验、技能基础情况

小学三年级学生已初步具备开展调查活动的能力和独立思考的能力，能够通过探究活动掌握校园用水情况和不同场合的用水需求。学生平时也有一定的节水知识，但对如何通过实际行动来提高水资源利用率的相关认知和能力还不够。

★ 学生学习过程中可能遇到的困难

（1）学生掌握一些形式上的节水知识，如节水口号和节水标语，但对通过雨水收集、循环使用等能提高水资源利用率的实际行动认识不够。

（2）学生对学校不同场合使用后水中的成分掌握得不够明确，不知道能否再次利用。

★ 学习目标

1. 知识目标

（1）通过调查了解校园卫生间、洗手池、绿化带等不同场合的用水需求，结合污水处理相关知识，对使用后的水进行净化处理，以满足校园其他场合的使用。

（2）根据调查结果，经分析处理后，尝试设计出节水方案，并完成相应的节水作品。

2. 能力和技能目标

思维能力：能够通过小组分工合作经历"发现问题→调查分析→提出解决方案→设计并实施方案→测试改进→反思总结"的过程，培养学生的工程思维。

社会情感技能：学生通过亲历调查和实践，认识到节水的重要性，并将节水付诸行动，同时还通过"小手牵大手"活动，将节水意识带到家庭和社区，号召全社会共同参与节水行动。

3. 情感态度价值观目标

学生对 STEM 学习的态度和价值观：学生能够以学校主人翁的身份，主动参与到校园节水问题的探究过程中去，能够发现身边的真实问题，并保持浓厚的研究兴趣；在活动过程中懂合作会分工，能体会到团队合作的重要性。

学生对 STEM 专业和职业的兴趣：学生通过项目式的探究过程，能够以工程师的视角去分析和解决问题，并在参与活动的过程中，提升其内在动机和自我效能感。

★材料和物资准备

1. 教室空间分布

课程在专用的 STEM 教室开展，如图 2-7-1 所示。

图 2-7-1　STEM 教室

2. 教具

希沃教学一体机（图 2-7-2）和学生 iPad。

图 2-7-2　教学设备

★教学流程

教学流程如图 2-7-3 所示。

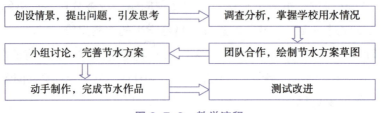

图 2-7-3　教学流程

✦ 第一课　了解项目背景

★ 课节目标

了解我国的水资源现状，引导学生发现身边存在水资源使用不合理的问题。通过对我国水资源总量、年使用量和人均占有量的分析，让学生认识到我国是水资源短缺的国家，节水很重要。随后，通过岷山路小学用水数据的展示，并和德阳市生均用水标准对比，突出学校存在水资源利用率较低的现象。再通过问卷调查，让学生找出学校用水量大的位置和相应地点可实施的节水措施，激发学生参与节水活动的兴趣。

★ 课时安排

2 课时，80 分钟。

★ 学习活动

活动 1：呈现情境，激发兴趣

教师播放我国淡水资源现状的视频（视频内容：我国淡水资源总量较为丰富，居世界第四位，但是我国人口众多，人均占有量只有 2200 立方米，仅为世界人均占有量的 1/4，是全球人均水资源最贫乏的国家之一）和水资源浪费现象的相关视频（视频内容：一场会议，留下 48 瓶饮用水，其中 43 瓶打开后未喝完被直接丢弃），激发学生通过行动参与节水的兴趣。

学生观看视频。

活动 2：聚焦校园，引发思考

教师出示 2020 年 9 ~ 12 月岷山路小学用水情况表，见表 2-7-1。将节水问题聚焦到校园，并将学校人均日用水量与德阳市相关标准（40 L）比较，提出"学校存在用水量偏高的情况，我们可以在学校开展哪些节水行动"的问题，引导学生思考。

学生分析数据，思考驱动性问题。

表 2-7-1　2020 年 9 ~ 12 月岷山路小学用水情况

时间	用水量（m³）	学校总人数（人）	人均日用水量（L）
2020 年 9 月	5120	3212	53.13
2020 年 10 月	5059	3212	52.50
2020 年 11 月	4690	3212	46.67
2020 年 12 月	4644	3212	46.33

活动 3：实地调查，完成问卷

教师发放岷山路小学的用水情况调查问卷。

学生到不同班级完成问卷调查，将收集的调查问卷结果汇总后，找出同学们用水量大和用水频率高的地点，通过查阅资料分析问卷中提出的节水方法是否可行，并交流和展示。

★ 评价工具

对学生问卷调查完成情况、分享交流表达内容进行评价，并对本课内容中的学生任务完成能力进行评价，见表 2-7-2。

表 2-7-2　评价量表（1）

评价内容	评价标准			小组评价
	1 分	2 分	3 分	
问卷完成情况	未完成	完成问卷调查但未整理和分析	完成问卷，且有整理和分析	
分享交流	交流内容少，未对问卷调查结果进行总结	发言内容丰富，对问卷有一定的总结	发言内容丰富，且有创新之处	
任务完成情况	完成部分任务	完成所有任务	完成所有任务，且速度快	
总分				

★ 学习成果

学生完成校园用水情况问卷调查，如图 2-7-4 所示，了解校园用水地点，并清楚知晓这些地点对水质的要求，如图 2-7-5 所示。

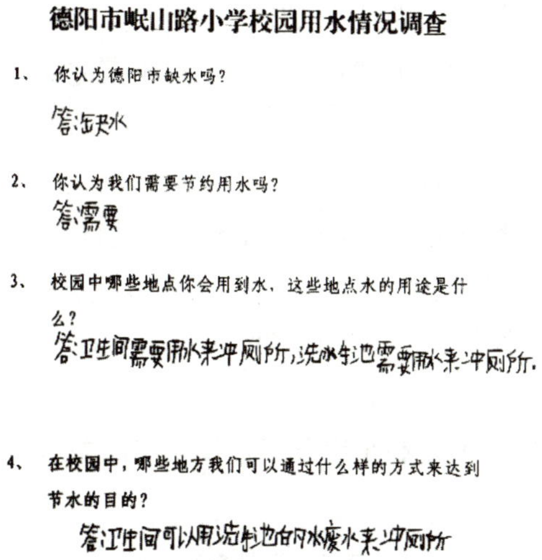

德阳市岷山路小学校园用水情况调查

1、 你认为德阳市缺水吗？

答：缺水

2、 你认为我们需要节约用水吗？

答：需要

3、 校园中哪些地点你会用到水，这些地点水的用途是什么？

答：卫生间需要用水来冲厕所，洗成钟地需要取水来冲厕所。

4、 在校园中，哪些地方我们可以通过什么样的方式来达到节水的目的？

答：卫生间可以用清转池的水废水来冲厕所

图 2-7-4　校园用水情况问卷调查

校园用水量较大的地方：
1.卫生间，用水来冲厕所，对水质要求不高。
2.洗手池，用水来洗手，对水质要求高需要清洁的水。
3.食堂，用水来洗菜和做饭，对水质要求特别高。

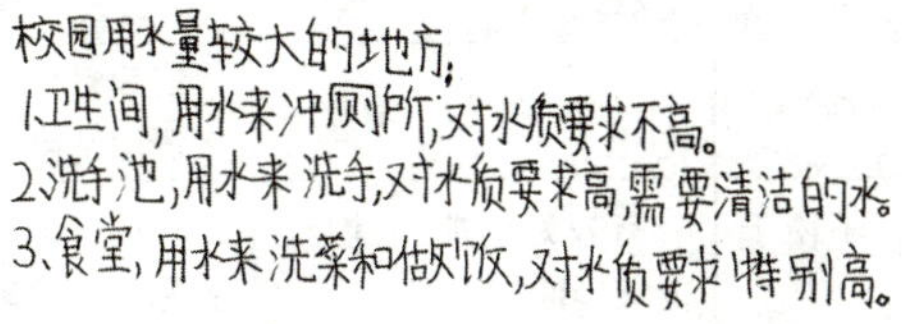

图 2-7-5　调查问卷分析及查阅资料结果

✦ 第二课　绘制设计图

★ 课节目标

学生对校园的用水情况已有较为清晰的认识，知道校园里卫生间、洗手池等地方存在水资源使用不合理的现象，学生能够找到一个或几个问题，思考、讨论后，提出初步的解决方案，画出设计图。

★ 课时安排

1 课时，40 分钟。

★ 学习活动

活动 1：明确设计思路

教师组织学生小组内讨论，明确具体的研究对象，根据卫生间或洗手池的用水需求，思考如何节水。

学生组内讨论，选择校园卫生间或洗手池，对其水资源使用情况进行全面的分析，并明确该场合的节水思路。

活动 2：绘制校园节水草图

教师提出设计要求：

（1）设计的节水作品预期效果明显，有一定的节水效果。

（2）节水作品满足学校需求，能够在学校推广。

（3）绘制的设计图图文结合，简洁明了，有相应的简介。

（4）给出作品的功能介绍，形成完整的节水方案。

学生根据小组讨论结果，完成方案草图；组内讨论，完成节水作品设计图，并根据设计要求，完成节水方案。

活动 3：展示交流，完善方案

教师对节水方案进行评价，并对方案中存在的不足进行指导。

学生小组展示设计的节水方案，介绍小组分工、节水方案的功能等内容。小组互评，提出修改意见。组内根据方案设计环节进行自评。

★ 评价工具

教师对方案设计图、应用前景和小组分工合作、交流展示能力以及任务完成情况进行评价，见表 2-7-3。

表 2-7-3　评价量表（2）

评价内容	评价标准			教师评价
	1 分	2 分	3 分	
方案设计图	有设计图，无功能介绍	有设计图和功能介绍	有设计图和功能介绍，且整个方案逻辑清晰、条理分明、语言明确	
应用前景	应用前景不明，不便于推广	有较好的应用前景，能够推广	有很好的应用前景，便于应用到实际，能够解决现实问题	

（续）

评价内容	评价标准			教师评价
	1分	2分	3分	
小组分工合作	没有明确的分工	只有简单的分工合作	有明确的分工合作，每个成员都有自己的任务	
交流展示能力	语言表达能力强，但对方案阐述不清晰	语言表达能力强，能简单阐述设计思路	语言表达能力强，能够清晰地展示出小组的创意和设计思路	
任务完成情况	完成部分任务	完成所有任务	完成所有任务，且速度快	
总分				

★ 学习成果

学生完成的校园节水系统设计图如图 2-7-6 所示。该节水系统能够将洗手池的废水收集起来，过滤后用于冲洗厕所。

学生完成的《请关好水龙头》短视频拍摄思路如图 2-7-7 所示，通过短视频提醒同学要关好水龙头，节约用水。

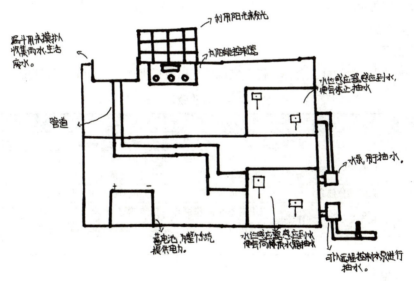

图 2-7-6　学生完成的校园节水系统设计图

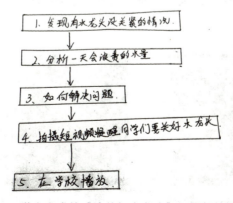

图 2-7-7　学生完成的《请关好水龙头》短视频拍摄思路图

第三课　制作校园节水作品

★ 课节目标

根据小组设计的节水方案，自行选择材料，完成基于校园的节水作品，并通过测试、改进，优化节水作品。

★ 课时安排

两个周末。

★ 学习活动

活动 1：分工合作，制作作品

教师强调制作和工具使用过程中的安全事项，督促学生按时完成任务。

学生分小组讨论，明确分工，完成制作计划。小组分工，根据制作计划完成作品。

活动 2：组内交流，反思改进，优化作品

教师请学生在小组内讨论交流，回顾制作过程中遇到的问题，并交流解决办法。

学生分享在"校园太阳能自动节水系统"制作过程中，遇到的材料选择、废水过滤与储存、自动控制等问题的处理方法，以及《请关好水龙头》短视频拍摄和剪辑中遇到的技术难题和解决方法。

★ 评价工具

教师对制作过程中的分工合作、任务完成情况以及后期的交流展示进行评价，见表 2-7-4。

表 2-7-4　评价量表（3）

评价内容	评价标准			教师评价
	1 分	2 分	3 分	
分工合作	没有明确的分工	只有简单的分工合作	有明确的分工合作，每个成员都有自己的任务	
任务完成情况	完成部分任务	完成所有任务	完成所有任务，且速度快	
后期的交流展示	只能简单叙述制作流程	对整个制作流程表达清晰、流畅	语言表达能力强，逻辑清晰，能够叙述遇到的问题和解决方法	
总分				

★ 学习成果

学生利用周末时间制作校园太阳能自动节水系统和拍摄《请关好水龙头》短视频，如图 2-7-8 和图 2-7-9 所示。

图 2-7-8　学生制作的校园太阳能　　　图 2-7-9　学生拍摄的节水短视频
　　　　　　自动节水系统

✦ 第四课 交流、展示、总结

★ 课节目标

将小组作品的创意、设计思路及最后的作品展示出来。

★ 课时安排

1 课时，40 分钟。

★ 学习活动

活动 1：展示汇报

教师邀请学生以小组为单位展示作品。

学生根据不同的分工，对作品的创意、思路进行展示、交流。

活动 2：项目总结

教师对整个项目进行评价。

学生对项目实施过程中的反思和收获进行总结。

★ 评价工具

教师对整个课程活动中小组的任务完成情况、分工合作、交流表达能力和作品应用前景，以及制作过程中所表现出的工程思维能力和作品创新能力进行评价，见表 2-7-5。

表 2-7-5 评价量表（4）

评价内容	评价标准			教师评价
	1 分	2 分	3 分	
任务完成情况	未完成全部任务	完成全部任务，但效率不高	完成全部任务，且效率极高	
分工合作	没有明确分工，任务由一两位同学完成	有分工，但分工不够明确，少数同学参与性不高	有明确的分工，每位同学都能按照分工完成自己的任务	
交流表达能力	交流表达能力弱，未能介绍本组作品	能正常和同学交流，表达能力较强	擅长交流，逻辑清晰，完整地展示出了本组的所有环节	
作品应用前景	作品无实用价值，未达到预期效果	作品有一定的应用前景	作品能够在学校推广，能够创造一定的价值	
工程思维能力	未能展现工程思维	工程思维能力一般	展现出较好的工程思维	
作品创新能力	作品未展现出创新之处，仍是传统的节水	作品有一定的创新元素，但想法仍然比较传统	作品有明显的创新之处，有自己独特的眼光和视角	
总分				

★ 学习成果

小组完成作品"校园太阳能自动节水系统"如图 2-7-10 所示，模拟了校园洗手池废水回收、过滤、储存和使用，达到了节水的目的。

小组完成视频作品《请关好水龙头》的拍摄，如图 2-7-11 所示，通过计算水龙头滴水一天浪费的水量，换算成瓶装矿泉水的数量，来提醒同学要关好水龙头。

图 2-7-10　小组完成作品"校园太阳能自动节水系统"　　图 2-7-11　小组拍摄的《请关好水龙头》短视频

★教学设计课例自我评析

　　本课例以校园的真实用水情况为情境，通过分析学校真实用水数据，让学生直面水资源利用率的问题。然后通过问卷，掌握学校水资源的主要用途，并由此思考，提出解决方法，经过制作和优化，形成节水作品。本课例以学生为主体，教师搭建学习平台，学生亲历"发现问题→调查分析→提出解决方案→设计并实施方案→测试改进→反思总结"的过程，工程思维得到初步的发展，符合 STEM 教学的理念。

★专家点评

点评专家	丁峻峰，同济大学设计创意学院，副教授。 卢毅，江苏省苏州市苏州工业园区 STEM 教育联盟生命科学联盟负责人、园区小学科学兼职教研员，高级教师。
课例亮点	从实际的可持续问题入手，通过学生在校园里对真实环境和问题的观察，在有限时间内鼓励制作原型（含视频），提出解决方案，评价组合了形成性和成果性。
课例目标及其达成	课程目标明确，结构性较强，一方面突出学生能亲历聚焦生活问题、调查分析、提出解决方案、设计并实施方案、测试改进、反思总结的过程，培养学生的工程思维；另一方面学生能了解各类科学技术方法和原理，从而更好地了解生活、智造生活。教师还提供了课程开展的有效结构和工具，辅助引导学生达成目标。 由于时间有限，课例可以适当聚焦在某些重要目标点，同时在研究和原型制作过程中，可以适当提供一些基础工具和套件，提高目标达成的效能。
课例活动设计	活动设计和开展以学生为中心，鼓励学生的自我学习和合作探究，教师能搭建有效知识和研究阶梯，充分调动了学生的主观能动性。设计亦体现了 STEM 项目化学习，有利于提高学生的学习积极性，学生可以把学到的知识应用到现实情境中，让学生的主体作用得到充分体现。当学生体会到自己所学内容的价值后，会更激发其积极地进行深度学习，形成高阶思维，体现 STEM 理念。 课例可以适当聚焦和强化某个活动片段、方法或者过程，能让学生充分展开并有收获。希望能有更多模块时间的安排。
课例评价	评价体系依据活动来展开，相对比较全面。评价量表主要通过过程性评价与终结性评价相结合来评价学生的学习效果。 在一般维度评价可以适当展现"量"的标准，在能力维度评价中可以继续深化评价细则。评价内容可尝试上升到 STEM 教育理念和核心素养上。
其他评价	可以参考联合国可持续发展目标（SDGs），以及相关的教育资料，并可以拓展国际化链接。

STEM 2.8　课例七：欢迎来我们学校

★适用年级：小学三年级 。
★关键词：跨学科 STEM 学习，工程思维，科学、数学、语文、综合实践活动，小组合作。
★课例提供团队：浙江省杭州市保俶塔实验学校王虹、张红霞、洪杰、陈怡莹。
★课时：4 课时，160 分钟。

★课例背景

"设计路线"是人教版《数学　三年级下册　位置与方向（一）》的一个学习内容。项目基于真实情境，以"为幼儿园小朋友设计一条最佳校园参观路线"为驱动性问题，让学生经历"数据分析、路线设计、实践体验、迭代优化、带领参观"等一系列的活动。学生与合作伙伴明确设计要素，综合运用数学、科学等多学科知识设计校园参观路线，在实践反思和迭代优化的过程中发展设计思维，借助不同角色的体验培养同理心，在现场发布会和带领幼儿园小朋友参观的活动中感受创造的全过程。

★连接生活

每年春天，学校附近的多所幼儿园会来校参观，开展"我向往的小学生活"幼小衔接课程。学校安排专门的教师负责接待、访谈和参观工作，学生很少以校园主人的身份参与其中。本课例通过设计、实践、迭代参观路线等活动提升学生真实情境中的问题解决能力。

★ STEM 学科内容及教学策略的整合

本课例主要采用基于问题的教学策略，让学生在科学探究的过程中解决实际问题。通过"调研幼儿园毕业班""规划参观路线""体验参观路线""优化参观路线""实践参观路线"五大实践体验活动引导学生综合运用人教版《数学　三年级下册　位置与方向（一）》中的知识，以及科学、语文、综合实践活动等多学科知识，为幼儿园小朋友参观学校设计一条最佳路线，发展学生的设计思维和工程思维。

★学生已有知识、经验、技能基础情况

小学三年级的学生能在具体情境中辨认物体的方位和相互之间的位置关系，知道空间中物体位置排列组合有多种可能性；能依据校园情境和特色景点，运用数学的原理和方法，通过小组合作进行简单的线路绘制；能尊重事实和证据，大胆尝试，寻求最佳的校园参观路线。

★学生学习过程中可能遇到的困难

学生在真实且较复杂的情境中设计方案可能会缺乏步骤的程序性，在提炼设计要素时可能思考得不够全面，在实践和检验方案的过程中容易忽视辅助工具的使用，在对照评价标准修正设计方案时可能会面临失败。

★学习目标

1. 知识目标

（1）结合具体情境，使学生认识东、南、西、北、东北、西北、东南和西南 8 个方向，能根据给定的东、南、西、北中的一个方向辨认出其余三个方向，并能用这些词语描述物体的方向。

（2）使学生看懂简单的平面图，知道平面图是根据上北、下南、左西、右东的方位绘制，有初步辨认方向、表达与交流物体所在方向的能力。

（3）使学生能用所学的方向知识为幼儿园小朋友设计参观路线，发展学生的空间观念。

2. 能力和技能目标

思维能力：通过小组分工合作，经历"提出问题→分析问题→确定标准→制订可行的解决方案→画出设计图→进行创造→测试改进→反思总结"的过程，培养学生的工程思维。

社会情感技能：让学生在绘制路线等过程中体会合作与沟通的重要性，在带领幼儿园小朋友参观校园的活动中逐步形成社会活动参与意识和公民责任感。

3. 情感态度价值观目标

学生对 STEM 学习的态度和价值观：学生以主人翁的角色主动参与"欢迎来我们学校"的项目化学习活动，并保持浓厚的研究兴趣；在活动中乐于承担团队分工，愿意进行团队合作。

学生对 STEM 专业和职业的兴趣：设计最佳路线时需要选择一组变量，在满足一系列有关的限制条件下，使设计指标达到最优值，学生尝试解决工程设计中的最优化问题。

★材料和物资准备

1. 教室空间分布

教室空间分布如图 2-8-1 所示。

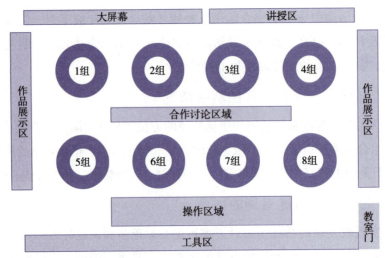

图 2-8-1　教室空间分布

2. 教具

学校平面图、大白纸、项目化学习活页、彩色便利贴、铅笔、马克笔、iPad、秒表、指南针、方向标、Keep 软件，如图 2-8-2 所示。

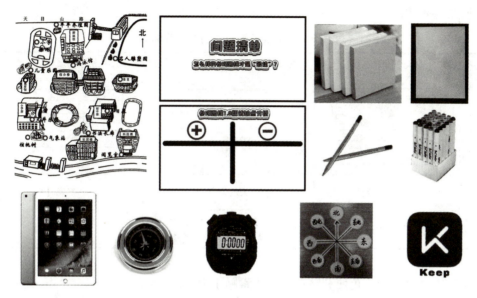

图 2-8-2　教具图

★教学流程

教学流程如图 2-8-3 所示。

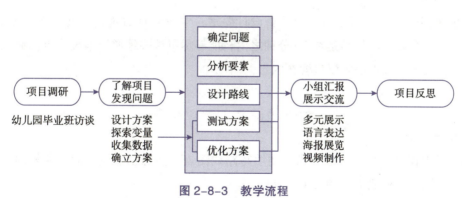

图 2-8-3　教学流程

第一课　问题与标准

★课节目标

通过教师讲解、幼儿园调研视频、参观活动方案等获取有效信息，通过讨论交流进行信息整合、标准提炼，培养学生选择性分析、选取各种来源信息的能力。

★课时安排

1 课时，40 分钟。

★ 学习活动

活动 1：发布项目，提供资源

教师发布项目活动：为幼儿园毕业班的小朋友设计一条最佳参观路线，并提供学习资源库，见表 2-8-1。

表 2-8-1　最佳参观路线的要素及标准

资源信息	幼儿园调研视频	"我最想去看的校园景点"统计图	学校幼小衔接观摩接待方案
	我向往的小学	幼儿园小朋友景点人气指数统计图 食堂　11人 书法长廊　6人 羊羊养殖园　13人 气象站　3人 天井乐园　12人 博弈楼　6人 阅览室　7人	时间　时间　地点 8：00左右　集合整队　学校北门 8：10-8：35　升旗仪式+晨会　小学部操场 跑道 8：40-8：55　观看学校宣传片　南报告厅（起点） 9：00-9：30　参观校园　最佳参观路线 9：35　集队返回　南报告厅（终点）
要素	学校景点数量	人气景点	参观时长
标准	尽可能多	包含 3 个人气景点 （食堂、天井乐园、羊羊养殖园）	≤ 30 分钟

学生独立思考：用彩色便利贴把相关要素贴于大白纸。

活动 2：讨论交流，确定最佳

教师提供问题清单：怎么样的参观路线才是"最佳"？

学生小组讨论：提炼要素和分类；汇报交流，确定最佳路线的标准。

★ 学习成果

学生从多个要素中筛选出三个重要设计要素：学校景点数量、人气景点、参观时长，同时确定了三个要素的标准是在 30 分钟之内，能够尽可能多地游览学校景点，而且幼儿园小朋友选择的人气景点必须要包含在内。

⑧ 第二课　设计与绘制

★ 课节目标

学会根据设计标准和任务要求绘制填写路线图表，熟悉创造设计的前期筹划工作，培养对项目的统筹规划能力以及自主探究能力。

★ 课时安排

1 课时，40 分钟。

★ 学习活动

活动 1：明确研究步骤

教师提供学校平面图和项目化学习活页，提供思考支架："我们小组设计的路线是从南报告厅出发，先向（　　　　）方向走到达（　　　　），再向（　　　　）方向走到达（　　　　）……最后回到南报告厅。"

学生明确研究步骤：选景点→标顺序→画箭头→定路线。

活动 2：设计最佳路线 1.0

教师巡视参与并实时听取学生的小组讨论，给予指导或帮助。分发小组评价量表，引导学生根据评价量表中的优秀标准进行设计，在景点数量上提醒学生不是越多越好，要考虑时间和幼儿园小朋友的行进速度。

学生组内进行激烈讨论，积极投入到路线设计的活动中，按照研究步骤进行设计，各小组最终形成最佳路线 1.0。

★ 评价工具

评价量表聚焦数学学科的关键能力，即运算能力和空间观念。每项关键能力都有对应的☆、☆☆、☆☆☆三个不同水平层级供学生和教师进行评价，见表 2-8-2。

表 2-8-2　小组评价量表

评价内容	评价标准			学生自评	教师评价
	☆	☆☆	☆☆☆		
运算能力（计算最佳参观路线的总时长）	只能得出总时长与行走时间或参观时间有关，不能正确计算出总时长	能正确计算出总时长（总时长＝行走时间＋参观时间），对于同数连加没有运用乘法的简算意识	能正确计算出总时长（总时长＝行走时间＋参观时间），对于同数连加有运用乘法的简算意识		
空间观念（体验路线过程中运用方位描述行进）	只是凭借对校园的感性认识沿着路线图行进	能正确描述行走方向和景点的位置，并按照设计路线行进，不能使用工具帮助找出景点	能正确描述行走方向和景点位置，并按照设计路线行进，还能利用工具找出景点		
总评					

★ 学习成果

各小组在项目化学习活页的学校平面图上标上序号和箭头，清晰地展现最佳参观路线 1.0，如图 2-8-4 和图 2-8-5 所示，同时能用位置与方向的知识口头描述路线的形成过程。

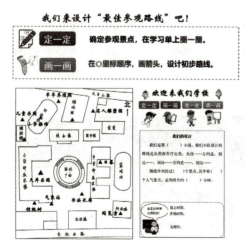

图 2-8-4　学校平面图

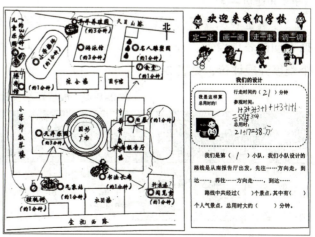

图 2-8-5　小组设计的最佳路线 1.0

第三课　测试与修改

★ 课节目标

在真实的校园情境中，根据给定的东、南、西、北中的一个方向辨认出其余七个方向，并能用这些词语描述物体的实际方位和行进路线。通过实践体验活动，优化升级方案，设计出一条更合理的最佳校园参观路线，发展问题解决能力。

★ 课时安排

1 课时，40 分钟。

★ 学习活动

活动 1：明确任务，聚焦目标

教师提供学习资源支持：小组组旗、一台 / 组 iPad、指南针、秒表、方向标。给予外出实践的建议：根据设计路线行走，中途不能随意变更；合理使用工具，人气景点必到；时间规划要合理，尽可能多参观；行走时要模拟幼儿园小朋友的速度，不喧哗吵闹，不奔跑。

学生按小组根据设计方案选择需要的工具，明确外出实践的要求。

活动 2：小组实践，教师跟踪

教师分组跟踪小组的路线体验，同时全程打开 Keep 软件进行实时路线追踪，协助学生完成路线测试。

学生携带 iPad、指南针、方向标等工具，根据设计图在校园中模拟参观过程，记录参观总时长。

活动 3：发现问题，修改路线

教师提供每组的 Keep 软件路线截图及相关数据，并提供最佳路线 1.0 的优缺点分析图。

学生对照标准，观察、讨论原设计方案中的优缺点，运用优缺点分析工具改进最佳路线 1.0。

★ 评价工具

评价量表从要素分析、规划设计、实践体验、展示交流、反思迁移五个项目环节，依据不同的表现设置了☆、☆☆、☆☆☆三个不同水平层级，同时从学生自评和教师评价两个维度开展评价，见表 2-8-3。

表 2-8-3　最佳路线设计评价量表

评价内容	评价标准			学生自评	教师评价
	☆	☆☆	☆☆☆		
要素分析	不能发现最佳路线的标准要素	能发现最佳标准或部分标准，但是价值不大或缺乏评价性	发现的最佳标准要素指向驱动性问题的解决，价值大，评价性强		

（续）

评价内容	评价标准			学生自评	教师评价
	☆	☆ ☆	☆ ☆ ☆		
规划设计	不符合要素要求，不能绘制出参观路线	符合部分要素要求并画出路线图，但是出现重复、超时等情况	符合 3 个要素要求并画出路线图，不重复、不超时，运算有完整的过程记录		
实践体验	在实际体验过程中，不能运用方位词描述，不会使用指南针、方向标等工具辅助	在实际体验过程中，部分能用方位词描述，部分时间能使用指南针、方向标等工具辅助	在实际体验过程中，全程使用方位词描述，能很好地使用指南针、方向标等工具辅助		
展示交流	不能进行展示交流	能根据学习单支架展示汇报小组设计的最佳路线，汇报中方位词有出错或者设计亮点不鲜明	能根据学习单支架展示汇报小组设计的最佳路线，汇报中方位词无出错且设计亮点鲜明		
反思迁移	没有思考，未进行组内交流	思考不全面或者注意力不集中，不参与小组活动	认真思考，积极交流，发现问题并及时调整、优化最佳路线		
总评					

★ 学习成果

各小组跟队教师 Keep 软件记录的实际路线追踪图和数据如图 2-8-6 所示，学生根据数据反馈进行分析和梳理，在优缺点分析大白纸上记录实践中成功的亮点和存在的问题，例如因找不到某个学校景点而来回绕路，因没有使用指南针等工具辅助短暂地偏离设计路线，因经过景点数量过多导致超时。

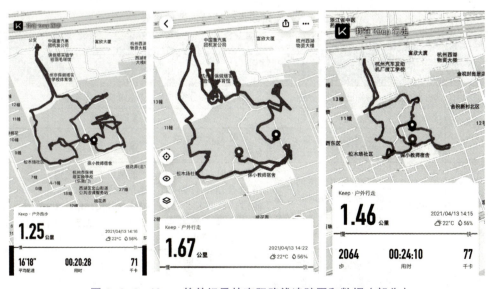

图 2-8-6 　Keep 软件记录的实际路线追踪图和数据（部分）

✦ 第四课　展示与交流

★ 课节目标

各小组学生调整设计图，绘制最佳路线设计海报并进行发布会，形成最佳参观路线 2.0。

★ 课时安排

1 课时，40 分钟。

★ 学习活动

活动 1：现场发布，互相评价

教师组织开展最佳参观路线发布会，将设计要素统计空表展示在白板上，供学生汇报时记录分享。

学生分小组。每个小组的 2 名学生代表上台汇报最佳路线，1 人展示最佳路线并解说设计亮点，另 1 人在白板的统计空表中记录相关要素对应的数据：景点数量、人气景点、总时长。其他小组的学生现场提问，汇报小组现场答辩。

活动 2：依据标注，票选最佳

听课教师通过扫描投票二维码进入页面查看各小组的路线和设计亮点后进行网络投票。上课教师将学生投票和听课教师网络投票票数相加，统计出票数最高的设计小组，当场进行最佳路线设计颁奖。

学生依据最佳标准，围绕教室两侧的作品展区进行近距离观看后用投票贴纸进行现场投票。

★ 评价工具

评价量表从项目成果和项目汇报两个一级指标进行评价，其中项目成果的评价指标有时间合理、景点数量以及人气景点覆盖情况三个二级指标，项目汇报的评价指标有内容和态度两个二级指标，每个指标下有☆、☆☆、☆☆☆三个不同水平层级，见表 2-8-4。

表 2-8-4　最佳路线设计终结性评价量表

评价内容		评价标准			学生自评	教师评价
		☆	☆☆	☆☆☆		
项目成果	时间合理	总时长 > 30 分钟	总时长 = 30 分钟	总时长 < 30 分钟		
	景点数量	景点数 ≤ 5 个	6 < 景点数 < 8	8 ≤ 景点数		
	人气景点覆盖情况	没有覆盖人气景点	只覆盖人气景点中的 1~2 个	覆盖 3 个人气景点		
项目汇报	内容	不能利用方位词介绍最佳路线，总时长、总景点数以及人气景点有错误，设计无亮点	能利用方位词较完整地介绍最佳路线，能描述总时长、总景点数以及人气景点，设计亮点不突出	能利用方位词完整地介绍最佳路线，能描述总时长、总景点数以及人气景点，设计亮点突出		
	态度	不尊重、不倾听，或者对提问置之不理	较为尊重，能认真倾听，但不能妥善回答质疑	尊重他人，认真倾听，高质量应对质疑		
总评						

扫一扫

⭐ **学习成果**

　　各小组最佳路线 2.0 海报（含设计亮点），如图 2-8-7 所示，以及各小组最终在幼儿园参观访问时根据设计路线实地带领小朋友参观体验的真实活动，可扫描右侧二维码观看。

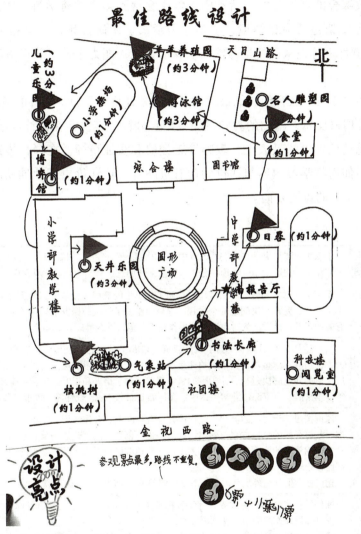

图 2-8-7　某小组最佳路线 2.0 海报

★教学设计课例自我评析

1. 让学习真实发生

　　本课例最大的特征是"真实性"和"亲历性"。真实生活中的问题往往是劣构的、开放的、综合的，因此真实学习导向的项目应注重真实情境、真实任务、真实体验和真实评估四个关键要素的设计。只有将知识、方法置于与现实问题和学生兴趣相关的情境中，才更容易激发学生的内驱力；真实任务和真实体验才能逐步培养学生解决复杂问题的能力，发展其素养。

2. 让体验深度发生

传统学习在学习结果的可迁移性、创造性运用方面存在一定的欠缺。学生一般都会认为失败就是负面的，其实经历有效失败，自主探究、寻找问题答案的过程更利于深度学习的发生。在开放综合的项目化学习活动中，学生会遇到多样的跨学科现实问题，本课例为学生提供的学习支架包括项目情境、项目学习活页、调研视频、工具箱（iPad、指南针、方向标、Keep 软件）等，从而使学习能基于核心概念、能力素养，获得最优体验。

3. 让评价充分发生

首先，国外的 STEM 教育给我们最大的启示就是评价与反思，国外的教师会用 30~40 分钟的时间来完成项目反思，国内的教师往往只用几分钟。其次，在设计与运用表现性评价、过程性评价、总结性评价的量表上，教师缺乏经验和实证精神。在项目推进的过程中如何积极使用量表、如何将学习内容与评价活动有机融合，让评价更好地推动反思迭代是我们需要继续探索和研究的重要方向。

★ 专家点评

点评专家	王志成，清华大学基础工业训练中心（iCenter）研发推广部副部长，副教授。 邸泽民，北京市十一学校一分校课程院主任助理、科学与技术学科主任，中学一级教师。
课例亮点	课例基于真实问题和真实情境，按照工程思维的流程，让学生综合运用不同学科知识，经历小组协作、完整解决问题的全过程，很好地激发了学生的探究欲，让学生的核心素养也得到了有效的提升。该课例的通用性和可操作性都较强，适合推广。
课例目标 及其达成	目标适切，课例基本达到了设计目标，培养了学生的工程思维，提升了解决实际问题的能力，也培养了学生热爱生活、关注生活和美化生活的情感态度。通过运用相关工具和技术，经历完整的问题解决过程，让学生的核心素养得到了培养和提升。课例各个环节联系紧密，并给予了丰富的学习资源帮助学生达成目标，如 iPad 及 Keep 软件等，也很符合时代特征。
课例活动设计	课例按照工程思维的流程，综合设计探究性问题，合作经历"提出问题→分析问题→确定标准→制订可行的解决方案→画出设计图→进行创造→测试改进→反思总结"的过程，课例按照真实事物解决的流程进行设计，大多较充分地考虑到了该年龄段学生的特性，总体难度和梯度都比较合理。 建议在学生分组外出活动时，对安全问题及活动时长进行规范或提醒。
课例评价	课例结合了科学、劳动教育等课程标准中对学生对应学段的培养目标、学段核心素养要求，课程目标设计方法恰当合理，评价方式总体合理有效。 建议适当丰富评价维度和评价主体，可能的话，评价维度和评价主体制订的过程也可以带着学生一起参与，效果会更好。
其他评价	建议增加任务目标分析，例如，为什么幼儿园小朋友来学校参观，为什么要进行线路设计，来参观的幼儿园小朋友有什么特点等内容。宜进一步探讨拆解多要素环节当前的拆解结果，因为当前的拆解结果的前两个维度应该是同一个维度中的不同内容。

STEM 2.9　课例八：自制饮品——本土化探究

★ 适用年级：小学三年级。

★ 关键词：跨学科 STEM 学习，设计思维，工程思维，科学、语文、美术、小组合作。

★ 课例提供团队：黑龙江省黑河市嫩江市源明湖学校关显茹。

★ 课时：11 课时，440 分钟。

★ 课例背景

嫩江市嫩江农场有优质的大豆、牛奶和特色果品，当下各种饮品深受人们的喜爱，但是市面上的一些产品有各种添加剂，损害人们的健康，特别是青少年的健康，由此确定了"自制饮品——本土化探究"这一主题。在主题目标下学会制作豆浆或奶茶。按照主题实施以下九个步骤：确定主题、构建小组、调查研究、活动准备、初步制作、交流改进、再次制作、测试评估、重新设计，开展了学会一种饮品的制作、了解食材合理搭配、食品安全事项分享等系列活动，经探究实践，达成主题目标。通过设计、制作、测试、迭代、优化，制作出被认可的有营养的豆浆或奶茶。在持续探索方法、形成良好的产品的实践过程中，初步培养学生的工程思维、设计思维。

★ 连接生活

嫩江市嫩江农场有优质的大豆、牛奶和特色果品，因此可以自制健康且美味的饮品。

★ STEM 学科内容及教学策略的整合

本课例主要以健康为中心展开解决各种问题的教学策略，让学生在探究过程中解决遇到的实际问题：饮品太稀或太稠的浓度问题、饮品加入的糖多或少的甜度问题。根据学生有看过家长做豆浆、奶茶的生活经历，学生以制作豆浆、奶茶为目标，构建以做豆浆、奶茶工程内容为主导，融合豆浆的营养成分的科学知识、制作过程中介绍的语文知识、数据统计分析的数学知识、草图设计绘画的美术知识的跨学科课程内容，培养工程思维、工程意识、工程设计和实践能力。

★ 学生已有知识、经验、技能基础情况

小学三年级学生能够利用计算机查找资料，能正确使用量杯、量筒和天平量取一定量的食材，有了这些知识的储备，对吃喝又有兴趣，同时有这方面的生活经验，能够完成小型的实验。他们爱动手、敢质疑、有想法、有独立思考的能力，可以通过小组合作进行简单的设计制作，但是对于反思与改进的探究思路还有不足。

★ 学生学习过程中可能遇到的困难

哪些食材可以搭配食用；用电、刀、豆浆机的安全事项；浓度、甜度和口味调整。

★ 学习目标

1. 知识目标

（1）通过请教家人或上网查找的方式，了解制作饮品的注意事项及其原因。

（2）运用掌握的饮品合理搭配、食材用量、制作步骤等知识，小组确定要设计制作的饮品。

2. 能力和技能目标

思维能力：通过小组分工合作经历"提出问题→分析问题→确定标准→制订可行的解决方案→画出设计图→进行创造→测试改进→反思总结"的过程，培养学生的工程思维能力和解决问题能力。

社会情感技能：在活动中，学生根据自己对食材性质的了解和喜好，选择适合大众消费水平的食材来制作饮品，经过团队讨论、研究、优化后，设计出简易图稿，同时通过介绍饮品的好处来引导人们健康饮用。

3. 情感态度价值观目标

学生对 STEM 学习的态度和价值观：以学生为主体，主动参与设计和制作过程，并保持浓厚的研究兴趣；能够在活动中乐于承担团队分工，愿意进行团队合作。

学生对 STEM 专业和职业的兴趣：学习初步的工程意识和工程思维，了解食品工程的相关工作内容。

★ 材料和物资准备

1. 教室空间分布

教室主要分两部分：一部分是计算机室，如图 2-9-1 所示，学生可利用计算机上网查找资料。另一部分是实验室，如图 2-9-2 所示，里面有工作台，供各小组实验研究使用，前面有一个大屏幕和实物展台，可以展示作品。

图 2-9-1 计算机室

图 2-9-2 实验室

2. 教具

（1）**所需教学设备**：计算机、实物展台、大屏幕、音箱等设备。

（2）**所需制作工具**：榨汁机、快壶、玻璃杯、一次性纸杯、勺子等。

（3）**所需制作食材**：黄豆、红枣、核桃、黑芝麻、花生等。

★ **教学流程**

教学流程如图 2-9-3 所示。

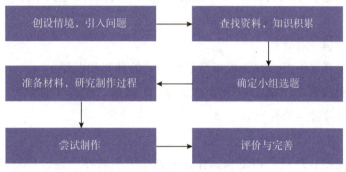

图 2-9-3 教学流程

第一课 确定主题研究的方向

■ **课节目标**

了解项目背景，确定学习的内容。通过搜集资料、教师课上讲解等方式，了解自制饮品的相关科学依据和知识。

■ **课时安排**

2 课时，80 分钟。

■ **学习活动**

活动 1：背景介绍

教师出示饮品店暂停营业的消息，如图 2-9-4 所示，让学生观看后提问：怎么才能喝到饮品？

学生看完教师出示的通知自然会产生自制饮品的想法。

图 2-9-4 某饮品店暂停营业的通知

活动 2：学习制作一款饮品

教师指导学生查找资料。

学生请教家长或上网查找，学会一种饮品的制作。

活动 3：收集资料绘图

教师演示讲解制作饮品的过程，边讲解边绘图，将饮品制作过程绘制成图稿。同时提醒学生注意图稿包括：饮品名称、所用食材及用量、制作过程、注意事项，且要图文并茂。

学生明确任务后，小组讨论研究，收集、整理相关资料，把本组的饮品制作过程绘制成图稿。

活动 4：汇报展示、评价

教师指导学生开展汇报，并在汇报最后做适当的补充和点评。

学生利用投影仪展示图稿，边展示边介绍。汇报后，先请其他学生进行点评，指出优点和不足，最后教师适当地补充。

★ 评价工具

评价量表从简图、原料、用量和制作过程四个方面对样品进行差、可和优三个等级的评价，见表 2-9-1 和表 2-9-2。

表 2-9-1　评价内容

评价等级	评价标准			
	简图	原料	用量	制作过程
差	杂乱	只写明小部分原料	只标出小部分原料用量	全都没说清楚
可	基本合理	写明大部分原料	标出大部分原料用量	个别没说清楚
优	合理、清晰	全部写明	标出各原料用量	详细明白

表 2-9-2　评价量表（1）

样品	评价				总评
	简图	原料	用量	制作过程	
样品 1					
样品 2					

★ 学习成果

在明确了背景和问题后，学生查找资料并把查到的饮品有关资料绘制成图稿，注明了食材用量和简单的制作过程，如冰糖梨汁、柠檬水等，如图 2-9-5 和图 2-9-6 所示。通过这一部分的学习，学生初步体验和感受了饮品的制作过程，为后面的学习和研究做铺垫。

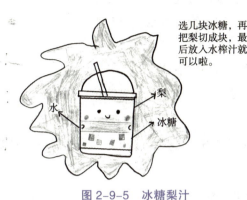

选几块冰糖，再把梨切成块，最后放入水榨汁就可以啦。

图 2-9-5　冰糖梨汁

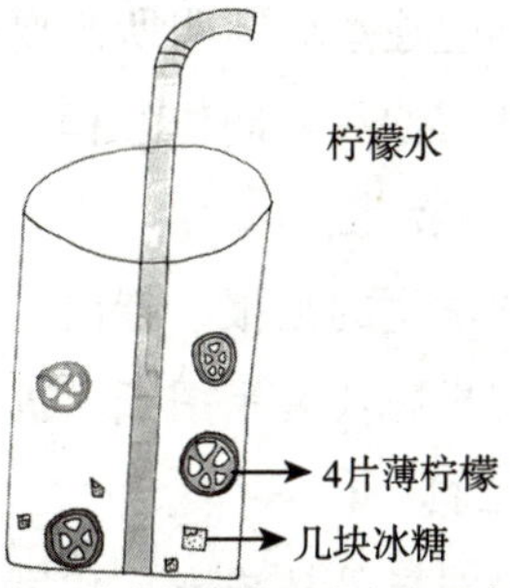

柠檬水

→ 4片薄柠檬
→ 几块冰糖

我做的是柠檬水，首先将柠檬用盐水洗干净，再切成片，切4片就可以了。然后加几块冰糖，倒入热水，搅拌一下，插一根吸管，就可以喝了。

图 2-9-6　柠檬水

✦ 第二课　学习饮品的制法及食材相关知识

★ 课节目标

学生围绕具体任务展开探究活动，了解注意事项和营养成分，要注意合理搭配；每名学生初步体验豆浆、奶茶的制作过程。

★ 课时安排

3 课时，120 分钟。

★ 学习活动

活动 1：确定方向

教师通过 PPT 展示，让学生了解家乡的特产——大豆、完达山牛奶等，确定以家乡特产为原料来自制饮品这一主题的突破口。

学生观看资料，了解本土化因素：全国农垦现代化农业示范区，大豆专品专供生产基地。结合本土化特色，以制作豆浆、奶茶为这一主题活动的突破口，进行问卷调查，为后面知识的学习找准方向。

活动 2：知识积累

教师讲故事：一天早晨，小菁的妈妈让她吃鸡蛋和豆浆，并且把剩下的豆浆用小暖瓶装上带到学校去喝。结果小菁不但肚子痛，还拉肚子。你知道这是为什么吗？下面一起来学习相关的内容吧。

学生按内容要求进行学习，并归纳记录下来。

食材的营养成分：了解常用的或者是准备要用的食材的营养成分。

搭配合理：了解哪些食材搭配起来吃会更有利于我们人体吸收。

安全食用：特别是食物相克的内容要求学生们相互说一说，并记住。

注意事项：各种食品的存储条件和时间。

活动 3：学习制作

老师引导学生可以通过上网查找资料或向家人朋友请教的方法，学会一款饮品的制作方法；提示学生注意要写明所需要的原料、用量、制作过程，并画出图纸。

学生先学习饮品的制作过程，然后再将制作过程用图文的形式进行展示。

活动 4：交流汇报

教师点评学生的汇报，指出优点与不足，并提出相应的建议。

学生利用投影仪展示图纸，进行展示汇报。要求学生要一边指着图稿一边介绍。

★ **评价工具**

评价量表对样品从浓度、甜度、气味和杂质四个内容进行差、可和优三个等级的评价，见表 2-9-3 和表 2-9-4。

表 2-9-3 评价内容

评价等级	评价标准			
	浓度	甜度	气味	杂质
差	清淡	过甜	很浓豆腥味	很多杂质
可	一般	偏甜	有一点豆腥味	有少许杂质
优	浓郁	合适	无豆腥味	无任何杂质

表 2-9-4 评价量表（2）

样品	评价				总评
	浓度	甜度	气味	杂质	
样品 1					
样品 2					

★ **学习成果**

学生初步学会了如何制作一款特色豆浆，如图 2-9-7 和图 2-9-8 所示。通过相互品尝评价，学习别人的长处，并对自己制作豆浆的不足产生强烈的探究意愿。

图 2-9-7 核桃花生豆浆　　图 2-9-8 大枣枸杞豆浆

第三课　确定一款饮品，尝试制作并迭代改进

课节目标

根据小组的方案制作一款饮品；测试、调整，针对存在的问题进行迭代改进。

课时安排

4 课时，160 分钟。

学习活动

活动 1：确定一款豆浆，准备原料

教师提出各小组以大豆为主要原料，加入其他辅料，制作豆浆。注意选取我们日常生活中常见的食材，制作出一款特色豆浆。

学生分小组讨论确定一款饮品后，分工合作，做好准备。

活动 2：第一轮设计方案

教师出示食材的营养成分、合理搭配、安全食用、注意事项等知识。

学生回顾教师出示的知识后，按照下面的步骤完成第一轮的设计方案。

（1）小组研究讨论，初步设计方案，绘制图稿。

（2）按照方案，尝试制作样品。

（3）展示汇报，测试样品，品尝评价。

活动 3：迭代改进

教师巡视指导，在各小组的研究实践过程中，做必要的指导和帮助。

学生按照第一轮的步骤继续进行迭代完善。学生讨论、分析、查找原因，反思不足，寻找解决办法，进行再设计，再制作，再测试，最终制作出满意的饮品。

评价工具

评价量表从浓度、甜度、气味和杂质四个方面对样品进行差、可和优三个级别的评价，见表 2-9-5 和表 2-9-6。

表 2-9-5　评价内容

评价等级	评价标准			
	浓度	甜度	气味	杂质
差	清淡	过甜	有很浓的豆腥味	有很多杂质
可	一般	偏甜	有一点豆腥味	有少许杂质
优	浓郁	合适	无豆腥味	无任何杂质

表 2-9-6　评价量表（3）

样品	评价				总评
	浓度	甜度	气味	杂质	
样品 1					
样品 2					

★ 学习成果

各小组完成设计并制作出一款特色豆浆，在制作豆浆的过程中，学生经历"提出问题→分析问题→确定标准→制订可行的解决方案→画出设计图→进行创造→测试改进→反思总结"的过程，体验到了制作豆浆的工程流程，如图 2-9-9 和图 2-9-10 所示。

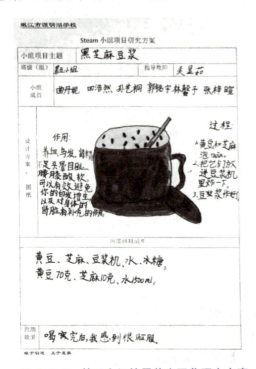
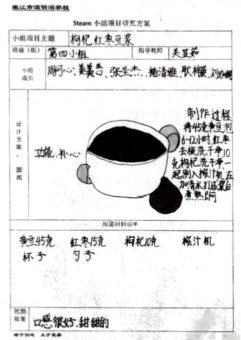

图 2-9-9　第五小组的黑芝麻豆浆研究方案　　图 2-9-10　第四小组的枸杞红枣豆浆研究方案

❖ 第四课　展示、汇报和交流

★ 课节目标

展示各小组的饮品，进行评价，各组间进行交流分享，通过介绍饮品的好处引导人们健康饮用。

★ 课时安排

2 课时，80 分钟。

★ 学习活动

活动 1：观察

教师播放一种饮品的介绍视频，让学生观察了解学习如何进行产品介绍，要介绍哪些内容。

学生在观看视频后，说一说产品介绍时应包括的内容：饮品名称、所用食材及用量、制作过程、注意事项等。

活动 2：设计成品展示方式

教师提出介绍要求，强调推荐语要表达出产品的特色，最好全员参与，合作完成产品的介绍。

学生以小组形式进行研究设计成品展示。

活动 3：汇报展示

教师引导学生进行小组汇报展示，同时指导学生对产品进行品尝、评价和交流。

学生在教师的引导下，以小组为单位依次介绍饮品，并在评价量表上对各小组的产品进行打分。

活动 4：总结

教师带领学生回顾项目的各个环节，让学生说说项目研究过程中的成功与不足。

学生进行反思，分享在本次项目活动中的收获。

★ 评价工具

终结性评价量表（表 2-9-7）从简图、原料、用量、制作过程、浓度、甜度、气味、杂质、展示和成本费十个方面对样品进行差、可和优三个级别的评价。

表 2-9-7　终结性评价量表

评价内容	评价标准			评价
	差（1 分）	可（5 分）	优（10 分）	
简图	杂乱	基本合理	合理、清晰	
原料	只写明小部分原料	写明大部分原料	全部写明	
用量	只有标出小部分原料用量	标出大部分原料用量	标出各原料用量	
制作过程	全都没说清楚	个别没说清楚	详细明白	
浓度	清淡	一般	浓郁	
甜度	过甜	偏甜	合适	
气味	有很浓的豆腥味	有一点豆腥味	无豆腥味	
杂质	有很多杂质	有少许杂质	无任何杂质	
展示	不全面	普通但全面	形式新颖，内容全面	
成本费	太贵	有些贵	适合大众消费	
总分				

★ 学习成果

各小组成果包括设计方案、豆浆成品及收获与期望统计表三方面的内容，如图 2-9-11~图 2-9-13 所示。

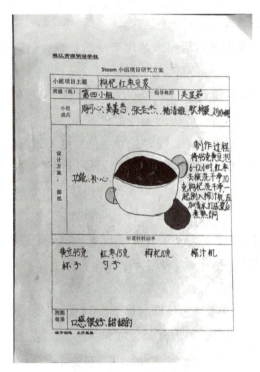

图 2-9-11　设计方案

图 2-9-12　豆浆成品照片　　　　　图 2-9-13　收获与期望统计表

★教学设计课例自我评析

1. 调动学生已有的认识，激发学生的探究意识

课例设计时首先让学生尝试做一做各种饮品，目的是调动学生已有的认知，了解学生掌握饮品制作相关知识的程度，在此基础上对后面的研究活动有的放矢。

2. 创设情境，启发学生

为达成项目目标，创设了如"豆浆鸡蛋同吃"这样符合学习目标的项目情境，在不断解决问题中开展活动探究。学生动脑思考，动手制作，从做中感受、从做中思考、从做中学习。本项目符合 STEM 教学的学习理念，培养了学生的创新精神、批判性精神和动手能力，以及不断挑战自我的勇气。

3. 根据生活需求，确定问题

本项目的选择源于我们生活的实际需求，通过设计、优化产品来解决生活中的实际问题。在技术与工程领域中，使学生了解并意识到人们对产品的不断改进是以适应自己不断增加的需求为标准。

★专家点评

点评专家	张柳，北京市海淀区教师进修学校教研员，理学博士。 陈有志，江苏省南通市教育科学研究院教研员，高级教师。
课例亮点	以学生喜欢的饮品为研究主题开展 STEM 活动，学生兴趣持久。以本地优质大豆为原材料制作饮品，浓浓的豆浆，浓浓的乡情，将家国情怀融入其中。在问题的解决过程中构建概念、开展探究活动、经历工程设计过程后形成项目成果。在项目中，通过评价促进学生的学习过程。
课例目标 及其达成	课程针对知识目标、能力目标以及情感态度价值观目标分别设置了相应的学习过程。 建议凝练课例目标的文字描述，如把知识目标、搜集资料、食材搭配、制作步骤的描述写得更清晰简练。另外，建议优化课程目标的定位，如课例开展过程中，食材的选取及制作宜关注测量的技能目标。
课例活动设计	活动设计比较合理，符合小学三年级学生的学情特征。有学生自主查找资料、研究制作过程、小组选题设计、尝试制作以及在评价后的产品优化、迭代。四课的阶段清晰，步步推进。 每课的具体活动设计可以根据学生的能力做适量的调整，例如将第二课划分成 2~3 课时，可以考虑课内、课外两种形式，并加入学生对食材量取等技能提升的环节。
课例评价	本课例的评价能贯穿活动的全过程，有针对样品设计图稿、产品的评价标准和评价工具，并在项目结束时有终结性评价。在项目中，明确了学习成果包括设计方案、成品及收获与期望统计表三方面的内容。对学生的评价方式比较合理。 建议再关注一些学生活动过程和定量的描述。
其他评价	课例选题好，具备较强的可实施性。教师创设情境，让学生在解决问题中学习知识。体现了 STEM 教学理念，涉及跨学科知识，提升学生的高阶思维能力。 建议在实施的过程中，将 STEM 对科学的严谨、对技术工程的规范融入其中。

STEM 2.10 课例九：快乐雪爬犁

★ **适用年级**：小学三年级。

★ **关键词**：跨学科 STEM 学习，工程思维，语文、科学、美术、综合实践，小组合作。

★ **课例提供团队**：黑龙江省黑河市第五小学史晶晶、曾少杰、赵云、聂宪军。

★ **课时**：13 课时，520 分钟。

★ 课例背景

"快乐雪爬犁"是以制作雪爬犁为载体的项目式课例：学生以绘制和制作雪爬犁模型为基础，通过绘制图纸、计算尺寸、选择材料，动手制作完成真实大小的雪爬犁并在冰雪上进行测试。旨在让学生能够通过尝试不同的尺寸、不同的材料制作出承重力强、摩擦力小、滑行速度快、实用性强的雪爬犁。

★ 连接生活

清朝时期，雪爬犁在我国的东北最为盛行，是东北人们户外活动的重要交通工具。而在当下，玩雪爬犁也是东北孩子冬天特别喜欢的户外活动。

★ STEM 学科内容及教学策略的整合

本课例主要采用基于问题的教学策略，让学生在科学探究的过程中解决实际问题。课例根据学生的生活经历和现有知识水平，以如何提高雪爬犁的滑行速度和承重力为目标，构建以工程内容为主导，融合科学、语文、数学、美术、综合实践的跨学科课程内容，通过设计图纸、制作模型以及按照计算的比例进行扩大，制作真雪爬犁并进行相应的测试，来培养及发展学生的工程意识和工程思维。

★ 学生已有知识、经验、技能基础情况

小学三年级的学生爱动手、敢质疑、有创意，有查阅资料和独立思考的能力，可以通过小组合作进行简单的制作，但是还未养成反思与改进的探究思路。

★ 学生学习过程中可能遇到的困难

学生对雪爬犁非常熟悉，也经常玩，但是他们并不知道怎样设计和制作一个承重力强、滑行速度又快的雪爬犁。在画图纸时，雪爬犁可能形状各异；在制作模型时，材料可能各种各样；在钉制真雪爬犁时，可能会无法制作出自己需要的大小合适的材料，在将材料组装成雪爬犁时，可能会钉不进钉子，拧不上螺丝。

★ 学习目标

1. 知识目标

（1）培养学生的探索乐趣、良好的思维习惯和初步的科学实践能力。

（2）了解摩擦力作用在雪爬犁上会影响雪爬犁的滑行速度。

（3）了解木材与金属材料的应用会提升雪爬犁的坚固性。

2. 能力和技能目标

思维能力：科学思维，培养学生具有初步的比较、归纳、分类、想象、概括的思维能力。设计思维，根据东北的冬季冰雪特点，参考民族交通工具雪橇的特点设计雪爬犁，分析解决雪爬犁在滑行过程中摩擦力过大影响雪爬犁速度的问题。工程思维，学生组成小组共同解决雪爬犁制作的耗材问题，利用搜集的雪橇信息合理计划使用材料。

社会情感技能：增强学生自我控制能力；在团队学习过程中，学生需克制自己的行为，不随意行动，操作过程要严格；虚心听取组内其他人的优化建议，不以自我为中心；初步形成团队意识。

3. 情感态度价值观目标

学生对 STEM 学习的态度和价值观：学生通过团队合作完成任务并展开交流，认识到团队合作的重要性，形成与人合作的价值观。

学生对 STEM 专业和职业的兴趣：培养学生对 STEM 学科和工程设计的兴趣。

★ 材料和物资准备

1. 教室空间分布

教室空间分布如图 2-10-1 所示。

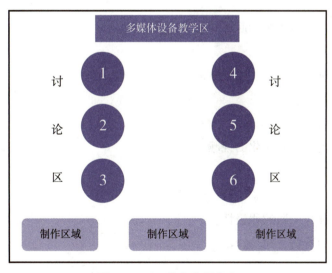

图 2-10-1　教室空间分布

2. 教具

（1）**所需教学设备**：联网的计算机、多媒体设备。

（2）**所需制作材料**：铅笔、A4 纸、超轻黏土或冰棍棒。

（3）**所需制作工具**：木方、木板、钉子、锤子、螺丝钉、电钻、螺丝刀、锯、尺子。

★教学流程

教学流程如图 2-10-2 所示。

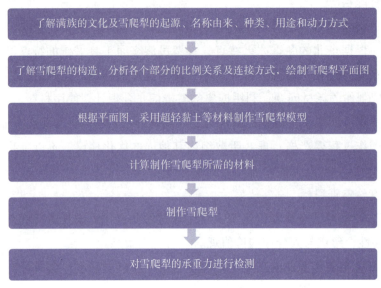

图 2-10-2　教学流程

第一课　初步了解雪爬犁

★ 课节目标

了解满族的文化及雪爬犁的起源、名称由来、种类、用途和动力方式。

★ 课时安排

1 课时，40 分钟。

★ 学习活动

活动 1：了解满族文化

教师带领学生观看满族文化的视频、图片。

学生了解课题的背景。

活动 2：汇报课前收集雪爬犁资料

教师调动学生参与课题的积极性。

学生交流自己的资料，充分讨论。

活动 3：了解雪爬犁

教师补充雪爬犁的动力方式。

学生更深入地了解雪爬犁的种类和用途。

★ 评价工具

评价方式：小组评价，见表 2-10-1。

表 2-10-1　小组评价量表

评价内容	评价标准			小组评价
	1分	2分	3分	
积极参与课堂问答	回答简单的问题	回答问题的同时能够发表看法	能够根据回答的问题提出合理的建议	
收集资料	资料内容不全	资料内容较全面	资料内容非常全面	
交流分享	思考较少，不善于交流	善于交流，并能够将交流内容分类	积极参与交流，并将所交流内容进行表格化分类整理	
总分				

★ 学习成果

各小组完成的任务单，如图 2-10-3 所示。

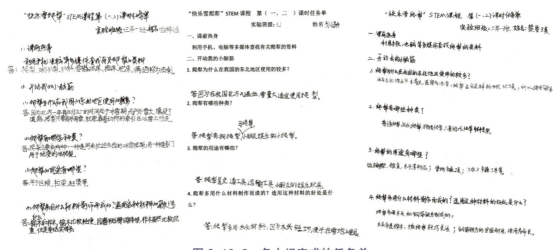

图 2-10-3　各小组完成的任务单

✦ 第二课　制作雪爬犁模型并测试

★ 课节目标

了解雪爬犁的结构；学生组内探究设计牢固、安全、美观又滑得快的雪爬犁，并绘制出平面图、制作雪爬犁模型，在模拟路面上进行测试。了解雪爬犁的结构，初步学会设计、绘制雪爬犁平面图，并根据平面图利用冰棍棒等材料制作雪爬犁的模型，培养学生的工程思维能力、动手实践能力及解决问题的能力。

★ 课时安排

4 课时，160 分钟。

★ 学习活动

活动 1：讨论、探究雪爬犁的构造（完成任务单第一部分）

教师提供古今各种雪爬犁的资料、视频。

学生组内交流、探究雪爬犁的基本结构：雪爬犁腿、雪爬犁面、连接桥、牵引绳。

活动 2：探究雪爬犁腿和面的设计（完成任务单第二部分）

教师设疑：怎样设计使雪爬犁腿稳固、阻力小？雪爬犁面怎样设计安全又美观？雪爬犁腿与面怎样连接？

学生组内讨论总结：雪爬犁腿前端要上翘，着地面要宽窄合适可增加铁丝、铁皮；雪爬犁面裁剪整齐，缝隙小，可加安全横撑；可横向连接或纵向连接，也可以使用连接桥。

活动 3：设计并绘制出雪爬犁平面图（完成任务单第三部分）

教师提出设计要求：绘制的设计草图要图文结合，注明雪爬犁各部分使用的材料、形状、大小、数量，对学生设计图纸中不合理的地方进行指导。

学生明确分工，绘制雪爬犁腿、雪爬犁面、连接桥，并标注规格，如图 2-10-4 所示。

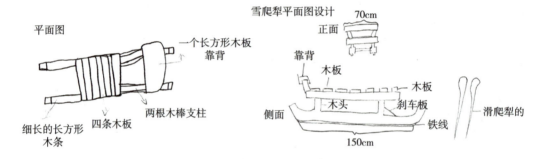

图 2-10-4　设计图纸

活动 4：讨论雪爬犁平面图的可行性，依平面图制作雪爬犁模型，给出评价标准

教师提出评价标准：模型设计合理、稳固，有一定的承重力，且外形美观，安排学生展示交流。

学生组间互评，交流修改意见，完善设计图纸，利用冰棍棒、剪刀等工具分工制作模型。

活动 5：测试实验，模拟路面试行

教师开展雪爬犁测试。测试目的：雪爬犁模型结构合理、稳固，有一定的承重能力，并且能顺利前行。测试要求：教师准备 1 m 长桌面模拟路面，学生拉动承载 200~500 克物体的雪爬犁模型能够顺利前行 1 m，即合格。

学生进行模拟路面试行，进行组内自评和小组间互评，总结经验。

★ **评价工具**

评价方式：教师评价，见表 2-10-2。

表 2-10-2　教师评价量表

评价内容	评价标准			教师评价
	1分	2分	3分	
交流分工	没有进行交流	有简单的交流	交流和谐，分工明确	
绘制平面图	设计不清晰、混乱，缺少文字和图画说明	有文字和图画说明，对每部分使用的材料没有详细介绍，没有具体的实施数据	文字和图画说明合理，对每部分使用的材料进行了详细介绍，有具体的实施数据	
制作雪爬犁模型	未全部完成	完成任务	完成任务且速度快	
雪爬犁测试	不稳固、不能承重、阻力大，不能前行	有一定的承重能力，较稳固，能顺利前行	稳固、承重性好，阻力小且有减少阻力的设计，跑得快	
总分				

★ 学习成果

学生完成的任务单，如图 2-10-5 所示。

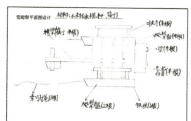
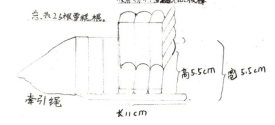

图 2-10-5　学生完成的任务单

学生展示设计的雪爬犁模型，如图 2-10-6 所示。

图 2-10-6　雪爬犁模型

第三课 雪爬犁选材、制作及测试

★ 课节目标

根据实际情况选择合适的材料后，计算用多少材料，使用工具制作雪爬犁（半成品）。学生通过小组合作，自主动手实践计算和设计雪爬犁，学会简单工具的使用，增强团队合作意识和自主创新意识，提高对 STEM 课程的兴趣。学生经历预测、分组设计制作、合理选择材料和制作工具、反复修正设计过程中出现的不合理之处，制作出既坚固又快速的雪爬犁，同时也考虑到本课的主体目的和价值，符合工程思维的规律性、必然性和真理性，具有可实现性。

★ 课时安排

8 课时，320 分钟。

★ 学习活动

活动 1：了解雪爬犁的结构

教师利用视频向学生讲解雪爬犁各部分的名称及作用。

学生通过视频了解雪爬犁的滑行原理及各部位的用途，认识雪爬犁各部位的名称。

活动 2：了解不同的雪爬犁制作材料

教师向学生出示不同的雪爬犁制作材料，并提出问题：

（1）雪爬犁的使用方法是怎样的？

（2）什么材料制作的雪爬犁坚固、滑行速度快？

学生：根据自己动手设计的雪爬犁模型，选择雪爬犁所用的材料。

活动 3：制作雪爬犁

教师指导学生动手操作，讲解操作要领及注意事项，强调使用工具的安全性。

学生动手实践操作，根据模型制作雪爬犁。

活动 4：组装雪爬犁

教师讲解组装雪爬犁的工具及注意事项，强调使用工具的安全性，巡视指导学生进行组装。

学生以小组为单位根据所选的材料来组装雪爬犁。

活动 5：学生展示作品

教师组织学生汇报作品。

学生介绍自己组雪爬犁的设计理念和优缺点，找到不足加以改进。

活动 6：测试

教师选好不同的测试场地，介绍测试要求。

学生根据测试要求测试雪爬犁的滑行和承重力。

（1）承重力的测试：以承重 20 千克为基础标准，逐步增加至 100 千克为终止。20~50 千克为合格，50~100 千克为优秀。

（2）滑行测试：对通过承重力测试的雪爬犁进行进一步的滑行测试，如图 2-10-7 所示。以在冰面上 30 秒滑行的距离作为测试标准，滑行距离小于 20m 的为不合格，滑行 20~50 m 的为合格，超出 50 m 的为优秀。

图 2-10-7　滑行测试

活动 7：找问题，改进完善再测试

教师引导学生根据测试结果分析失败的原因，加以改进后再测试。

学生根据测试结果找到失败的原因，改进雪爬犁。

★ 评价工具

评价方式：小组评价，见表 2-10-3。

表 2-10-3　小组评价量表

评价内容	评价标准			小组评价
	1 分	2 分	3 分	
制作雪爬犁	未全部完成	完成任务	完成任务且速度快	
承重力测试	不稳固、不能承重	20~50 千克	50~100 千克	
滑行测试	少于 20 m	20~50 m	超出 50 m	
总分				

★ 学习成果

学生了解了雪爬犁的基本结构和工作原理，学会了一些简单工具的使用方法并利用简单的工具完成雪爬犁的制作。通过测试、改进，最终达到标准，如图 2-10-8 所示。

图 2-10-8　成果展示

★ 教学设计课例自我评析

本课例为达到教学目标，教师依据小学三年级学生有初步的思维能力，又有动手能力这一特点，制订了符合学生学习情况的目标，从不同的维度培养学生的各项能力。课例的目标逻辑清晰，环环相扣。

整个课例以学生为主，充分尊重学生的创造力和动手能力。教师的指导为学生搭建了学习的平台，提供了丰富的资源。学生动手制作了作品，从做中思考，从做中学习，符合STEM 教学理念，培养了学生的创新精神和动手操作能力。

★ 专家点评

点评专家	黄志红，广东省教育研究院基础教育研究室副主任，研究员，博士。 陈有志，江苏省南通市教育科学研究院教研员，高级教师。
课例亮点	课例以有浓郁的区域特色和生活气息的雪爬犁的设计与制作为任务，以如何提高雪爬犁的滑行速度和承重力为目标，构建以工程内容为主导，融合科学、语文、数学、美术等跨学科课程内容，让学生设计图纸、制作模型、制作原型并进行相应的测试，做到了有意思、有挑战、有文化、有技术。这是一个绝佳的 STEM 课例，无论是否是雪乡的孩子，都能参与其中，因为大多数孩子都喜欢雪。整个课例的设计，将动手制作、动脑思考、动口交流强有力地整合在一起。
课例目标 及其达成	本课例的目标定位非常巧妙、全面、具体，以摩擦力为支点，将科学思维、工程实践融入其中，这样的目标设计非常扎实，拿到这一课例的教师也能清楚地知道如何开展活动。艺术的描述，恰到好处地定位在锦上添花的位置。从活动的实施及学生展示的成果看，目标达成度非常高。 建议只选取 S（科学）、T（技术）、E（工程）、A（艺术）、M（数学）进行目标表述，尽量具体化、行为化，使其难度与学生的程度相适宜。
课例活动设计	此次活动分为三课：了解雪爬犁、画图制模、实物制作，活动设计的阶段完整，工程设计制作的思想与方法贯穿了活动全程。从活动设计来看，课例中聚焦的是雪爬犁的仿制，而不是学生自己设计与制作，这一点我们是非常支持的，学生在模仿制作中感受先人的智慧。STEM 活动并非都是让学生脑洞大开，创意制作。 活动设计中有一个细节建议做一个调整，第二课和第三课学生制作完模型及实物后都有测试环节，且有相应的测试要求。由于工程设计是指向目标需求的，因此建议在画设计图之前设知识学习环节，这样学生画的设计图就更有意义了。 活动设计的课时与内容分配也可进一步优化。如了解雪爬犁、了解雪爬犁的结构在几个环节都重复出现；又如雪爬犁的设计与制作这个内容，任务难度较大、工具操作复杂，在现有课时下可能较难完成。
课例评价	本课的评价能关注学生的表达交流、设计制作的过程，也能关注物化作品的项目达成，评价标准有助于学生开展自我评测，以促进项目更好地开展。 建议在清晰、可操作的基础上，评价形式与内容、评价量表与要点，与课程目标宜更对应，实现"教—学—评"的一致性。
其他评价	德育为先在 STEM 教育中如何落实，这是一个值得推广的课例，先人的智慧凝结在我们生活常见的对象中，传承总在点滴之间。

STEM 2.11　课例十：我们的新蚕房

★适用年级：小学三年级 。
★关键词：跨学科 STEM 学习，工程思维，科学、技术、劳动教育、数学、艺术。
★课例提供团队：四川省绵竹市麓棠学校刘军、杨萍、魏明贵、谢红瑛、殷坤跃、何天娟。
★课时：课内 2 课时，共 80 分钟；课外 5 天。

★ 课例背景

养蚕是我国传统的养殖活动，教科版《科学　三年级下册》中就有养蚕的学习内容，它主要从动物的生命活动方面引导学生去探索。在养蚕活动中我们发现，随着气温的升高，桑叶很容易失水变干，蚕不吃干桑叶。由于学生要上学，不能及时更换新鲜桑叶，蚕进食量不足，不利于蚕的生长发育。因此我们开发了给蚕宝宝建造一个新家的 STEM 项目，解决桑叶容易变干的问题。

★ 连接生活

在绵竹，20 世纪 90 年代初期就有养蚕产业，由于产业结构调整，现在仅有很少的农户延续了该产业，农村遗留了大量的桑树，为学生的养蚕活动提供了便利。教科版《科学　三年级下册》中有养蚕活动，项目通过此活动既能有效地让学生明白动物生存需要空气、水、温度和食物等条件，以及动物与环境相互依存的关系，并能将科学知识运用于实践；又能通过对新蚕房的设计、制作、测试与改进，培养学生的工程思维能力与艺术审美能力。

★ STEM 学科内容及教学策略的整合

本课例采用以学生自主探究为主的教学策略，让学生在活动的过程中发现问题、解决问题。学生根据已有的知识、技能和生活经验，以蚕的健康生长为目标，融合科学、技术、劳动教育、数学、艺术等跨学科课程内容，培养 STEM 意识、素养。

★学生已有知识、经验、技能基础情况

小学三年级的学生已经掌握基本的观察、记录方法，能进行简单的设计、制作；见识过常见动物的生长死亡，知道动物的生长需要空气、水、温度和食物等条件；知道白天有太阳的时候衣服干得快，晚上阴凉的时候干得慢，初步感知到蒸发的快慢和温度有关。但没有长期观察的经历，有喂养、观察小动物的兴趣；存在不知道怎样观察、观察记录意识淡薄等问题，需要老师提醒、指导。

★学生学习过程中可能遇到的困难

（1）学生在喂养的过程中可能会因为操作不当，导致蚕死亡。
（2）学生不能坚持养蚕活动。

★学习目标

1. 知识目标

（1）知道温度升高会加快水分蒸发，反之，会减缓水分的蒸发。

（2）知道蚕的生长需要水、空气、温度、食物等适宜的条件。

2. 能力和技能目标

思维能力：设计思维，能设计增湿保湿方案，依据"需求 + 限制条件"优选技术方案；工程思维，能根据流程图制作装置，并对装置进行测试、改进。

社会情感技能：小组成员之间相互交流，能清晰地陈述自己的观点，并接受他人的合理建议。通过对小组方案的选择、确定，培养学生的责任意识。

3. 情感态度价值观目标

学生对 STEM 学习的态度和价值观：培养学生积极参与 STEM 学习的兴趣，感受到 STEM 学习与其他学科学习的不同。

学生对 STEM 专业和职业的兴趣：了解技术与工程设计的特点，产生对工程师等相关职业的向往。

★材料和物资准备

1. 教室空间分布

教室空间分布如图 2-11-1 所示。

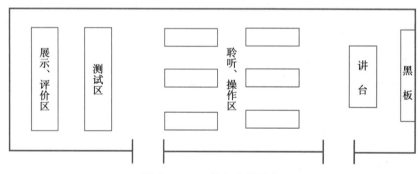

图 2-11-1　教室空间分布

2. 教具

养蚕用的纸盒、新鲜桑叶、变干的桑叶、个人 T 表、小组 T 表、流程图、制作蚕房的材料等。

★教学流程

采用"5E"教学模式，具体教学流程如图 2-11-2 所示。

图 2-11-2　教学流程

第一课　了解项目背景

★ 课节目标

通过真实故事了解项目背景，分析蚕发育不良的原因，根据现象找问题原因。

★ 课时安排

1 课时，40 分钟。

★ 学习活动

活动 1：聚焦

教师以讲故事的方式讲述一位同学的养蚕过程，将养蚕过程以图片、视频相结合的形式展示，询问学生观察到了哪些现象以及出现这些现象的原因。

学生观看图片、视频，思考和交流养蚕失败的原因：最后发现是桑叶变干，蚕不吃；蚕吃了有水的桑叶导致死亡等。

活动 2：分析（一）

教师鼓励学生质询更多可能未出现在图片里的情况。

学生将了解的现象记录在个人 T 表，根据了解到的现象进行归因，在教师的引导下对未出现的情况进行记录、分析。

活动 3：分析（二）

教师鼓励学生根据观察的情况，分析桑叶变干的原因（将可能的原因记录在小组 T 表里）。对学生的发现进行板书：温度高。

学生按照个人、小组的顺序进行记录和分析（分析发现：气温高，水分蒸发得快，空气干燥会导致桑叶变干；蚕摄入过多的水分会死亡等）。

★ 评价工具

评价方式：小组评价，教师评价。

评价依据：小组 T 表，如图 2-11-3 所示。

了解到的现象　｜　可能的原因

图 2-11-3　小组 T 表

评价工具：评价量表，见表 2-11-1。

表 2-11-1　评价量表（1）

评价内容	评价标准			教师评价	小组评价
	1分	2分	3分		
语言表达	表述不清楚、不流畅，现象、原因没说清楚	表述较清楚、流畅，但没有借助关键词把现象、原因说清楚	表述清楚、流畅，能借助关键词把现象、原因说清楚		

（续）

评价内容	评价标准			教师评价	小组评价
	1分	2分	3分		
了解的现象	了解到的现象与我们的发现有个别联系	了解到的现象与我们的发现有较多关联性，但有些的关联性不强	了解到的现象与我们的发现有很多关联性，关联性都很强		
可能的原因	能对了解到的现象进行简单的解释，但没有分析可能存在的原因	能对了解到的现象进行较为详细的解释，简单分析了可能存在的原因	能对了解到的现象进行详细的解释，详细分析了可能存在的原因		
总分					

评价目标：探索出增湿的方法，改进蚕房。

★ **学习成果**

学生根据养蚕条件，采摘新鲜的桑叶，如图2-11-4所示。采摘好新鲜的桑叶后，学生喂养蚕宝宝，如图2-11-5所示。学生通过每天的观察，发现蚕只吃新鲜桑叶不吃干桑叶，如图2-11-6所示。过一段时间后，学生发现同一批蚕宝宝，有的身体大，有的身体小，如图2-11-7所示。学生交流发现的现象，如图2-11-8所示。学生讨论、总结原因，如图2-11-9所示。

图2-11-4　采摘桑叶　　　　图2-11-5　给蚕宝宝喂食新鲜的桑叶

图2-11-6　蚕不吃干桑叶　　　　图2-11-7　大小不一的蚕

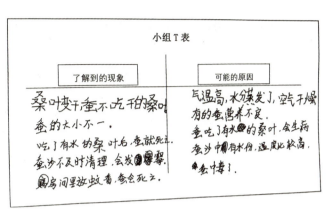

图 2-11-8　交流发现现象　　　　　　　图 2-11-9　总结原因

第二课　提出解决问题的方案

★ 课节目标

学生根据激发阶段聚焦"温度升高"引起桑叶变干，提出解决问题的方案，并交流整合。

★ 课时安排

课内时长 10 分钟，课外时长 1 天。

★ 学习活动

活动 1：研讨增湿保湿方法

教师引导学生从生活中的例子寻找增湿的方法。

学生回忆生活中增湿的方法，以及这种方法的科学道理，然后融会贯通探索出适合蚕房增加湿度的方法，并将方法记录在小组 T 表中。

活动 2：归纳解决"湿度不足"的方法

教师组织小组进行分工、记录和分析。

学生展示小组 T 表成果，师生共评，归纳出解决蚕房"湿度不足"的方法。

活动 3：结合现实条件，择优选择方法

教师引导全班一起分析、交流评价各小组的汇报，归纳整理出最符合当前条件的方法。

学生根据引导想到：开空调，降低室内的温度，减少水分蒸发；安装加湿器，增加空气中的水分；密闭空间，让空气不流动，减少水分蒸发。

活动 4：交流研讨成果

教师提问影响桑叶快速变干的因素有哪些？

学生归纳总结出增加空气湿度、降低温度的方法并进行解释。

★ 评价工具

评价方式：小组评价，教师评价。

评价依据： 小组 T 表，如图 2-11-10 所示。

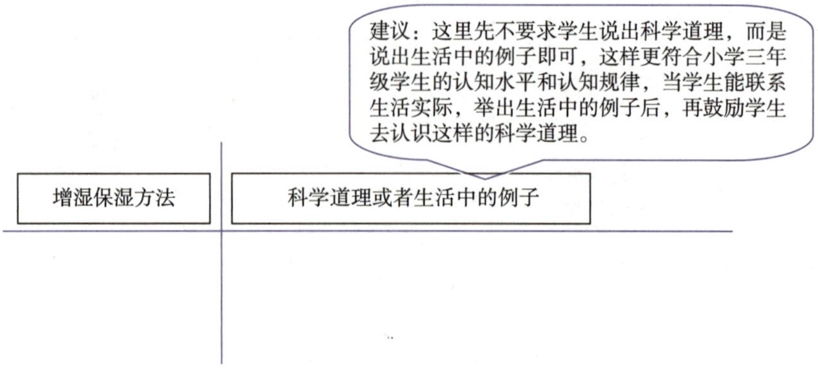

建议：这里先不要求学生说出科学道理，而是说出生活中的例子即可，这样更符合小学三年级学生的认知水平和认知规律，当学生能联系生活实际，举出生活中的例子后，再鼓励学生去认识这样的科学道理。
增湿保湿方法
科学道理或者生活中的例子

图 2-11-10　小组 T 表

评价工具： 评价量表，见表 2-11-2。

表 2-11-2　评价量表（2）

评价内容	评价标准			教师评价	小组评价
	1 分	2 分	3 分		
参与班级讨论情况	部分成员发言	每个成员积极发言	每个成员积极发言，发言有依据		
小组 T 表完成情况	小组 T 表有记录	小组 T 表记录完整	小组 T 表记录完整，书写工整		
总分					

评价目标： 设计出适合的新蚕房，完成流程图的设计。

学习成果

学生找到了多种增湿保湿的方案，并能解释其中的科学道理，如图 2-11-11。

小组 T 表
增湿保湿方法
科学道理或者生活中的例子
降低空气的温度
加水让更多的水蒸发。
密闭空间，让空气不流动。
结合现实条件，择优选择。
温度低，蒸发慢（单独降低蚕房的温度比较难）。
更多的水蒸发，就增加了空气中的水蒸汽，就增加了湿度。湿度增加，蒸发变慢。
密闭空间蚕没有氧气，会死亡。

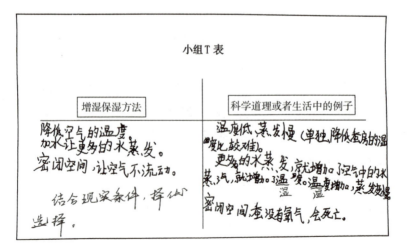

图 2-11-11　小组记录

✦ 第三课　选取材料，准备制作

★ 课节目标

通过流程图，确定小组分工，预设材料及工具，甄选材料，提升学生的设计、分析、数据处理能力。

★ 课时安排

课内时长 17 分钟，课外时长 2 天。

★ 学习活动

活动 1：设计制作流程图

教师出示流程图，讲解设计步骤与填写要求，如图 2-11-12。提出明确的设计、安全要求，给出设计环节的评价标准。巡视学生设计过程，小组展示本组流程图。

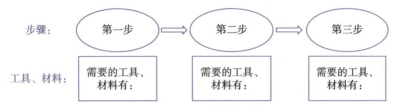

图 2-11-12　设计制作流程图

学生根据教师的要求先口述：第一步做什么？需要哪些工具、材料？为什么选择这些工具、材料？思路清晰后再填写流程图，流程图的填写需要先确定框架再完善细节。讨论交流后，小组根据其他小组学生的建议，用红笔修改完善自己小组的流程图。

活动 2：展示交流、完善设计流程

教师对学生设计图纸中设计不合理的地方进行指导。

学生各组介绍分工及设计的思路，包括：完成设计目标的现有条件；组内互评，交流修改意见；组内对设计制图环节进行自评。

活动 3：小组分工

教师对制作所需的工具进行举例说明：如"该怎么使用"和"有哪些不安全的方式"，从正反两个方面进行实例说明。

学生小组组长确定组内活动的分工，每个环节都有学生有序参与合作。

活动 4：选择材料

教师提供各种工具、材料，巡视、答疑、指导。

学生根据流程图与制作需求，领取合适的工具或材料。

★ 评价工具

评价方式：小组评价，教师评价。

评价依据：小组流程图，如图 2-11-13 所示。

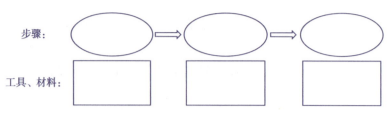

图 2-11-13 小组流程图

评价工具： 评价量表，见表 2-11-3。

表 2-11-3 评价量表（3）

评价内容	评价标准			教师评价	小组评价
	1分	2分	3分		
流程图	知道流程，能选取工具、材料	流程有序，工具、材料符合要求	流程图科学有序，工具、材料选取符合要求		

评价目标： 完成绘图工作，提升思考能力和绘图能力。

★ 学习成果

找到最优方案，并确定制作流程，如图 2-11-14 所示。根据需求认识并选择合适的工具、材料，如图 2-11-15 和图 2-11-16 所示。

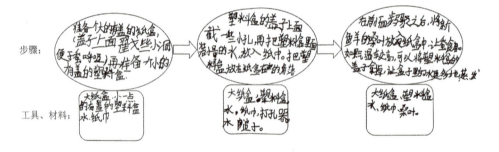

图 2-11-14 小组流程图

图 2-11-15 认识工具与材料

图 2-11-16 选择工具与材料

✦ 第四课　制作新蚕房

★ 课节目标

根据设计的流程图制作新蚕房。

★ 课时安排

课内时长 40 分钟。

★ 学习活动

活动：讲解制作要求，指导学生展开制作

教师讲解制作蚕房的要求，并巡视、指导学生安全地制作。

学生在教师的指导下按照设计对盒盖打孔；盒子里装适量的水和纸巾，盖上盖子；将增湿装置放入原来蚕房合适的位置。

★ 评价工具

评价方式： 小组评价和教师评价。

评价工具： 评价量表，见表 2–11–4。

表 2–11–4　评价量表（4）

评价内容	评价标准			教师评价	小组评价
	1 分	2 分	3 分		
我们的新蚕房	依据流程图完成制作，不牢固不美观	依据流程图完成制作，牢固但不美观	依据流程图完成制作，且美观、牢固		

★ 学习成果

通过小组合作完成新蚕房的制作，并展示交流，如图 2–11–17 所示。

图 2–11–17　小组制作新蚕房并展示

第五课　测试与完善

★ 课节目标

根据测试结果分析活动中出现的问题并进行完善。

★ 课时安排

课内时长 10 分钟，课外时长 2 天。

★ 学习活动

活动 1：方法指导

教师提出测试方法：在制作好的蚕盒里放一片新鲜的桑叶，1 天后通过目测桑叶的新鲜、干湿程度，按照从新鲜到干燥分为 10、8、6、4、2、0 计分。

学生学习测试方法，在家测试新蚕房是否保湿及保湿效果，将效果记录下来。

活动 2：测试与完善

教师关注学生的测试情况，对学生遇到的问题进行解答。

学生在家完成测试，根据测试标准完成自评，并将测试、改进蚕房中遇到的问题（例如：如何减慢桑叶变干的速度；如何判断蚕房的保湿效果等）发在微信或 qq 中，询问教师。师生共同分析保湿效果，进一步改进新蚕房（根据评价结果对新蚕房进行调整与完善）。

★ 评价工具

评价方式：教师评价，小组评价。

评价工具：评价量表，见表 2-11-5。

表 2-11-5　评价量表（5）

评价内容	评价标准			教师评价	小组评价
	1 分	2 分	3 分		
参与班级讨论情况	能参与班级的讨论活动	能参与班级的讨论，并提出小组的观点	积极参与班级讨论并能提出小组的观点，提出解决问题的策略		
小组成员合作情况	组员间基本不合作	部分组员合作	全体组员通力合作		
蚕房制作情况	能选择工具、材料，设计不科学，制作不美观	能较为合理地选择工具、材料制作，设计科学，制作不美观	能合理地选择工具、材料，设计科学，制作美观		
总分					

评价目标：对测试结果进行反思并完善"我们的新蚕房"。

★ 学习成果

通过活动了解养蚕知识，并能完善自己对蚕的认识，如图 2-11-18~ 图 2-11-23 所示。

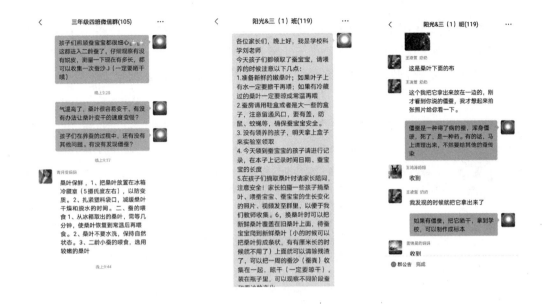

图 2-11-18　方法指导（1）　　图 2-11-19　方法指导（2）　　图 2-11-20　方法指导（3）

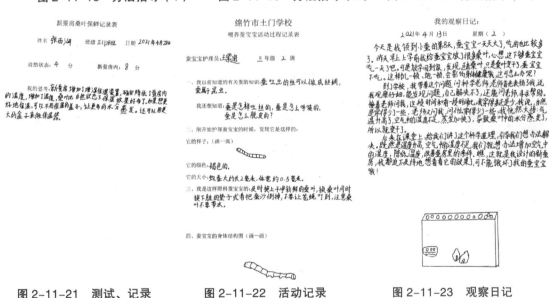

图 2-11-21　测试、记录　　　图 2-11-22　活动记录　　　图 2-11-23　观察日记

★教学设计课例自我评析

本课例源于情境的沉浸式体验，从提出问题、分析问题到解决问题。课例经过了课堂教学实践，具有很强的可操作性，能较好地完成既定的教学目标。

（1）本课例利用"5E"教学模式设计，让学生经历了完整的 STEM 学习过程。"5E"是一种基于建构主义教学理论的模式，它与现行教材编排高度契合。

（2）突出从现象中提出问题、分析问题到解决问题，较好地培养了学生的设计思维、工程思维、创新思维。

（3）较好地利用了评价工具，指导和促进学生学习活动的展开，激发了学生的学习兴趣，了解了工程师工作的一般流程，产生了对工程师职业的向往。

（4）活动在校内外结合开展，充分调动了家长参与的积极性，促进了家校教育的结合。

★专家点评

点评专家	申大山，清华大学附属中学 STEM 教师，高级科技辅导员。 宋永健，北京市海淀区教育科学研究院教育科研管理研究所所长，高级教师。
课例亮点	该课例选题生动有趣，符合学生的认知特点，与既有学习内容及现实生活高度关联，以蚕的健康生长为目标，融合科学、技术、劳动教育等跨学科课程内容，培养了孩子的 STEM 意识和素养，促进了学生全面健康的发展。在实践过程中家校结合，进行了合理的过程性记录。
课例目标及其达成	课程设计基本达成学习目标。目标设计指向学生的核心素养发展，是具体的、可检测的。同时能够体现应该突破的重点及难点。本课例中，通过对保湿方案的设计及依据设计进行制作、测试、改进等，突出从现象中提出问题，分析问题到解决问题，发展了学生的设计思维、工程思维。通过目标导向，提升学生在 STEM 领域的学习兴趣，促进了学生的可持续学习。 小组合作过程分工可更细化，项目优化和迁移部分可以进一步加强。
课例活动设计	活动设计整体较为合理，在情境引入环节充分调动了学生的思考，针对一个核心问题（蚕的健康生长）进行科学探究，并提出工程设计解决方案，最终进行蚕房改造。这样一个驱动性问题的设计既能够与学习目标保持一致，又能够具有开放性，易于学生理解和感受；后续的活动设计，能够保持学生的持续性探究，如蚕房的开发→设计→评估→改进，且在活动中通过小组合作完成新蚕房的制作，承担相应任务，并展示交流。 建议适当加强科学探究的部分，将第五课中判断桑叶干湿度的实验方案引入"温度升高引起桑叶变干"的猜想验证之中，引导学生形成科学探究意识。除了改进蚕房的保湿策略以外，可以拓展改进蚕房其他方面的问题。
课例评价	在本课例中，每一课依据内容开发评价工具，采用小组评价、教师评价等方式进行评价、指导和促进学生学习活动的展开。对学生的评价既有量表形式又有过程性记录形式，还充分发挥了家校共建优势，促进学生在家持续学习。

STEM 2.12 课例十一：制作帽子

★ 适用年级：小学一、二年级 。

★ 关键词：跨学科 STEM 学习，设计，创造思维，科学、美术、数学。

★ 课例提供团队：北京市朝阳外国语学校田泽、刘李杨、李响。

★ 课时：4 课时，共 160 分钟 。

★ 课例背景

本课例的任务是制作一项帽子。在制作帽子的活动中，认识到制作帽子的材料不同，帽子的用途和功能也就不同，在此基础上，利用废旧材料，设计制作出具有一定功能的帽子（如能保护头部的安全帽），培养学生的工程思维能力、创新能力和动手能力。

★ 连接生活

帽子是学生生活中常见的物品，通过帽子的制作，启发学生利用生活中的废旧材料制作有用的生活物品，提升学生的生活技能，培养学生的设计制作能力。

★ STEM 学科内容及教学策略的整合

创设学生乐于参与的学习情境：首先，通过帽子模特展示活动创设情境，在欢乐的气氛中认识帽子的材料与功能的关系；再次，通过制作有一定功能的帽子，进一步认识材料特性与功能的相互关系；最后，通过评价帽子的制作是否符合要求，使学生对材料与功能之间的关系有更深刻的认识。

采用工程设计流程（定义问题→头脑风暴和计划→制作→测试→改进→展示）进行帽子的制作，综合运用数学（用尺子测量头围的尺寸，根据头围的尺寸计算帽壳和帽檐的尺寸）、科学（制作帽子的材料不同，帽子的用途和功能也就不同）、美术（用彩带和花朵装饰帽子）等不同领域的知识解决制作帽子过程中的实际问题，体现了课程的综合性、实践性，促进学生工程思维能力的发展。

★ 学生已有知识、经验、技能基础情况

小学二年级的学生知道不同场合要戴不同的帽子，不同材料制作的帽子功能不同，这些丰富的生活经验是本课例学习的重要资源。学生已经能够掌握剪刀、胶棒、尺子、线绳等简单工具的使用方法，为制作帽子打下良好的基础。

★ 学生学习过程中可能遇到的困难

在制作中，学生可能遇到的困难如下：

（1）合作问题。学生总想按照自己的想法设计制作帽子，合作意识弱。

（2）使用工具问题。由于学生的年龄较小，不会使用双面胶和圆规等工具，为了提升

学生的成功体验，教师可以为学生准备丰富的制作材料，如硬卡纸、锡纸、扭扭棒等，还可以为学生准备半成品，如纸碗、纸盘、塑料袋，便于学生组装使用。

（3）设计与实施问题。由于学生对设计与实施缺乏经验，常常造成学生的想法和做法之间的巨大差距，使成品与最初的设计相去甚远。鉴于孩子的能力水平，教师只要求学生画出所设计帽子的初步想法，在制作中可以不断调整，并利用图片和演示等形式给予学生必要的指导、启发和帮助。

★学习目标

1.知识目标

（1）理解不同材料有不同的特性，用不同材料制成的物品，其用途和功能不同。

（2）举例说出某些材料可以反复使用，一些废弃的材料可以物尽其用，用来制造新的物品。

（3）通过展示和分析不同材料帽子的用途和功能不同，学生初步感受材料特性对产品性能的重要性。

（4）在利用废旧材料制作帽子的过程中，学生意识到废旧材料可以回收再利用。

2.能力和技能目标

思维能力：学生在利用现有的材料制作具有一定功能帽子的过程中，初步具有设计思维、工程思维和创造思维能力。在测量头围、制作大小合适帽子的过程中，初步具有计算思维能力。

社会情感技能：学生在小组合作完成帽子制作的过程中，初步具有与人合作的意识。

3.情感态度价值观目标

学生初步具有制作帽子的学习兴趣。

★材料和物资准备

1.教室空间分布

3~4 人一组，每组一张大桌子。

2.教具

（1）所需制作材料：不同功能的帽子（棉帽、安全帽、遮阳帽、游泳帽），评价单，布料、棉花、锡纸、旧纸袋、彩纸、一次性塑料碗、一次性塑料盘、垃圾袋、塑料袋、硬卡纸、扭扭棒、彩带、小圆点、长条彩色纸等。

（2）所需制作工具：圆规、双面胶、胶棒、剪刀、胶带、软尺。

★教学流程

教学流程如图 2-12-1 所示。

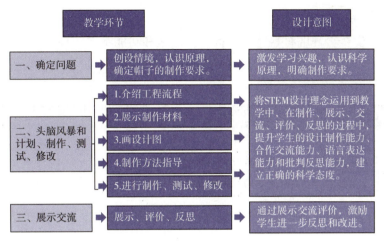

图 2-12-1　教学流程

第一课　确定问题

★ 课节目标

认识不同材料有不同的特性，根据材料的不同特性，制作不同功能的帽子。

★ 课时安排

1 课时，40 分钟。

★ 学习活动

活动 1：创设情境

教师戴着帽子走进教室，问学生：老师今天的装束有什么不同？学生回答后，教师请学生欣赏几位同学的帽子秀（音乐响起，模特进入）。

学生进行帽子秀。

活动 2：认识材料特性与功能之间的关系，并确定问题

（1）教师提问：模特们戴的都是什么帽子？这些帽子都是什么时候戴的？这说明什么？

学生通过展示和研讨，认识到不同场合、不同季节要戴不同的帽子。

（2）教师提问：为什么不同的场合要戴不同的帽子呢？

学生认识到不同场合要戴不同的帽子与材料的特性密切相关。

（3）教师提问：这些帽子都是什么材料制成的？

学生回答：毛线帽是用毛线制成的，安全帽是用硬塑料制成的，遮阳帽是用尼龙制成的，游泳帽是用橡胶制成的。

（4）教师提问：材料的特性与材料的用途或者说是功能有关系吗？有什么关系？

学生总结：不同材料有不同的特性，用不同材料制成的物品，其用途和功能不同。

（5）教师提问：你能根据材料的特性，利用废旧材料，制作一顶有一定功能的帽子吗？

学生都跃跃欲试。

★ 评价工具

教师依据学生是否理解材料特性不同，其用途和功能不同的特点对学生进行评价，见表 2-12-1。

表 2-12-1 评价量表（1）

评价内容	评价标准	评价等级	教师评价
确定问题	能够理解材料的特性不同，其用途和功能不同的特点	A	
	认识到材料的特性不同，其用途和功能不同的特点	B	
	没有认识到材料的特性不同，其用途和功能不同的特点	C	

★ 学习成果

学生能够根据不同的环境，依据材料的特性选择不同的物品，以满足不同的用途和功能。例如，夏天要选择遮阳帽、去工地要选择安全帽、游泳要选择泳帽、冬天要选择棉帽等，如图 2-12-2 所示。

图 2-12-2 用不同材料制成的不同用途和功能的帽子

✦ 第二课 设计、制作、测试、修改

★ 课节目标

学生认识一项工程一般要经过：定义问题→头脑风暴和计划→制作→测试→修改→展示的过程。学生能按照工程设计流程来制作帽子。

★ 课时安排

2 课时，80 分钟。

★ 学习活动

活动 1：介绍工程设计流程

教师说明制作帽子的过程就是完成一项工程，这个过程包括定义问题，即工作任务是什么，进行头脑风暴和计划，制作，测试、修改，最后进行展示。

学生认识一项工程设计流程。

活动 2：展示制作材料

教师展示材料，介绍学生不熟悉的材料和工具的使用方法，并明确问题：利用这些废旧材料，制作一顶有用的帽子。

学生熟悉材料和工具的使用方法，确认任务。

活动 3：画设计图

教师提问：你想制作哪种功能的帽子？你想用什么材料来制作？为什么用这种材料可以达到这样的用途和功能？

学生商量，每组选择做一种功能的帽子，画出设计草图，并圈出所使用的材料。

活动 4：制作前的指导

教师提问：制作帽子需要注意什么问题？并针对可能出现的问题指导学生怎样做一顶大小合适的帽子？怎样制作帽檐和帽壳？怎样连接帽壳和帽檐？怎样来装饰帽子？演示怎样用软尺或绳子测量头围：用绳子围着额头绕一圈，绳子这一圈的长度就是帽子的周长即帽围的大小。

学生学习测量和计算帽围的尺寸：仿照教师的演示，分组操作，把测出的数据记录下来，然后在纸上测量并画出头围的尺寸。

学生学习制作帽子的方法：选择合适的帽壳（可以用大小合适的纸碗，或把纸卷成锥形，或者直接剪下纸袋的一角；用长条纸卷成柱形并加盖），比照帽壳的尺寸在纸上画出帽檐的尺寸，在帽檐上留出帽壳和帽檐连接的部分，用双面胶进行连接，如图 2-12-3 和图 2-12-4 所示。或把纸剪成环状，扣在帽壳上，注意不要剪大了，不然帽檐与帽壳连接不上。最后装饰帽子。

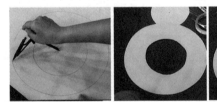　

图 2-12-3　制作帽壳和帽檐　　　　　图 2-12-4　连接帽壳和帽檐

活动 5：制作、测试、修改

教师就制作对学生提出要求：

（1）帽子能够稳稳地戴在头上不掉下来。

（2）制作某种功能的帽子，所使用的材料要能够实现这顶帽子的用途和功能。

（3）每个组合作完成一顶帽子的制作。

（4）不要浪费材料。

（5）注意教室的卫生。

教师就学生制作、测试、修改中的问题进行指导。

学生用 20 分钟进行制作，制作完成后进行测试，测试后用 10 分钟对不合适的地方进行修改，如图 2-12-5 所示。

图 2-12-5　学生用剪刀剪出帽檐的外形

★ 评价工具

从设计理念和制作水平两方面对学生进行评价，见表 2-12-2。依据学生是否能利用材料的特性制作不同功能的帽子，是否能按照设计方案进行制作，制作出的帽子的科学性、经济性、节能环保等方面对帽子进行评价。

表 2-12-2　评价量表（2）

评价内容	评价标准	评价等级	教师评价	小组评价
设计理念	能利用材料的特性制作不同功能的帽子，大胆尝试和创新	A		
	能利用材料的特性制作不同功能的帽子，有创新意识	B		
	不能利用材料的特性制作不同功能的帽子，缺乏创新意识	C		
制作水平	能很好地实现设计构想，帽子制作科学合理、经济美观、节能环保	A		
	较好地实现设计构想，帽子制作科学合理、经济美观、节能环保	B		
	基本实现设计构想，帽子制作欠缺美观性	C		
总评				

★ 学习成果

完成并展示设计图，如图 2-12-6 和图 2-12-7 所示。

图 2-12-6　学生设计的派对帽设计图

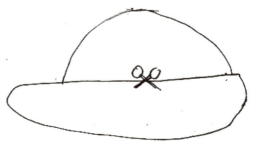

图 2-12-7　学生设计的棉帽设计图

第三课　展示、交流、评价和反思

★ 课节目标

通过展示、交流和评价，提升反思能力。

★ 课时安排

1 课时，40 分钟。

★ 学习活动

活动 1：展示和交流

教师组织开展展示活动。

学生随着音乐展示帽子。

展示的同学和评价的同学分别扮演成售货员和顾客，进行介绍和评价。采用的语言格式：

售货员：我们的帽子有＿＿＿＿＿的功能，它主要是由＿＿＿＿＿＿材料制作的，因为这种材料有＿＿＿＿＿＿的特点。我们的帽子还有很多优点，比如＿＿＿＿＿＿。

顾客：我想购买＿＿＿＿＿＿帽子，因为这顶帽子＿＿＿＿＿＿＿＿＿＿＿＿。

（例如，售货员：我们的帽子有保暖的功能，它主要是由棉花和布料等材料制作的，因为这种材料有柔软、保温的特点。我们的帽子还有很多优点，比如设计了帽绳，这样可以使帽子牢固地戴在头上，如图 2-12-8 所示。

顾客：我想购买这顶生日派对帽，因为这顶帽子的样式新颖，也很好看。）

图 2-12-8　学生展示

活动 2：评价和反思

教师在学生评价后宣布班内的最佳设计奖，指导学生进行反思。

学生在他认为最符合要求的小组评价单上贴上小圆点，每人只能贴一个，如图 2-12-9 所示。

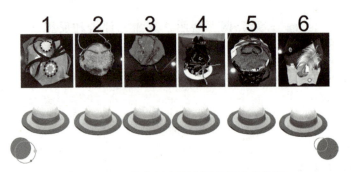

图 2-12-9 学生用小圆点评价喜欢的帽子

学生反思：制作的帽子有哪些问题，思考怎样改进。

例如，学生说：我们的安全帽还不十分完美，一开始，我们准备设计太阳帽，但是帽檐剪大了，没法把帽壳和帽檐连接起来，后来就设计成了安全帽。如果再设计帽子，我们就会首先考虑好连接问题……

■★ 评价工具

依据学生的展示和对所制作的帽子的介绍情况对学生进行评价，见表 2-12-3。

表 2-12-3 评价量表（3）

评价内容	评价标准	评价等级	教师评价	小组评价
成品展示	展示形式新颖，能够清晰阐明自己的设计理念及科学原理	A		
	能够将自己的作品展示清楚，能阐明自己的设计想法	B		
	展示形式单一，不能阐明自己的设计想法	C		

■★ 学习成果

评选出设计新颖、有创意、美观的帽子（图 2-12-10）进行展示，并对在设计、创意及美观方面还有待提高的作品（图 2-12-11）进行讨论。

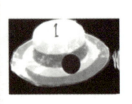

图 2-12-10 得票最多的学生作品

图 2-12-11 得票最少的学生作品

★教学设计课例自我评析

本课例中，教师通过帽子秀创设教学情境，激发学生参与设计帽子的学习兴趣，通过分析帽子材料与功能的关系、提供丰富的设计制作材料和有效的学习指导，让学生体会了制作帽子的成功体验，锻炼了学生的设计思维能力、工程思维能力、创新思维能力，达成了教学目标。

（1）用 STEM 教学理念和方法设计本课例教学。用 STEM 教学思想设计本课例教学。学生在制作帽子的过程中经历了定义问题→头脑风暴和计划→制作→测试→修改→展示的 STEM 工程设计流程。

（2）采用多种方式激发学生的创作灵感。教师通过帽子秀创设有趣的教学情境，利用问题不断引发学生积极思考，增加材料的可操作性，利用音乐愉悦气氛，采用新颖的评价方式……这些策略有效地激发了学生的创造力和设计灵感，使每名学生经历了一次成功的体验。

★ 专家点评

点评专家	邸泽民，北京市十一学校一分校课程院主任助理、科学与技术学科主任，一级教师。 宋永健，北京市海淀区教育科学研究院教育科研管理研究所所长，高级教师。
课例亮点	该课例以解决真实情境中的有趣问题为出发点，通过制作有一定功能的帽子，加深对帽子材料与功能关系的认知，激发学生的好奇心、探究欲；与此同时，综合运用数学、科学、美术等不同领域的知识，体现了课程的综合性、实践性，促进学生工程思维能力的发展。利用各种不同材料甚至是废旧材料设计制作，培养学生的环保意识。课例刚开始时用"帽子模特秀"的形式引入，生动活泼，很吸引人。
课例目标及其达成	课例目标聚焦具体且重要的知识与技能，符合素养发展要求，在设计过程中充分考虑学生的知识、技能基础，预设学习困难，定位准确具体，符合年龄特点、认知规律。课时目标设定准确，可操作、可检测。通过目标导向，分析帽子材料与功能的关系，提供丰富的设计制作材料和有效的学习指导，促进学生可持续学习，锻炼了学生的设计思维能力、工程思维能力、创新思维能力。课例目标基本能够达成。 在材料分析的环节可以考虑加入一些简单演示或操作实验，如材料的强度实验、透水透气性实验等，让学生获得更好的学习体验。
课例活动设计	活动设计合理，内容翔实，帽子制作过程经历了定义问题→头脑风暴和计划→制作→测试→修改→展示等完整的工程设计流程，各流程之间逻辑结构清晰，经推理、论证得出结论，充分发挥多学科教育价值。在实施过程中，教师设置真实情境（帽子模特秀），调动学生探究学习、合作学习的愿望，探究具有持续性。 个别流程可能对小学二年级的学生有点偏难，教师可以提供额外的帮助。建议提供工具使用说明等脚手架（比如打印出的工具使用手册等）或者直接增加一个工具使用讲解活动，解决工具使用问题和更好地强调安全问题，降低风险。同时也建议制订小组合作必要规则的活动，尤其是决策的规则，例如少数服从多数等。如果规则得到了大多数学生的认同，后续小组活动中的问题会明显减少。
课例评价	开发评价工具，采用小组评价、教师评价多种评价方式，指导和促进学生学习活动的展开。在评价指标设定上，充分考虑知识、能力等要素，突出设计理念、制作水平及成品展示等多个流程，通过评价持续促进学习，突出诊断性、表现性、激励性。 建议适当丰富评价维度。
其他评价	文字表述和序号层级等可以更细化和统一。

STEM 2.13　课例十二：失物招领处变身记

★ **适用年级**：小学三年级 。

★ **关键词**：跨学科 STEM 学习，设计思维，劳动教育、工程、科学、数学、艺术。

★ **课例提供团队**：浙江省杭州市钱塘外语学校张静、许春莲、陈一鸣。

★ **课时**：12 课时，共 480 分钟。

★ 课例背景

学生、教师和家长等在学校失物招领处寻找丢失物品耗费精力和时间。在此背景下，

我们运用设计思维理念，借助个人特色卡、象限图等设计思维工具，从真实情境出发，经过共情、定义、头脑风暴、原型、测试和展示，提升学生搜集、整理信息和定义问题、发现问题的能力，如图 2-13-1 所示。基于学校课程进阶架构，本课例重点培养学生的资料搜集、分类、提炼并定义问题的能力。

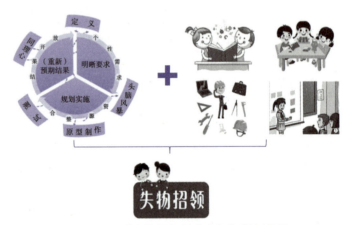

图 2-13-1　"失物招领处变身记"课例背景

★ 连接生活

失物招领处一般在学校的一个角落，看似很不起眼，却跟很多学生有交集。失物招领处设置在哪里更合适？该如何改进？怎样发挥更多的功能？

★ STEM 学科内容及教学策略的整合

采用设计思维融入的问题定义、解决策略，基于设计思维工具，让学生通过实地观测、访谈和问卷等方式，发现不同用户的需求。构建以工程内容为主导，融合科学、技术、数学、美术等学科内容，培养学生的设计思维与工程思维，提高设计制作和团队协作能力。

★ 学生已有知识、经验、技能基础情况

小学三年级的学生已经具备初步的同理思考能力、查阅资料的能力。学生熟悉校园失物招领处，有寻找物品的亲身经历。但学生对于设计比较陌生，在小组合作中会出现一些问题，需要教师的引导。

★ 学生学习过程中可能遇到的困难

（1）如何进行校园失物招领处的改进？

（2）如何发散思维获得更多的创意？

（3）如何让小组合作更有效？

★ 学习目标

1. 知识目标

了解失物招领处的作用，能利用实际经验解决目前存在的问题。能合理利用工具和材料，进行模型制作和测试并优化升级。通过测绘实际失物招领处，具有精准改造设计样板的意识；初步懂得进行大小比例处理，使模型严谨、科学。

2. 能力和技能目标

思维能力：能运用设计思维理念进行新颖、有趣的设计，学习换位思考，解决用户的实际问题。

创新能力：能大胆结合不同情境提出自己的想法；经历逆向设计过程，初步培养分析、批判和创新的能力。

技能：理解并运用设计思维工具进行创意发散来设计失物招领处；熟练运用剪刀、锯子等工具对常见材料进行加工，掌握裁切、粘贴等基本技术。

3. 情感态度价值观目标

学生对 STEM 学习的态度和价值观：学会关注身边的变化，用自己的行动让校园更美好；保持浓厚的研究兴趣，在活动中乐于承担；大胆表达自己的观点、认真聆听别人的想法，有礼貌地回应；发挥自己的特长并初步建立择优意识。

学生对 STEM 专业和职业的兴趣：初步构建工程意识，了解与工程师相关的工作内容。

★ 材料和物资准备

1. 教室空间分布

教室空间分布如图 2-13-2 所示，讲台前面为多媒体设备教学区；中间六组圆形课桌椅和计算机为学习区，后面圆形课桌椅为作品制作区，包括材料柜、半成品放置区和工具放置区；教室一侧为作品展示区。

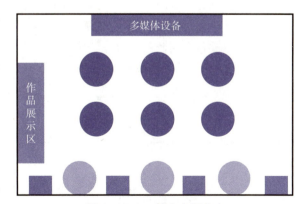

图 2-13-2　教室空间分布

2. 教具

（1）**所需设备**：联网计算机、多媒体设备。

（2）**所需材料**：制作用的基础工具、电子材料（美工刀、卡纸、双面胶、胶枪、传感器等）；各种课堂活动使用表格：AEIOU 分析表、现场观测表、问卷调查表、问题定义表、方案评估筛选表、方案图表、制作方案表、约课单、雷达图表、用户测试图表、四象限整理表、改进计划图表、评议表；便利贴、邀请函；微课资源包：设计侦探、测量方法、设计图制作、日常工具使用方法；微视频库：电话线的设计、瓶盖的设计、浇花水壶的设计。

★教学流程

教学流程见表 2-13-1。

表 2-13-1　教学流程

子目标	子任务	阶段性成果
多方调研，聚焦问题	■入项游戏，团队建设 ■驱动问题，进入情境 ■实地观测，问卷访谈 ■知识建构，方法学习	■个人特色卡 ■团队海报、契约 ■AEIOU 情境分析表 ■实地观测表 ■访谈表、问卷调查表 ■共情阶段反思表
发现问题，定义需求	■资料搜集，统计整理 ■整理分类，问题清单 ■共情讨论，研定标准 ■梳理提炼，定义问题	■数据统计表 ■问题清单 ■定义阶段反思表
头脑风暴，绘制蓝图	■基于标准，发散设计 ■展示设计，评估创意 ■初步绘图，表达创意 ■迭代修改，确立方案	■635 头脑风暴 ■个人方案、团队方案 ■设计草图 ■构思阶段反思表
合作实践，模型制作	■预估困难，约课指导 ■小组制作，模型展示 ■小组交流，迭代方案 ■完善模型，准备测试	■失物招领初步模型 ■雷达图表 ■模型阶段反思表
用户测试，迭代优化	■用户测试，收集反馈 ■整理信息，评估分类 ■确定方案，模型改进 ■优化制作，准备展示	■用户测试反馈表 ■信息整理象限图 ■改进计划 ■失物招领模型
公开展示，反思迁移	■制作海报，策展准备 ■发布展示，相互评议 ■项目复盘，反思迁移 ■总结评议，校园运用	■宣传海报 ■邀请函 ■反思与评价文本 ■学习手册整理

🌟 第一课　多方调研，聚焦问题

★ 课节目标

建立团队信任感，能快速融入团队。通过测绘实际失物招领处，具有精准改造设计模型的意识；基于同理心、移情，进行信息搜集；学会设计调查访谈表和问卷，并选择用户进行信息搜集。

⭐ **课时安排**

2 课时，80 分钟。

⭐ **学习活动**

活动 1：团队建设

教师组织学生进行团队建设。学生组建团队。

（1）前期准备，团队组建：每人抽取一根小棒（6 种颜色，每种颜色 6 根，班级每人 1 根），根据小棒的颜色围坐，组成新团队。

（2）团建游戏：企鹅与鲨鱼，增强团队意识。

学生在组内进行"企鹅与鲨鱼"的游戏，目的是进一步增加团队成员之间的默契，增强团队凝聚力。

（3）简单介绍设计思维课程，了解团队分工合作在后续项目活动中的重要性。

（4）团队分工与海报设计（A3 白纸）：讨论队名、分工、口号、队标，完成团队海报。

活动 2：了解课程，创设情境，深度挖掘，发现问题

教师出示 AEIOU 表单，讲解表单。

学生利用 AEIOU 表进行分析，寻找存在问题和用户需求。

活动 3：实地观测，调查用户需求

教师组织学生实地观测和调查用户需求。

学生回顾寻找失物的经历，进行现场观测、访谈和问卷调查。

⭐ **评价工具**

评价工具见表 2-13-2。学生自评从团队合作、信息收集和交流沟通三个方面评价，学生依据该阶段表现自评等级；团队互评从"我有什么收获？""我遇到了哪些困难？解决了吗？""产生了什么疑问？后续我可以做哪些改进？"几个方面进行评价反思。

表 2-13-2　学生自评和小组评价（1）

评价内容	评价标准（满分）	学生自评	小组评价
团队合作	了解组员（☆☆☆☆☆）		
信息收集	能有礼貌地进行访谈（☆☆☆☆☆）		
	访谈中思路清晰（☆☆☆☆☆）		
	访谈中善于捕捉信息，及时记录（☆☆☆☆☆）		
交流沟通	主动表达自己的观点（☆☆☆☆☆）		
	表达逻辑清晰（☆☆☆☆☆）		
总评			

团队日志

1. 我有什么收获？

2. 我遇到了哪些困难？解决了吗？

3. 产生了什么疑问？后续我可以做哪些改进？

★ **学习成果**

该阶段学生通过团建游戏"鲨鱼与企鹅"增进团队凝聚力，知道团队协作的重要性，如图 2-13-3 所示。通过对失物招领处进行现场观测获得数据信息，形成现场观测记录表，如图 2-13-4 所示。交流总结得出失物招领处存在的问题，列出问题清单，如图 2-13-5 所示。

图 2-13-3　团建游戏

图 2-13-4　失物招领处现场观测记录表　　　图 2-13-5　失物招领处问题清单集合板

第二课　发现问题，定义需求

■ **课节目标**

对信息进行整理和分析，进一步综合并陈述问题。通过梳理访谈信息，整理亲和图（Affinity Diagram），从而明确设计目标。掌握对信息的整理和归纳能力。

■ **课时安排**

2 课时，80 分钟。

■ **学习活动**

活动 1：统计信息

教师引导学生收集、统计不同种类的信息。

学生收集、统计不同种类的信息。

活动 2：处理信息

教师引导学生思考这么多信息，我们该如何进行处理呢？

（1）讨论处理的方法。

（2）微课指导不同信息的处理：文字类，分类整理，选取有效信息；数字选项类，统计绘图，寻找规律；音频视频类，摘录分析。

学生分组进行数据信息的归类和整理，根据调查问卷进行统计和数据分析。

活动 3：提炼信息

教师巡视学生提炼信息。

学生填写并张贴问题，整理归类。

活动 4：定义问题，商定标准

教师对标准商定中出现的问题进行答疑。

学生小组讨论选择 1~2 个问题定义，展示交流，商定标准。

■ **评价工具**

评价工具见表 2-13-3。学生自评从团队合作、信息收集和交流沟通三个方面评价，学生依据该阶段表现自评等级。团队互评从"我有什么收获？""我遇到了哪些困难？解决了吗？""产生了什么疑问？后续我可以做哪些改进？"几个方面进行评价反思。

表 2-13-3　学生自评和小组评价（2）

评价内容	评价标准（满分）	学生自评	小组评价
团队合作	能和团队一起完成任务（☆☆☆☆☆）		
信息收集	能整理自己收集的信息（☆☆☆☆☆）		
	能整合别人分享的观点（☆☆☆☆☆）		
交流沟通	主动表达自己的观点（☆☆☆☆☆）		
	表达逻辑清晰（☆☆☆☆☆）		
总评			

团队日志

1. 我有什么收获？

2. 我遇到了哪些困难？解决了吗？

3. 产生了什么疑问？后续我可以做哪些改进？

★ 学习成果

该阶段学生通过问卷调查的形式收集用户需求，并对问卷进行处理和统计，获得失物招领处的改进方向。

第三课　头脑风暴，绘制蓝图

★ 课节目标

结合用户需求进行产品"失物招领处"设计；能通过思维工具，大胆表达想法，具有创新思维能力；对设计方案进行迭代优化。

★ 课时安排

2 课时，80 分钟。

★ 学习活动

活动 1：头脑风暴

教师引导学生头脑风暴。

学生分组头脑风暴。学生根据自己选择的问题，想一想，有哪些改进设计的好方法？

（1）每人将 3 个创意写在便利贴上，然后贴在 A4 纸上（角落处写上小组名和自己的名字）。

（2）小组逆时针传递 2 次，其他同学们看了有启发，在下面贴上自己的想法。

（3）时间为 5 分钟一轮，共 10 分钟。

活动 2：方案筛选、迭代，草图设计

1. 师生共同讨论标准，一起创意评估。

（1）第一阶段，确定标准：结合实际情况综合考虑，商讨出方案可行性的标准。

（2）第二阶段，评估创意：各小组展示头脑风暴中产生的创意，其他小组进行评价和建议。

（3）第三阶段，分类筛选：根据组内产生和其他小组的建议，从中筛选出能够帮助小组解决问题的想法和设计。

2. 教师引导学生进行草图设计。

学生分小组进行草图设计。

（1）草图设计：设计一个美观、实用、智能、能帮助用户解决需求的失物招领处。

（2）分小组讨论设计注意事项。

（3）分小组进行初稿设计。

（4）分小组进行问题讨论：在设计过程中，有没有遇到什么困难？

活动 3：交流，互评

教师引导学生进行评价改进，完善方案。

学生分小组交流和互评设计草图。

（1）介绍设计草图。

（2）小组轮换评价。

（3）小组讨论采纳意见，由记录员将最终的改进方向写在设计图的相应位置。

（4）设计修改：整理、选择、修改、完善后的草图是正式方案。

★ 评价工具

评价工具见表 2-13-4。学生自评从团队合作、方案设计、计划制订和交流沟通四个方面评价，学生依据该阶段表现自评等级。团队互评从"我有什么收获？""我遇到了哪些困难？解决了吗？""产生了什么疑问？后续我可以做哪些改进？"几个方面进行评价反思。

表 2-13-4　学生自评和小组评价（3）

评价内容	评价标准（满分）	学生自评	小组评价
团队合作	能一起策划方案（☆☆☆☆☆）		
方案设计	能大胆设想（☆☆☆☆☆）		
	草图清晰、完整（☆☆☆☆☆）		
	图文并茂（☆☆☆☆☆）		
计划制订	工具材料规划合理（☆☆☆☆☆）		
	步骤过程清楚（☆☆☆☆☆）		
交流沟通	主动表达自己的观点（☆☆☆☆☆）		
	表达逻辑清晰（☆☆☆☆☆）		
总评			

团队日志

1. 我有什么收获？

2. 我遇到了哪些困难？解决了吗？

3. 产生了什么疑问？后续我可以做哪些改进？

★ 学习成果

该阶段学生通过头脑风暴，获得尽可能多的失物招领处设计方案。对设计方案梳理后，设计改进后的失物招领处草图，如图 2-13-6 所示。

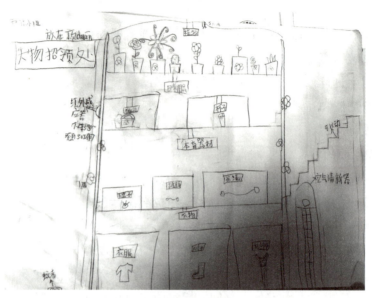

图 2-13-6　设计失物招领处改进草图

S C e 第四课　合作实践，模型制作

★ 课节目标

能充分利用身边的废旧材料，进行失物招领处的设计改造；能充分考虑实际因素，对失物招领处的管理进行设计改进。在实物模型制作过程中，不断优化设计方案，合理分工，合作完成任务。

★ 课时安排

2 课时，80 分钟。

★ 学习活动

活动 1：制订方案

教师引导学生分组讨论在制作模型过程中，可能会出现的困难或困惑，先组内讨论解决方法。

学生根据上一课小组讨论模型制作的流程顺序，进一步完善，记录并分享。

活动 2：制作模型

教师引导学生每个小组都做了详细计划，接下来开始制作模型。

学生分小组根据方案，选择自备材料和材料区工具进行模型制作。

★ **评价工具**

小组自评、学生自评和团队互评，如图 2-13-7 所示和见表 2-13-5。

小组自评从美观、方便、智能、多功能和有效完成几方面对失物招领处的模型进行评价；学生自评评价从团队合作、模型制作和交流沟通三个方面评价，学生依据该阶段表现自评等级；团队互评从"我有什么收获？""我遇到了哪些困难？解决了吗？产生了什么疑问？后续我可以做哪些改进？"几个方面进行评价反思。

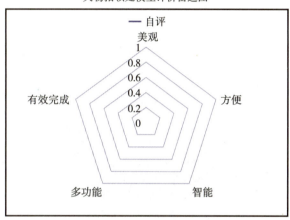

图 2-13-7　小组自评

表 2-13-5　学生自评和小组评价（4）

评价内容	评价标准（满分）	学生自评	小组评价
团队合作	积极参与制作（☆☆☆☆☆）		
模型制作	合理利用多种材料，节约环保（☆☆☆☆☆）		
	模型制作精美，按时完成（☆☆☆☆☆）		
	体现设计的想法（☆☆☆☆☆）		
交流沟通	主动表达自己的观点（☆☆☆☆☆）		
	表达逻辑清晰（☆☆☆☆☆）		
总评			

团队日志

1.我有什么收获？

2.我遇到了哪些困难？解决了吗？

3.产生了什么疑问？后续我可以做哪些改进？

★ 学习成果

该阶段学生制订失物招领处模型制作方案，如图 2-13-8 所示。根据方案准备制作材料和设备，依据设计图完成模型制作，如图 2-13-9 所示。

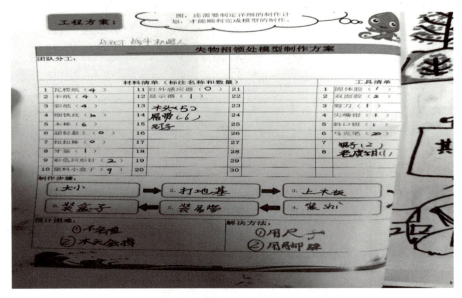

图 2-13-8　失物招领处模型制作方案

图 2-13-9　失物招领处模型

第五课　用户测试，迭代优化

★ 课节目标

能不断改进测试原型，直至做出一个预期的产品；学会根据量标进行模型的测试和评价；学会整理和反思，内化学习收获。

★ 课时安排

2 课时，80 分钟。

★ 学习活动

活动 1：模型问世，接受测试

教师向学生出示本课核心问题：经过紧张的制作，我们的模型终于问世了！它是否能满足大家的要求呢，我们一起去开展测试吧！

学生邀请失物招领处相关的用户，评价测试模型，并将他们的建议记录下来。

活动 2：交流建议，改进计划

教师向学生提问：经过有序的测试，我们搜集到了不少用户反馈的感受和建议！你的设计是否能满足大家的要求呢？后续哪些地方需要修改呢？

学生以小组为单位，进行测试反馈结果的整理。利用现象图甄选有效的信息。根据甄选出的有效信息，完成改进计划。

★ 评价工具

评价工具见表 2-13-6。学生自评从团队合作、模型测试和交流沟通三个方面评价，学生依据该阶段表现自评等级。团队互评从"我有什么收获？""我遇到了哪些困难？解决了吗？""产生了什么疑问？后续我可以做哪些改进？"几个方面进行评价反思。

表 2-13-6　学生自评和小组评价（5）

评价内容	评价标准（满分）	学生自评	小组评价
团队合作	积极完成团队任务（☆☆☆☆☆）		
模型测试	主动搜集用户意见（☆☆☆☆☆）		
	及时整理信息，提出改进计划（☆☆☆☆☆）		
交流沟通	主动表达自己的观点（☆☆☆☆☆）		
	表达逻辑清晰（☆☆☆☆☆）		
总评			

团队日志

1. 我有什么收获？

2. 我遇到了哪些困难？解决了吗？

3. 产生了什么疑问？后续我可以做哪些改进？

★ 学习成果

该阶段学生寻找用户对失物招领处模型进行测试，从美观、实用和创意三方面评价模型，并提出改进建议。学生梳理用户测试后的评价和建议，完成改进计划，如图 2-13-10 所示。

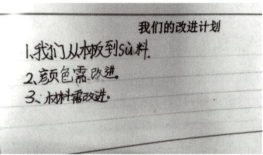

图 2-13-10　整理改进计划

第六课　公开展示，反思迁移

★ 课节目标

通过成果展示进行测评反思，体会设计思维的价值和作用。通过反思、复盘、总结评议，提高自己的批判思考能力。

★ 课时安排

2 课时，80 分钟。

★ 学习活动

活动 1：展示准备

教师利用视频、图片、PPT、产品手册、作品等进行课上产品发布的指导，向学生明确发布内容：产品名称、外观（颜色、形状、结构等）、核心功能（包括测试结果）、产品亮点，提前下发邀请函。

学生分组进行准备展示材料。

活动 2：展示评议

教师邀请相关专家、教师、学生参与评议。

学生分组展示小组失物招领处模型：每个组有 5 分钟的时间介绍自己的产品（分工：1 人介绍，1 人展示产品，1 人展示设计稿，1 人记录），并听取意见。

活动 3：反思迁移

教师引导学生回顾整个过程中遇到的困难，以及解决的办法，想想在这个项目里你收获了什么。

学生撰写课程体会和感受，思考反思问题并撰写张贴，小组交流。

★ 评价工具

终结性评价对应两类评价方面：同学互评和教师评价。

学生和小组从合作交流、问题解决、批判思维和创新能力四个方面，对自己和组内其他同学整个项目过程表现进行评价，见表 2-13-7。教师评价从信息搜索、设计方案、模型产品、展示交流和改造方案五个方面，对学生整个项目过程表现进行评价，见表 2-13-8。

表 2-13-7　学生自评和小组评价（6）

评价内容	评价标准（满分）	学生自评	小组评价
合作交流	能主动分工协作（☆☆☆☆☆）		
	意见不统一时能讨论解决（☆☆☆☆☆）		
	能主动帮助同学（☆☆☆☆☆）		
	主动表达自己的想法（☆☆☆☆☆）		
	表达逻辑清晰（☆☆☆☆☆）		
问题解决	善于发现问题（☆☆☆☆☆）		
	善于思考与实践（☆☆☆☆☆）		
	能有效解决问题（☆☆☆☆☆）		
批判思维	能大胆提出不同的想法（☆☆☆☆☆）		
	能客观对待大家的建议（☆☆☆☆☆）		
创新能力	有独特的想法（☆☆☆☆☆）		
	遇到困难能灵活解决（☆☆☆☆☆）		
	能想出几种不同的解决思路（☆☆☆☆☆）		
总评			

表 2-13-8　教师评价

评价内容	评价标准				教师评价
	A	B	C	D	
信息搜集	针对有价值的问题进行深入探究和分析，立场和观点正确；调查方法具有较强的科学性和创新性，数据真实，分析透彻；验证结论合理，对研究指向有很好的参考价值	针对问题进行有序的探究和分析，立场和观点基本正确；调查方法合理，有一定的科学性，数据真实；调查成果对研究指向有一定的参考价值	针对问题进行探究和分析，有自己的立场和观点；调查方法基本合理，有数据分析和结论验证；调查成果对研究指向的参考价值一般	调查的问题价值不大，立场和观点有失偏颇；调查方法欠合理，科学性不高，没有数据支撑或数据太少；调查成果对研究指向的参考价值不大	
设计方案	设计方案清晰、规范，有反复思考、修改和优化的过程，设计科学、合理，具有较高的可行性、创新性和实用性，能较好地解决目标问题；团队成员各司其职，协同合作	设计方案较为规范，经过多次的修改和优化，设计基本合理，有一定的可行性，能较好解决目标问题；团队成员有合作意识	设计方案基本规范，有修改的过程，设计合理性一般，能基本解决目标问题；团队合作意识一般	设计方案不规范，没有对目标问题进行解决，没有科学性和合理性；团队合作意识较差，安排不明确	
模型产品	依照设计方案建立，有较强的工程制作工艺，测试时针对目标问题进行有效的应对和处理，有反复测试、修改和优化的过程；团队合作有序，分工明确	基本依照设计方案建立，测试时能对目标问题进行应对和处理，经过了多次测试和优化；团队合作有序，分工明确	基本依照设计方案建立，测试时对目标问题的处理效果一般，有进行修改和优化；团队合作意识一般	未按照设计方案建立，测试时没有对目标问题进行处理，没有进行修改和优化；团队合作意识较差	

（续）

评价内容	评价标准				教师评价
	A	B	C	D	
展示交流	汇报内容丰富，涉及面广，形式多样且有创新，对目标问题分析透彻，模型产品的原理、测试及优化介绍翔实，对遇到的困难有深刻反思，对下一步操作有明确规划	汇报内容较为充分，形式多样，针对目标问题和模型产品进行了比较完整的阐述，有下一步的规划	汇报内容完整度一般，对目标问题和模型产品有较充分的阐述，过程性资料缺失，汇报形式传统单一	汇报内容不完整，目标问题和模型作品阐述不清晰，过程性资料缺失，汇报形式单一	
改造方案	有真实有效的改造方案图，有测试和现场勘测的数据支撑，有明确的改造流程和预算，对预期效果有充分认知，结构性、科学性和落地性强	有可行的改造方案图，有测试或现场勘测的数据支撑，有基本的改造流程和预算，有一定的科学性和可行性	有可行的改造方案图，有数据支撑但比较单薄，有基本的改造流程和预算但较为笼统，科学性和可行性一般	没有改造方案图或改造方案离谱，没有真实的数据支撑，不具备可行性	
总评					

★ 学习成果

该阶段学生将作品在班级、学校、区域展示会等层面进行展示并获得反馈，如图 2-13-11 所示。如图 2-13-12 所示，通过"回转讨论站"方式对整个项目历程反思，最后交流反思，迁移运用。

图 2-13-11　作品班级展示

图 2-13-12　项目反思

★教学设计课例自我评析

在本课例中，教师激发了学生的兴趣，融合设计思维工具、跨学科联合教学、长课时、提供适切的评价标准，为完成教学目标提供了保障。具有以下特征。

（1）身份意识增强：**主体认同，同理关注**。通过该项目学习，学生能关注校园生活的点滴，从对方角度出发看问题。增强身份意识，真正成为校园小主人、校园设计师、校园改造师。

（2）学习能力增强：**跨界思考，高阶发展**。基于校园真实的情境和问题、学生真实的经历和感受，运用多学科知识和能力，综合创造性，多角度地解决问题，推动了高阶思维发展，提升解决实际问题的能力。

（3）同伴和谐增强：**团队发展，自信融合**。通过个人特色卡、阶段性反思和评议，增强自我认知和评估。通过一系列团队建设活动，增强团队的融合和交流。学生感受到团队积极配合、相互帮助的优势，意识到团队的力量和温暖。

★专家点评

点评专家	李诺，北京师范大学，讲师。 林闻凯，华南师范大学粤港澳大湾区教师教育学院副院长，副研究员。
课例亮点	本课例贴近校园生活，基于项目式学习展开。课例中设计思维助力换位共情，赋予作品深层内涵。将设计思维融入 STEM 课程，不仅使设计的产品更有意义，还能增进同学之间的友谊。
课例目标及其达成	本课例以学校失物招领为问题导向，关注校园生活环境。课例目标设置较为合理，课例活动对目标达成具有较高的实践度。 作为一个融合了科学学习要求的课例，本课例可以进一步融入核心素养目标，细化各个学科核心素养的内容，更加聚焦于针对科学学科的概念知识理解。同时，可以进一步鼓励学生进行科学探究，例如探究稳固程度的影响因素，培养学生的工程思维，强化成本核算、团队协作等意识，从而培养高阶思维。
课例活动设计	课例活动基于项目式学习的基本架构开展，从最开始的项目活动到最终的成果展示流程完整，能够较好地达成课例设置的教学目标。课例中的学习支架和探究设计都体现出教师的用心和对学情的掌握；在学生比较陌生的领域，给予思维工具、学习支架的支持，帮助小学三年级的学生拓展其最近发展区。 建议活动最后可以对部分完成度较高的小组作品进一步升华，如鼓励学生将设计图或模型向学校相关负责人呈递，进而实体化为真正可供校园使用的"失物招领处"。
课例评价	课例的评价环节设置合理，特别关注了过程性评价和终结性评价两个不同的角度。学生评价量表与教师评价量表的设计能够符合不同评价主体的特点。评价维度贴合课程目标，效果较好。教师根据学生参与学习的情况，制订了具体且恰当的评估量表，包括共情、定义问题、构思、模型制作、测试等阶段自评量表，还有团队日志以及小组互评，展示了多模态的评价方式。

STEM 2.14　课例十三：苗族银饰

★适用年级：小学三年级。

★关键词：跨学科 STEM 学习，设计思维、工程思维，语文、美术、科学、数学。

★课例提供团队：湖南省湘西土家族苗族自治州花垣县华鑫学校田美玲、易穗香、龙循、吴庆、张静、龙伟、谢文斌。

★课时：9 课时，360 分钟。

★课例背景

本课例基于泰勒课程观（《课程与教学的基本原理》）、库伯经验学习圈（《体验学习：让体验成为学习和发展的源泉》）等理论设计，立足学科教学、民族文化传承及发展学生综合素养等多个视角，融合数学（测量）、艺术（绘画与设计）、工程（工程思维）、技术（手工制造）、语文（苗族文化及传承）等多门课程。学生以非遗传承专家的角色，通过实地研学、收集资源、作品设计、评价修改、制作作品、成果展示、总结评估等环节的学习，使学生在文化传承中创新，在问题解决中学习，在真实情境中习得，在团队合作中提升，有利于培养学生的工程思维能力、设计思维能力、创新能力、实践动手能力及健康的审美情趣。

★连接生活

民族文化是中华文化的重要组成部分。苗族银饰是湘西地区苗族人民勤劳智慧的结晶，具有独特的设计思想、制作工艺及审美特征。构建适合学生自主学习的课程体系，将国家课程校本化实施是课程改革的重要路径。

★ STEM 学科内容及教学策略的整合

本课例采用项目式学习教学策略，以学生为主体、任务为驱动、设计为导向、多样成果产出为目标。通过苗族银饰了解民族文化，渗透语文素养，并在设计图纸和制作过程中，融合数学的统计知识、艺术绘画、工程思维和技术制作。创造竞争情境，让学生思考如何把民族文化传承和创新相结合，培养学生的团结协作能力、设计思维和工程意识。

★学生已有知识、经验、技能基础情况

湘西是苗族聚集地，银饰在日常生活中随处可见，小学三年级的学生具有一定的观察、查阅资料、整理分析的能力。同时，学生在数学学科中的图形知识、语文学科中的文化传承、美术学科中的绘画等方面都有一定的基础。

★学生学习过程中可能遇到的困难

（1）数学学科：无法准确分类。

（2）美术学科：绘画水平有限，无法清晰、完整地将想法绘制在设计图上。

★**学习目标**

1. 知识目标

语文：了解苗族银饰背景；了解苗族银饰特点和种类划分。

美术：运用对称式、均衡式、二方连续设计具有民族特色的银饰纹样。

数学：掌握数学测量的方法。

信息技术：掌握视频制作软件的使用。

2. 能力和技能目标

思维能力：通过经历"提出问题→分析问题→制订可行方案→画出设计图→制作→检验改进→反思总结"的工程流程，培养学生的工程思维。经历"共情→定义→构思→原型→测试"的设计过程，培养学生的设计思维。

技术能力：根据设计图纸，制出简易的作品，并介绍纹样内容和结构特点。能够使用信息技术软件制作简易视频。

3. 情感态度价值观目标

以学生为主体参与到项目中，保持持续研究的兴趣，主动提出有价值的问题，能够在问题解决的过程中乐于承担，愿意进行团队合作。

★**材料和物资准备**

1. 教室空间分布

教室空间分布如图 2-14-1 所示，教室前面为讲台、多媒体设备教学区；中间有六组方形课桌椅，为学生操作区；左侧为材料和工具放置区；后面为作品展示区。

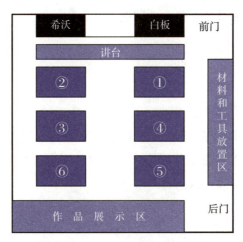

图 2-14-1　教室空间分布示意图

2. 教具

（1）设备：联网计算机、多媒体设备。

（2）制作用的工具：水彩笔、白色卡纸、铅笔、锡箔纸、扭扭棒、彩泥、双面胶等。

★ 教学流程

教学流程如图 2-14-2 所示。

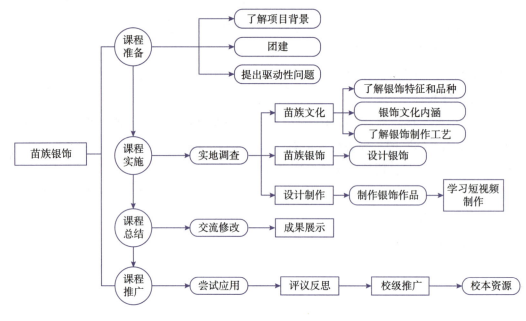

图 2-14-2　教学流程

⑤ 第一课　项目导入

★ 课节目标

了解项目背景，提出项目核心驱动性问题，并分解问题。

★ 课时安排

2 课时，80 分钟。

★ 学习活动

活动 1：项目背景介绍

教师引入项目：学校即将举行"民族文化进校园"活动，全校需分年级布置一个民族文化展区，三年级展示内容是苗族银饰文化。教师要带领学生学习活动方案，了解本次"民族文化进校园"活动的具体内容。

学生具体学习"民族文化进校园"活动方案。

活动 2：团建

教师组织学生开展团建小活动。

学生在团建活动中形成自己的小组，明确组内分工。

活动 3：提出驱动性问题

教师引导学生提出本课例的驱动性问题：怎么样才能在"民族文化进校园"活动中展

示苗族银饰文化？

学生确定驱动性问题，然后开展头脑风暴，将驱动性问题分解成若干子任务，包括学习苗族文化、学习苗族银饰的知识、设计苗族银饰、选择制作材料、制作苗族银饰模型、构想短视频的内容、短视频脚本制作、拍摄短视频、短视频剪辑、布置展示台等。

★ **评价工具**

团建活动可以使用团建评价量表进行评价，主要从小组分工和合作交流两个方面进行评价，见表 2-14-1。其中，小组分工需要明确物料管理员、协调员、计时员、发言人和记录员。

表 2-14-1　团建评价量表

评价内容	评价标准			教师评价
	☆	☆☆	☆☆☆	
小组分工	没有分工	分工不清晰	分工明确：物料管理员、协调员、计时员、发言人、记录员	
合作交流	参与度低	参与度较高	积极参与，组员之间积极沟通	
总评				

★ **学习成果**

创建小组，明确项目核心问题，形成项目子任务列表，如图 2-14-3 所示。

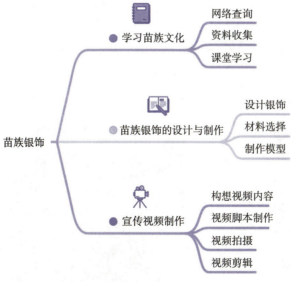

图 2-14-3　项目子任务列表

第二课　了解苗族文化

★ 课节目标

通过课前资料收集和课中学习，了解苗族文化。

★ 课时安排

1 课时，40 分钟。

★ 学习活动

活动 1：收集资料信息

教师课前给学生布置任务：事先了解苗族文化的基本特征，可以通过网络、书籍或实地考察等渠道收集相关信息，并形成自己的调查报告。

学生通过家长或网络收集资料，了解银饰的基本特征。

活动 2：背景知识学习

教师介绍银饰的特征、品种、文化内涵，通过课件和视频展示银饰的制作工艺。

学生在课堂中学习银饰的相关知识，课后撰写学习心得。

★ 评价工具

布置撰写学习心得的作业，来检查学生对银饰的认识，见表 2-14-2。

表 2-14-2　学习心得作业评价

评价内容	评价标准				教师评价
	☆	☆☆	☆☆☆	☆☆☆☆	
撰写学习心得	单一调查方式，无记录	单一调查方式，有照片、文字等简单记录	有视频、照片或文字记录，较为清晰	实地考察加网上查阅两种方式，有视频、文字、照片等记录，有自己的分析	

★ 学习成果

展示学习心得作业，如图 2-14-4 ~ 图 2-14-7 所示。

图 2-14-4　学生自主探索银饰

图 2-14-5　团队教师拜访湘西非遗传承人

图 2-14-6　学生在家自主观察银饰　　图 2-14-7　团队教师向《湘西苗族密码》摄影拍摄者取经

✦ 第三课　绘制苗族银饰设计图

★ 课节目标

让学生思考如何将民族文化传承和创新相结合，在解决问题中学习有关知识。

★ 课时安排

2 课时，80 分钟。

★ 学习活动

活动 1：团建

教师给学生准备水果卡片，让小组组长抽取卡片。

学生小组组长抽取卡片，组员根据卡片内容提示猜出卡片内容。

活动 2：小组展示汇报各银饰基本特征

教师向学生出示头饰、项圈、耳环、手镯、戒指的图片。

学生分小组观察头饰、项圈、耳环、手镯、戒指的图片，并结合自己的调查结果，小组内进行汇报总结，最后由组长发言，组员可适当补充。

活动 3：绘制苗族银饰草图

教师向学生提出绘制苗族银饰草图的要求和时间，并在学生的绘制过程中给予帮助或建议。

学生综合小组内意见，也可采纳教师意见，组员分工合作，绘制草图。

活动 4：展示交流，完成设计初稿

教师进行分层指导。

学生展示介绍作品设计；组间互评，交流修改意见；组内依据量表对设计制图环节进行自评。

★ **评价工具**

教师从技能方面评价学生的创造性表达，分为四个层次：了解（☆）、熟悉（☆☆）、熟练（☆☆☆）、精通（☆☆☆☆），见表 2-14-3。

表 2-14-3　实施阶段评价量表（1）

评价内容	评价标准				教师评价
	了解 （☆）	熟悉 （☆☆）	熟练 （☆☆☆）	精通 （☆☆☆☆）	
创造性 表达	设计图对消费者的理解并无帮助	设计图对消费者的理解有少许帮助	设计图有助于消费者对概念的理解，并有可能增加吸引力	布局、故事表达、设计图有助于消费者的理解和增加吸引力	

教师从过程方面评价学生的起草和审阅的周期、协同合作，分为四个层次：了解（☆）、熟悉（☆☆）、熟练（☆☆☆）、精通（☆☆☆☆），见表 2-14-4。

表 2-14-4　实施阶段评价量表（2）

评价内容	评价标准				教师评价
	了解 （☆）	熟悉 （☆☆）	熟练 （☆☆☆）	精通 （☆☆☆☆）	
起草和审阅的周期	作品无法改进	作品能产生有限的改进	作品可改进	能产生一个典范作品	
协同合作	团队工作开展困难	团队需要在帮助和监管下才能开展工作	团队不能完全独立开展工作	团队能独立开展工作	
总评					

★ **学习成果**

学生展示设计的银饰耳环设计图、银饰颈环设计图、银戒指设计图和银帽设计图如图 2-14-8~ 图 2-14-11 所示。

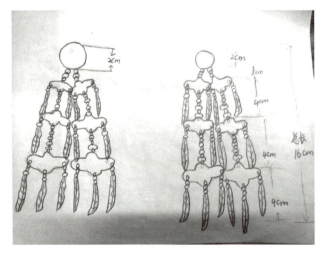

图 2-14-8　银饰耳环设计图

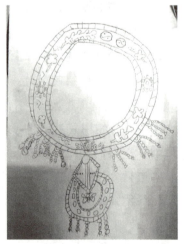

图 2-14-9　银饰颈环设计图

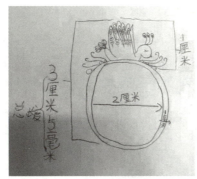

图 2-14-10　银戒指设计图　　　图 2-14-11　银帽设计图

第四课　制作苗族银饰

★ 课节目标

通过自主观察银饰设计图，合理运用材料进行立体组装与制作。

★ 课时安排

2 课时，80 分钟。

★ 学习活动

活动 1：教学导入

教师向学生布置任务：小组根据上节课绘制好的设计图，阐述小组设想。

学生小组讨论，交流汇报。

活动 2：制作银饰

教师向学生讲解制作要求，巡视指导学生小组合作制作银饰。

学生分小组根据设计图自主分工，合理选取制作材料和工具，有序完成苗族银饰的制作。

活动 3：评价与改进

教师点评作品。

学生分组讨论作品的改进空间及措施。

★ 评价工具

教师从分工合作情况、作品的呈现效果及交流表达能力对学生进行评价，分为三个层次：☆、☆☆☆、☆☆☆☆☆，见表 2-14-5。

表 2-14-5　实施阶段评价量表（3）

评价内容	评价标准			教师评价
	☆	☆☆☆	☆☆☆☆☆	
分工合作情况	成员参与度低	分工不系统	分工明确	
作品的呈现效果	作品不完整	形式单一	展现形式多样	
交流表达能力	沟通较弱	沟通较有效	沟通有效	
总评				

★ 学习成果

通过如图 2-14-12 所示过程，将锡箔纸制成银饰作品，如图 2-14-13 所示。

图 2-14-12　学生制作银饰的过程

图 2-14-13　用锡箔纸制成的银饰作品

第五课　视频学习

★ 课节目标

能使用软件制作简易视频。

★ 课时安排

1 课时，40 分钟。

★ 学习活动

活动 1：游戏导入

教师准备《数字猜猜猜》游戏视频，告诉学生游戏规则，组织学生体验游戏。

学生根据游戏规则猜出数字。

活动 2：学习制作视频

教师准备制作银饰的学习视频，引导学生以小组为单位进行合作讨论，动手制作作品。

学生分小组合作讨论视频制作有哪些步骤，分享设计思路，小组成员分工动手操作。

活动 3：成果分享

教师组织学生以小组为单位，派代表演示制作步骤，展示作品。教师及时进行点评，提出改进意见。

学生分小组推荐代表演示制作的步骤，最后展示、分享作品。

★ **评价工具**

教师从视频所呈现的思想性、科学性、创造性、艺术性、技术性及协作学习六个方面对学生进行评价，分为三个层次：☆、☆☆☆、☆☆☆☆☆，见表 2-14-6。

表 2-14-6　实施阶段评价量表（4）

评价内容	评价标准			教师评价
	☆	☆☆☆	☆☆☆☆☆	
思想性	不明确	较明确	思想明确	
科学性	有明显的科学性错误	有部分科学性错误	无科学性错误	
创造性	作品无构思，照抄照搬	有部分素材进行了加工	主题表达新颖	
艺术性	风格单一	缺乏美观	设计独到，富有新意	
技术性	技术运用出现多处错误	技术运用无错误	技术运用准确	
协作学习	未按时完成任务	及时完成任务	高效完成任务	
总评				

★ **学习成果**

学生根据教师提供的照片或视频，利用软件制作出整个项目实施过程的微视频（扫描右边二维码观看）。

扫一扫

★✦ **第六课　展示、汇报和交流**

★ **课节目标**

利用设计图、作品及视频等多种方式进行展示，增强自信心。

★ **课时安排**

1 课时，40 分钟。

★ **学习活动**

活动 1：展示汇报

教师组织学生进行展示汇报。

班级内提前以小组为单位摆好桌椅，学生分小组依次展示作品（派代表介绍小组制作的作品，组内其他学生可做补充），其余学生认真倾听。

活动 2：评分

小组展示的过程中，师生认真倾听并进行评价。

（1）教师评价（根据评价量表进行评价）。

（2）学生自评和互评（根据评价量表进行评价）。

活动 3：分享感悟

教师向学生布置任务：各小组在班级内就本次 STEM 项目学习谈感悟。

学生分小组谈感悟。

★ 评价工具

教师从多维的角度对学生进行评价，其中包含过程性评价和结果性评价。过程性评价包含学生分工合作情况、交流表达能力。结果性评价是对最终成果的评价，其不仅包含作品的美观性、创新性、呈现效果及设计思维能力、工程思维能力的体现，还包括展示和讲解效果，通过学生在不同维度的不同程度的完成情况，给予☆、☆☆☆、☆☆☆☆☆层次等级，最终汇总星数，见表 2-14-7。以多维度的评价方式，促进学生的全面发展。

表 2-14-7　结果性评价量表

评价内容	评价标准			教师评价
	☆	☆☆☆	☆☆☆☆☆	
作品的美观性	作品不完整	略有瑕疵	制作精美	
作品的创新性	有模仿痕迹	有创新点	别出心裁	
分工合作情况	成员参与度低	分工不系统	分工明确	
工程思维能力	不完整	较完整	完整	
设计思维能力	设计不完整	设计完整	设计精美	
作品的呈现效果	作品不完整	形式单一	展现形式多样	
交流表达能力	沟通较弱	沟通较有效	沟通有效	
展示和讲解效果	讲解不流畅	讲解完整	思路清晰，讲解精彩	
总评				

★ 学习成果

学生展示利用锡箔纸制作的银饰作品，如图 2-14-14 所示。

图 2-14-14　锡箔纸制作的银饰作品

★教学设计课例自我评析

1. 课例背景

本课例立足学科教学、民族文化传承及发展学生综合素养等多个视角，融合数学、艺术、工程、技术、语文等多门学科，学生根据真实情境及任务需要，运用科学思维解决问题，培养评判性思维与问题解决能力、创造性与自主学习能力、沟通能力与合作精神、跨文化理解与全球意识，达到"21 世纪 4C（创造力 Creativity、批判性思维 Critical Thinking、沟通能力 Communication、合作能力 Collaboration）"的跨学科素养。

2. 高阶思维的培养

高阶思维的核心是创造性思维，通过探讨科学高阶思维与科学知识探究之间的关系，建立科学高阶思维结构模型。通过问题提出、方案设计、证据收集、信息解释、作品制作、作品改进、反思评价这一系列过程来培养学生的科学思维，体现科学高阶思维是一个系统结构，为后续科学高阶思维评价的形成、创新性学习思维的建构提供了基础。

3. 成长型思维的提升

以过程取向型的反馈方式重点关注学生完成任务时的方法和策略，通过元学习能力来培养学生的成长型思维。学生把制作苗族银饰中遇到的挫折看作自我提升的契机，主动寻找更多的方法、策略、资源去解决制作苗族银饰的问题，实现自我突破和成长。

★专家点评

点评专家	张晓蕾，华东师范大学教育学部教育学院，副教授。 武迪，中国人民大学附属中学，高级教师。
课例亮点	该课例生动有趣，整合了多学科知识，并且融入了中华民族文化，极具民族特色。
课例目标及其达成	该课例结合实际问题，目标较为清晰。将民族文化的学习融入语文阅读，将设计与制作融入数学测量，将银饰纹样融入美术设计，将视频制作融入信息科技学习。让学生自主探究多学科知识，通过项目式学习探索，培养学生的设计思维和工程意识，思考民族文化的传承和创新，并在合作中培养学生的协作精神。课例目标基本达成。 如果能够依据项目实施不同阶段，进一步细化每节课的教学目标就更好了。
课例活动设计	课例设计的各阶段逻辑思路清晰，体现通过"提出问题→分析问题→制订可行方案→画出设计图→制作→检验改进→反思总结"的探索过程。 建议把团建活动设计与项目推进加强关联；另外，建议驱动型问题能够更加层次化；在第五课中，如果能够将银饰制作的完整过程，包括背景、文化、设计及制作各个环节，都有效呈现出来就更好了。
课例评价	建议通过多种方式丰富课例的评价。评价内容如果能增加一些细节，学生和教师在项目实施中可以获得更多指导。另外，建议课例在设计银饰的过程中增加提取相关科学知识、概念及思维方法，以深化学生学科探究的效果。 之后的课程可结合前期实地调研等了解苗族银饰传承人及其文化内涵等，设计调研小报告、情景剧表演等内容更为丰富的过程性评价方式。

STEM 2.15　课例十四：鸟巢设计与制作

★**适用年级**：小学三年级。

★**关键词**：跨学科 STEM 学习，工程设计。

★**课例提供团队**：华中师范大学附属小学何鑫、陈宁馨、张琴、从相淼、甄一书。

★**课时**：8 课时，320 分钟。

★ 课例背景

2020 年湖北省武汉市受台风影响，市中心刮起八级大风，大风将校园内一棵银杏树吹倒，导致树上的喜鹊窝被吹翻到地上，鸟窝中的喜鹊幼鸟虽被学校教师救起，但是因巢穴被毁，喜鹊成鸟离巢，喜鹊幼鸟还是没能被救活。因此，本校学生希望能够学习制作鸟巢，帮助因意外从鸟巢内摔落的幼鸟。学生通过学习鸟巢结构、种类等知识，自主创新设计并建造一个安置受伤幼鸟的人工鸟巢，并且进行创新，将鸟巢结构应用于生活中。

★ 连接生活

本校正在开展生态校园文化建设，旨在利用校园文化进行生态环境教育。为此开设了校本课程，欲将其打造成主题式的 STEM 课程，鸟巢就是该课程中的一个项目主题。

★ STEM 学科内容及教学策略的整合

本课例主要采用基于问题的教学策略，让学生在科学探究的过程中解决实际问题。根据生活经历和现有知识水平，让学生建造一个符合自然界鸟巢功能要求的人工鸟巢，构建以生态环境教育为主导，融合工程、技术、艺术的跨学科课程内容。

★学生已有知识、经验、技能基础情况

小学三年级的学生已经有了查阅资料、科学探究与独立思考的能力、分析综合的科学思维，并且已经学习了有关动植物分类、动物的生长与繁殖、鸟类特征等科学知识；能在工程类课程中锻炼动手能力，已初步了解工程设计、实施、改进这一系列步骤，并且能够利用小组合作提升效率，但是还未养成反思与改进的探究思路。

★学生学习过程中可能遇到的困难

（1）学生对鸟巢有一定的了解，但是对其具体功能和使用的材料以及建造过程还不熟悉。

（2）学生图纸绘制不够精确，对实物制作的指导性不强。

★学习目标

1. 知识目标

了解鸟巢的功能、种类、结构、建造材料和建造方式，了解鸟的生活习性。

2.能力和技能目标

思维能力：小组分工合作，经历"提出问题→分析问题→制订可行的解决方案→画出设计图→制作→测试改进→反思总结"的工程设计流程，且能介绍鸟巢的设计理念以及结构。

技术能力：根据需求绘制设计图纸，并根据图纸选择合适的材料制作鸟巢。

3.情感态度价值观目标

（1）学生主动参与自然界中鸟巢损坏后如何人工建造的问题研究，并保持浓厚的研究兴趣。

（2）通过制作鸟巢，学习不同材料在建筑上的作用，初步形成建筑应具有稳定性、实用性和美观性的意识。

★材料和物资准备

1.教室空间分布

教室空间分布如图 2-15-1 所示，包括：教学区，多媒体设备；学生活动区，9 组圆形课桌椅；材料准备区，材料柜子。

图 2-15-1　教室空间分布

2.教具

（1）**所需设备：**多媒体设备。

（2）**所需工具：**剪刀、尺子、双面胶、水彩笔、卡纸、树枝、纸盒、装饰用品、棉花等。

★教学流程

教学流程如图 2-15-2 所示。

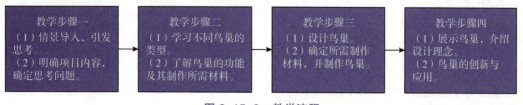

图 2-15-2　教学流程

第一课　情境导入，明确问题

★ 课节目标

情景引入为小喜鹊搭建鸟巢。介绍筑巢的时间。

★ 课时安排

2 课时，80 分钟。

★ 学习活动

活动 1：情景引入

教师给学生播放"落难"小喜鹊的视频（视频内容：大雨过后，大风将校园内一棵银杏树吹倒，导致树上的喜鹊窝被吹翻到地上）。

学生提出要解救小喜鹊。

活动 2：合作讨论

教师向学生提问该如何帮助"小喜鹊"。教师提供资料，分析资料后明确项目任务，针对不会飞的雏鸟，制作鸟巢是最优解。

学生合作讨论两种方法，将小喜鹊送回鸟巢和制作鸟巢。

活动 3：观察总结

教师向学生提供学习资料。

学生完成任务：观察鸟巢的形状和筑巢位置，查询资料，明确鸟巢的作用以及筑巢的时间和材料。

活动 4：课后拓展

教师向学生提出制作一个鸟巢的挑战任务，鼓励学生课后查询资料，完善对鸟巢的了解，制作鸟巢信息卡，并思考制作鸟巢需解决的问题。

学生完成教师布置的作业。

★ 评价工具

采取自评的方式从鸟巢外观条件与鸟巢位置对绘制的鸟巢进行自我认知，并借绘图评价学生对鸟巢的前概念，见表 2-15-1。

表 2-15-1　鸟巢绘画评价量表

评价内容	学生自评
鸟巢的位置是否在合适的地方	
鸟巢的大小比例与真实的鸟巢是否相似	
鸟巢的形状是否合理	

★ 学习成果

学生绘制出鸟巢的基本结构，但鸟巢都趋于一致性，如图 2-15-3 和图 2-15-4 所示。这与学生对学校银杏树上鸟巢的观察是否仔细有关，也反映了学生对鸟巢的认识单一。

图 2-15-3　学生绘画的鸟巢作品

图 2-15-4　学生拍摄的校园鸟巢

第二课　了解鸟巢，制订方案

★ 课节目标

了解鸟类建巢所需的材料，学习鸟类建巢的方法，设计鸟巢。

★ 课时安排

2 课时，80 分钟。

★ 学习活动

活动 1：问题的提出

教师向学生提出：我们要帮鸟类建巢，需要一个设计方案；播放多种鸟巢的视频。

学生分小组讨论，明确制订方案需要考虑的环节框架设计、材料选择等问题；在观看教师播放的视频后，分小组拓展关于鸟巢形状的知识。

活动 2：选择鸟巢材料

教师通过总结学生的回答，引导学生从软硬度、光滑粗糙度、是否会变形、是否能塑形几个方面对材料进行分类。

学生通过查阅资料，对比讨论城市和农村的鸟类建巢的材料从哪里来？

野外：树枝、小木条、泥土、芦苇、草、苔藓、动物毛发等。

城市：垃圾袋、棉花、吸管、烟头等。

活动 3：模拟设计师

教师设计角色扮演活动，向学生提问：如果你是设计师，你会选择哪些材料来制作鸟巢？如何确定鸟巢的大小？

学生进行小组讨论：用什么材料来搭建鸟巢结构？如何使鸟巢内部舒适？如何装饰鸟巢外部？学生测量不同类型鸟巢的大小，并将数据记录下来。

活动 4：展示现有鸟巢

教师通过重现鸟类建巢的过程，指导学生思考更多的建造方式，制订相应的设计方案。

学生基于方案，合作绘图并选择合适的材料、标记鸟巢长度与材料。

⭐ **评价工具**

教师从合理性、可靠性以及经费预算三个方面对学生的鸟巢设计图纸进行评价，见表 2-15-2。

表 2-15-2　鸟巢设计评价量表

评价项目	评价标准			教师评价
	1分	2分	3分	
合理性	方案不合理，设计图粗糙	方案较合理，设计图体现基本框架	方案合理，有严谨、详细的设计图	
可靠性	鸟巢框架不稳定，没有实际制作的可能性	鸟巢框架较稳定，能承载3~4只幼鸟放置在树干上不太稳定	鸟巢框架稳定，能承载3~4只幼鸟，能稳定放置在树干上	
经费预算	没有长度数据与材料备注，没有鸟巢制作所需经费预算	有长度数据与材料备注，鸟巢制作所需经费预算不合理	有长度数据、材料备注，鸟巢制作所需经费预算合理	
总分				

⭐ **学习成果**

学生通过观察不同鸟类的筑巢过程后，认识到更多的筑巢材料与筑巢方式。从稳定性、合理性以及经费预算等多个方面整合考虑，设计鸟巢图纸，如图 2-15-5~ 图 2-15-8 所示。

图 2-15-5　学生模拟房屋绘制的多功能鸟巢

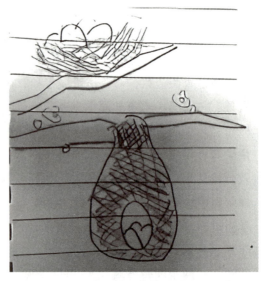

图 2-15-6　学生模拟背篓和碗绘制的鸟巢

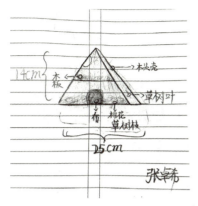

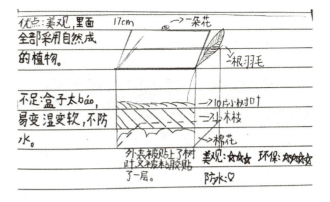

图 2-15-7　学生模拟金字塔绘制的鸟巢　　　图 2-15-8　学生绘制的人工盒形鸟巢

第三课　实施方案，制作鸟巢

★ 课节目标

基于设计图纸，备好材料，制作鸟巢，组间评价。

★ 课时安排

2 课时，80 分钟。

★ 学习活动

活动 1：讨论鸟巢的评价标准

教师组织学生讨论鸟巢的评价标准：什么样的鸟巢才算好鸟巢？教师建议学生将标准分类，凝练语言。

学生通过讨论得出鸟巢的评价标准：要安全、要隐蔽、要舒服、要好看、要适于幼鸟生长等。

活动 2：制作鸟巢

教师巡视指导学生制作鸟巢。

学生分组实践与操作，制作鸟巢。

★ 评价工具

教师从鸟巢制作与团队分工合作两方面综合评价学生的制作过程，见表 2-15-3。

表 2-15-3　鸟巢制作评价量表

评价内容	评价标准			教师评价
	1 分	2 分	3 分	
鸟巢制作	制作工艺差，对于出现的问题不能解决	制作工艺一般，对于出现的问题能部分解决	连接稳定，框架扎实，制作时能及时发现问题并解决问题	
团队分工合作	没有分工	简单分工，合作较少	分工合理，团队协作顺畅	
总分				

小组通过讨论，确定从环保性、舒适性、防水性、美观性四方面对鸟巢成品进行互评打分，见表 2-15-4。

表 2-15-4　鸟巢成品互评量表

评价内容	评价标准			组间评价
	1 分	2 分	3 分	
环保性	使用废弃物品，但使用了吸管等塑料制品	未使用塑料制品，采用纸制品或布制品代替	纯天然材料，对环境无污染，鸟类易接受	
舒适性	没有内衬	有简单的内衬	有舒适的内衬	
防水性	透水，但水无法流出	透水，水很快流出	防水	
美观性	随意搭建，无美感	设计与鸟巢不搭，过于鲜艳	有设计感且具隐蔽性	
总分				

★ 学习成果

小组成果展示，介绍鸟巢特征，基于评价标准（图 2-15-9）进行组间互评，提出改良建议，见表 2-15-5。

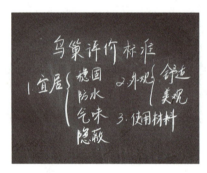

图 2-15-9　鸟巢评价标准

表 2-15-5　成果展示、小组介绍和组间评价

成果展示	小组介绍	组间评价
第一小组进行鸟巢介绍	我们组的鸟巢有舒适、稳定等特点	组间评分：9 分 美观与防水扣分，且白色的鸟巢不够隐蔽，建议在白色的鸟巢外加上绿色或棕色的装饰物

（续）

成果展示	小组介绍	组间评价
第二小组进行鸟巢介绍	我们组的鸟巢很坚固，稳定性最强	组间评分：10 分 舒适性与防水性扣分。建议在鸟巢内部铺上树叶，外部装上塑料膜防水
第三小组进行鸟巢介绍	我们组的鸟巢内部有塑料袋，防水。材料是木箱，很安全	组间评分：9 分 鸟巢体积过大不易安置在树上。建议将体积减小
第四小组进行鸟巢介绍	我们的鸟巢的大部分材料都是可以降解的，里面加入了麦秆和棉花，很环保，外面还有树叶装饰，很隐蔽	组间评分：9 分 稳定性、防水性扣分。建议将盒子加固
第五小组进行鸟巢介绍	我们的鸟巢很坚硬还能防水，能保护小鸟的安全	组间评分：10 分 鸟巢体积过小，舒适度不强
第六小组进行鸟巢介绍	我们组的鸟巢既美观又防水	组间评分：11 分 设计感、稳定性与舒适性都得到了好评，但颜色过于靓丽，隐蔽性不够

✦ 第四课　展示鸟巢，创新应用

★ 课节目标

展示迭代更新后的鸟巢，选出最适合鸟类居住的鸟巢。

基于鸟巢进行仿生设计，并利用画图软件进行鸟巢创新设计。

★ 课时安排

2 课时，80 分钟。

★ 学习活动

活动 1：小组展示

教师组织投票，明确组员投票要求：每组有 5 票，基于标准进行投票；投票选出最佳鸟巢，长期放置在校园为鸟类提供一个落脚之处。

学生在 3 分钟宣讲时间内，对本组的设计理念与产品进行介绍与拉票。

活动 2：创新运用

教师展示新式鸟巢设计产品，请学生基于鸟巢的传统形状来转化功能，为人类所用，思考鸟巢的"新"用法。

学生基于画图软件，用信息化的手段设计多样化的鸟巢产品。

★ 评价工具

小组间从小组的展示讲解和创新设计两个方面进行评价，见表 2-15-6。展示讲解，旨在评价小组的展示过程是否完整，思路是否清晰；创新设计，旨在评价小组利用鸟巢进行的创新设计是否能够体现仿生思想。

表 2-15-6　鸟巢讲解组间评价量表

评价内容	评价标准			组间评价
	1 分	2 分	3 分	
展示讲解	展示不清晰，内容不完整，讲解不流利	对设计和制作过程的展示较完整，讲解较清晰	对设计和制作过程讲解清晰、思路开阔	
创新设计	结构完整，能体现鸟巢形式，简单模仿	部分创新鸟巢形式，模拟固有思想进行设计	创新鸟巢功能，体现仿生思想	
总分				

★ 教学设计课例自我评析

1.STEM 课程设计背景

本课例基于 STEM 理念进行设计，以为校园里的喜鹊建造一个鸟巢的工程活动为主要目标，在 8 个课时中让学生充分设计与实践，综合运用绘画能力、科学探究能力与数学思维。整个流程以工程设计的四部分为线索：明确问题→制订方案→实施方案→评估与改进。

2. 课程实施实效与反思

本课例情境感染性强，符合小学三年级学生的学习心理与认知水平。学生上课积极性较高，但由于课时的限制，每周一节的频率使得学生的评价并不到位，建议设计与实施课程两节课连上。课程结束后，学生对鸟巢的关注变高，形成工程思维，意识到精确的设计对制作的积极作用。

★ 专家点评

点评专家	孙宝玲，天津师范大学教育学部副教授。 肖萍，广东省深圳市教育义务教育质量监测督学工作室主持人，正高级教师。
课例亮点	课例从情境出发，以任务驱动，用项目推进，学生能够设计出不同类型的鸟巢。
课例目标及其达成	从多维度确定学习目标，对物化的成果有明确的要求。考虑了鸟类生活习性的知识，能够引导学生理解工程设计的基本流程。 建议目标更加具体、可测；活动设计中的背景介绍可以不局限学生的思维，不局限场所，让学生与自己的生活和学习环境建立联系，为熟悉的鸟类设计、制作鸟巢。
课例活动设计	活动设计的内容完整，前后顺序与步骤清晰，情境较为真实。 建议课例活动设计更为具体；把第一课活动1"落难喜鹊"改成为身边的鸟类建巢，吸引鸟类安家，保护鸟类的意识，可以让学生凭借记忆设计与绘制自己熟悉的鸟类的鸟巢，也是了解学生前概念的过程。第二课的内容可以发挥学生的主观能动性，让学生自己查资料，对比自己设计与绘制的鸟巢与实际的鸟巢有何不同，然后进行修改与完善；制作鸟巢的过程在材料的选择方面可以让学生按着自己设计鸟巢类别相近程度来安排，最好能够协作。第三课中增加制作的时间和一个"材料与工具使用"的活动。
课例评价	"宣讲"作为评价方式能够展示过程和效果，并锻炼学生的表达能力和系统思维能力。小组互评和组间互评可以发现差异和缺陷；评价的内容比较具体。 学生设计的多样性鸟巢是亮点，可以让同伴之间在活动中多学习多种鸟类的生活习性，体现STEM项目式学习的优势。
其他评价	建议优化语言的准确性、前后一致性和逻辑性；考虑将更多学科的知识内容联系起来。例如可考虑：不同种类的鸟在鸟巢的筑巢地点、建造方式等表现不同；鸟窝（如燕窝）的特殊功能；结合"鸠占鹊巢"等成语知识，认识鸟巢的寓意。

STEM 2.16　课例十五：鸡蛋保卫战

★ 适用年级：小学三年级 。

★ 关键词：跨学科 STEM 学习，设计思维、工程思维，科学、美术。

★ 课例提供团队：广东省佛山市南海高新区第一小学伦凯婷、黄毅恒、陈晨。

★ 课时：7 课时，280 分钟 。

★ 课例背景

本课例围绕"制作鸡蛋保护装置"开展，通过 7 课时的学习，让学生从生活实际出发，培养创新精神和实践能力。学生结合科学的"空气阻力和能量"、美术的"绘图、外观设计和内部结构设计"和工程思维，在反思改进的过程中不断挑战自我，并能加以应用，解决生活中的问题。

★ 连接生活

生活中有很多物品在运输中难免会因为破碎而造成损失，同样也有很多方法可以保护这些易碎品。

★ STEM 学科内容及教学策略的整合

本课例主要采用基于问题的教学策略，让学生在科学探究的过程中解决生活中如何保护高空坠落的易碎品（如鸡蛋）的实际问题。根据学生的生活经历和现有科学知识水平，让学生以制作鸡蛋高空坠落的保护装置为目标，构建以工程内容为主导，融合科学、技术、数学、美术的跨学科融合课程内容，培养学生的解决实际问题的能力，培养学生的融创意识，发展学生的工程思维。

★ 学生已有知识、经验、技能基础情况

小学三年级的学生好奇心强、爱探索、爱表达，同时也具备了一定的思考能力和动手能力，可以在小组合作的情况下完成一些稍复杂的装置组装。在知识方面，小学三年级的学生已经掌握空气占据空间、压缩的空气有弹性等知识，知道可以用压缩空气（救生气垫）起到缓冲的作用。

★ 学生学习过程中可能遇到的困难

学生在生活中会了解到一些缓冲的事例，比如车辆的避震器、跳伞运动员使用的降落伞、消防员使用的救生气垫等，但是对其中蕴含的空气阻力和能量原理还一知半解。

学生可以从一些生活经验中获取灵感，但是学生的生活经验毕竟不丰富，所以让学生自主设计、绘画草图会有一些困难，需要教师引导学生归纳鸡蛋从高处落下易碎、救生气垫、宇宙飞船返回舱和跳伞的现象，总结空气阻力和能量原理。

STEM 课程与生活联系紧密，从生活中来并且要作用于生活，在知识有何应用、如何应用这方面需要教师加以拓展。

★ 学习目标

1. 知识目标

（1）通过调查资料、分组讨论和学习了解保护鸡蛋的方法，大致分为减慢降落速度、减缓冲击力和改变鸡蛋结构三种。

（2）小组合作讨论并设计装置，绘制设计图纸。

2. 能力和技能目标

思维能力：通过小组分工，经过提出问题→分析问题→制订解决方案→绘制设计草图→制作装置→进行实验→得出结论→修正设计思路→完善设计图→再次实验⋯⋯这样的过程来培养学生的工程思维。

技术能力：通过学习相关知识、绘制设计图、制作作品的过程，培养学生的动手能力、表达能力和质疑精神。

3. 情感态度价值观目标

学生对 STEM 学习的态度和价值观：让学生以工程师的身份参与 STEM 学习，激发学生的学习热情。组织学生以团队为单位完成任务目标，培养学生的学习兴趣。

学生对 STEM 专业和职业的兴趣：学生在学习过程中能够初步形成工程意识，培养相关的兴趣。

★ 材料和物资准备

1. 教室空间分布

教室空间分布如图 2-16-1 所示，教室前部分为讲台和多媒体展示区域；中间部分 8 张六边形的桌椅为操作区域（每大组 6 名同学，分为 2 个小组进行设计操作等试验）；后部分是工具柜和作品陈列区。

2. 教具

（1）**所需设备**：联网计算机、多媒体设备。

（2）**所需材料**：绘图纸、鸡蛋、泡沫纸、气球、醋、铁皮盒、小木棍等。

（3）**所需工具**：剪刀、彩色笔、梯子（进行室内实验）、绳子、胶带、热熔胶等。

★ 教学流程

教学流程如图 2-16-2 所示。

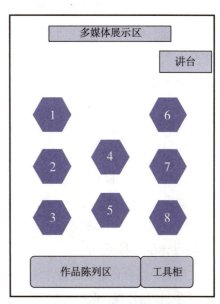

图 2-16-1　教室空间分布

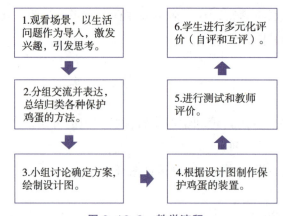

图 2-16-2　教学流程

第一课　了解项目背景，绘制设计图

★ 课节目标

了解项目背景，激发探索兴趣，通过小组合作搜集资料，讨论方案后完成设计草图。

★ 课时安排

2 课时，80 分钟。

★ 学习活动

活动 1：介绍课题背景，引入课题

教师以生活中鸡蛋容易摔碎引入课题，引导学生思考如何才能保护鸡蛋。

学生分组讨论，分享小组内讨论成果：用降落伞挂鸡蛋、用泡沫纸包裹鸡蛋、用支架支撑接收鸡蛋、用醋泡软鸡蛋、用气球包裹鸡蛋、在气球下悬挂鸡蛋等方法。

活动 2：将方案进行分类，讲解其中的原理

教师引导学生将提出的想法进行分类，依照原理不同，分为减缓下降速度、减少碰撞冲击力和改变鸡蛋结构三类，并讲解其中的原理。

学生分类补充。

活动 3：依据已有的想法，绘制设计草图

教师将学生分成 3 人一小组进行设计草图的绘制。

学生分组绘制设计草图后，分组展示，说明各部分的制作材料和设计意图。

活动 4：查阅资料，完善设计图纸

教师向学生布置任务：课后查阅资料，讨论可行性，完善设计图纸。

学生课后利用多种途径查阅资料，并自行完善设计图纸。

★ 评价工具

采用小组自评量表进行评价，评价内容分为知识准备、技能准备、设计图、材料选用及成本问题、作品外观、保护效果、分工合作情况、优化改进、交流展示、拓展延伸，见表 2-16-1。

表 2-16-1　"鸡蛋保卫战"小组自评量表

评价内容	评价标准			小组评价
	1分	3分	5分	
知识习得阶段				
知识准备	对科学概念不清楚，也不了解鸡蛋保护装置的组成和原理	基本掌握科学概念，并了解鸡蛋保护装置的组成和原理	熟悉掌握科学概念，并能说出保护装置的组成和原理	
技能准备	不会制作简易的保护装置	能制作简易的保护装置且有一定的保护效果	能制作良好的保护装置且保护效果良好	
设计制作阶段				
设计图	缺少设计图	能画出简单的设计示意图，但缺乏相应的文字标记	能画出清晰的设计示意图，能标出各部分名称、尺寸、所需材料等	
材料选用及成本问题	选用不合适的材料，且浪费很多材料	材料选用合理，浪费小部分材料	材料选用合理，能节约材料，且进行创造性的修改	
作品外观	整体制作不美观、不细致	制作考虑了美观	制作各部分连接有序，外观好看	
保护效果	保护效果不好，鸡蛋全碎了	保护效果一般，鸡蛋有裂痕	保护效果良好，鸡蛋完好无损	
分工合作情况	分工不明确，各人不知道任务是什么	有基本分工，但分工不系统，有组员没有承担任务	有明确分工且能贯彻实施，各组员能有组织地执行任务	
优化改进	没有合适的方法进行优化改进	能自行改进方法，并对保护装置进行适当的优化	有明确的数据或依据进行方法改进，并对保护装置进行优化	
展示交流阶段				
交流展示	作品的设计过程解说不清楚，与预想设计差距较大	能简单解说作品的设计过程，基本符合预想设计，但对其中不足的地方缺乏认知，不能提出改进方法	能清晰地展现作品的设计过程，并能对其中不足的地方提出合适的建议	
拓展延伸阶段				
拓展延伸	知道影响装置保护效果的因素，但不能与所学知识结合，不能提出改进意见	知道影响装置保护效果的因素，能与所学知识结合，提出一些改进意见	知道影响装置保护效果的因素，能与所学知识结合，提出并设计作品的改进方案	
总分				

★ 学习成果

完成任务设计单，如图 2-16-3 和图 2-16-4 所示。

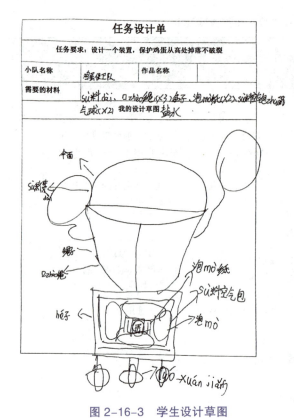

图 2-16-3　学生设计草图

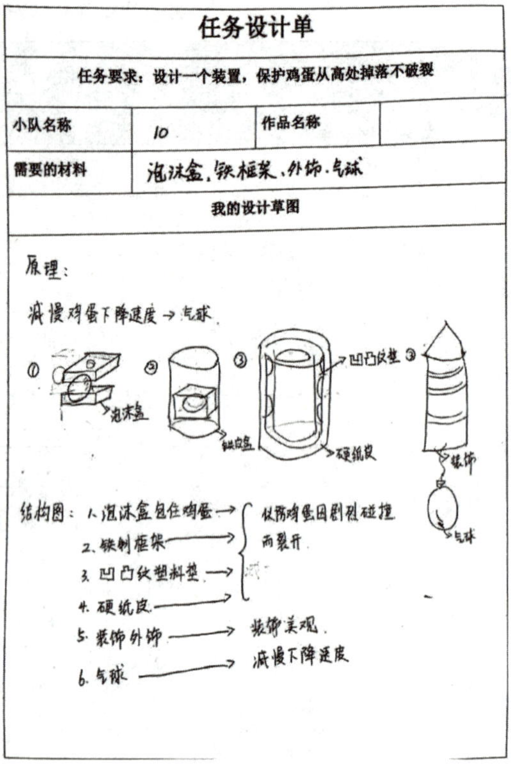

任务设计单

任务要求：设计一个装置，保护鸡蛋从高处掉落不破裂

小队名称	10	作品名称	
需要的材料	泡沫盒、铁框架、外饰、气球		
我的设计草图			

原理：

减慢鸡蛋下降速度 → 气球

①　泡沫盒
②　磁碰
③　凹凸状垫　硬纸皮

结构图：1. 泡沫盒包住鸡蛋 → 以防鸡蛋因剧烈碰撞而裂开
　　　　2. 铁制框架 →
　　　　3. 凹凸状塑料垫 →
　　　　4. 硬纸皮
　　　　5. 装饰外饰 → 装饰美观
　　　　6. 气球 → 减慢下降速度

图 2-16-4　学生设计终稿

第二课　动手制作鸡蛋保护装置

★ 课节目标

（1）认识空气阻力和缓冲作用，知道鸡蛋保护装置的组成。

（2）了解影响保护性能的相关因素。

★ 课时安排

2 课时，80 分钟。

★ 学习活动

活动 1：制作改进方案和手绘改进设计图

教师给学生讲解保护鸡蛋的原理和方法，让学生思考制作鸡蛋保护装置的材料选择和设计思路。

学生认真聆听教师讲解，积极发言，思考如何挑选合适的材料。

活动 2：制作作品

教师指导学生按计划制作鸡蛋保护装置，解答学生的疑问。

学生分组分工合作，制作能有效保护鸡蛋的装置。

活动 3：展示交流

教师说明展示要求，请学生分小组派代表展示自己的作品，介绍自己作品的组成和优势。

学生分小组展示，详细介绍设计的装置所在区域和具体功能。

活动 4 ：评价改进

教师引导学生为每个小组提出修改建议。

学生分小组依据评价量表，并参考修改建议，对作品进行改进。

★ **评价工具**

采用小组互评量表进行评价，评价内容分为作品外观、保护装置的效果、作品表述，见表 2-16-2。

表 2-16-2　"鸡蛋保卫战"小组互评表

评价内容	评价标准			第1组评价	第2组评价	第3组评价		第15组评价	第16组评价
	1分	3分	5分						
作品外观	整体制作不美观、不细致	制作考虑了美观	制作工艺良好，各部分连接有序，外观好看						
保护装置的效果	不能起到保护作用，鸡蛋全碎了	能起到一定的保护作用，但效果不佳，鸡蛋有裂痕	保护效果好，鸡蛋完好无损						
作品表述	产品的设计过程解说不清楚	能简单解说作品的设计过程	能清晰地解说作品的设计过程，并能说出作品的优缺点和特色等						
总分									

★ **学习成果**

完成任务设计单，如图 2-16-5 所示。

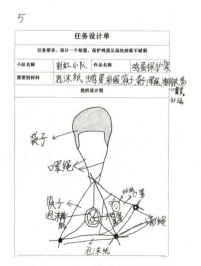

图 2-16-5　学生任务设计单

第三课　迭代与测试作品

★ 课节目标

根据改进方案自己制作鸡蛋保护装置。对装置测试和调整，针对存在的问题进行修整。

★ 课时安排

3 课时，120 分钟。

★ 学习活动

活动 1：制作改进方案和手绘改进设计图

教师讲解各小组作品的特点和优势，指导学生改进小组方案；指导学生选取制作材料和工具。

学生分组讨论制作改进方案，选取制作材料和工具，熟悉工具的使用，手绘改进设计图（写清楚各部分的组成和材料）。

活动 2：根据改进的设计图改良作品

教师指导学生依照计划改良装置。

学生先准备好材料，再分组制作。

活动 3：测试作品的功能，进行小组评价

（1）教师请小组派代表展示自己的作品，介绍作品的组成和优势。

学生分小组展示，详细介绍设计的装置所在区域和具体功能。

（2）教师带领学生到室外进行鸡蛋保护装置的测试。

学生各小组长和组员进行自己小组作品的测试。

（3）教师请学生分组分享在制作过程中遇到了哪些问题，自己小组是如何解决的？

学生分组回答遇到的问题，小组互评，给出解决问题的建议，打开思路。

（4）教师请学生分组分享在迭代改进制作过程中有没有新的想法？

学生分组自我反思，对作品提出有特色和创新的改进方案。

★ 评价工具

采用专家评价量表进行评价，评价内容分为设计图、设计过程、制作过程、记录情况、分工合作情况、交流展示、保护效果、美观度、创新思维，见表 2-16-3。

表 2-16-3　"鸡蛋保卫战"专家评价量表

评价内容	评价标准			第1组评价	第2组评价	第3组评价	第15组评价	第16组评价
	1分	3分	5分					
学习过程阶段								
设计图	缺少设计图或设计图不完整	能画出简单的设计图，但缺乏相应的文字标记	能画出清晰的设计图，能标出各部分名称、尺寸、所需材料等					

（续）

评价内容	评价标准			第1组评价	第2组评价	第3组评价		第15组评价	第16组评价
	1分	3分	5分						
学习过程阶段									
设计过程	没有按照设计图进行	按照设计图进行，并完成了原始的计划	按照设计图进行，并完成了原始的计划，同时注重细节						
制作过程	选用不合适的材料制作鸡蛋保持装置，没有达到预期的效果	选择合适的材料制作鸡蛋保持装置，能基本达到设计的目标	选用合适的材料制作出符合要求的鸡蛋保护装置，并能根据缺点进行修改						
记录情况	记录了很少的设计过程数据	记录了大部分的设计过程数据	记录了设计过程的全部数据，并会分析数据，说出优缺点						
分工合作情况	分工不清晰，各人不清楚任务是什么	有基本分工，但分工不系统，有组员没有承担任务	有明确分工且能贯彻实施，各组员能有组织地执行任务						
成果展示阶段									
交流展示	作品的设计过程解说不清楚，与预想设计差距较大	能简单解说作品的设计过程，基本符合预想设计，但对其中不足的地方缺乏认知，不能提出改进方法	能清晰地展现作品的设计过程，并能对其中不足的地方提出合适的建议						
保护效果	保护效果不好，鸡蛋全碎了	保护效果一般，鸡蛋有裂痕	保护效果好，鸡蛋完好无损						
美观度	制作的作品没有进行艺术美化，缺乏美感	制作的作品有进行适当的美化，色彩较丰富	制作的作品美观，色彩丰富，富含艺术性						
创新思维	制作的作品缺乏创造力和想象力	制作的作品较有想象力	制作的作品有自己的特色，富含想象力						
总分									

★学习成果

学生修改的设计图及成品如图 2-16-6 和图 2-16-7 所示。

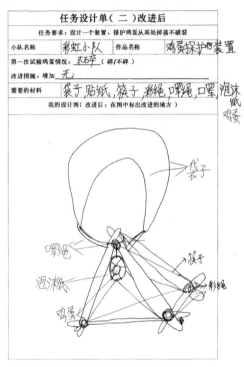

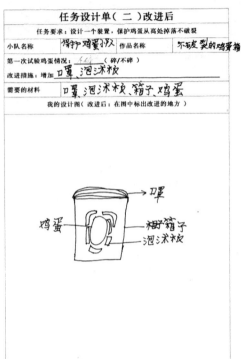

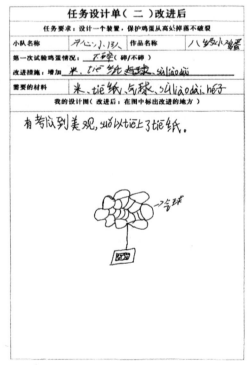

图 2-16-6　学生第二次改进后的设计图

图 2-16-7　学生制作的鸡蛋保护装置的成品

★ 教学设计课例自我评析

学生主动进行科学探索的比例由 74% 上升至 95%，88% 的学生能在课堂上主动发言，这表明基于 STEM 理念的小学科学教学模式对学生的学习态度具有积极的影响，使得学生对科学探究充满了兴趣，提高了学生的学习热情，这将有助于引导学生进行科学探究活动。在未得到实验结论前，93% 的学生会经过反复的实验和思考才得出结论；当发现同伴的结论与自己的不同时，81% 的学生会坚持自己的观点，并寻找支撑理由，这说明这种教学模式在培养学生独立思考能力方面和严谨的科学探究态度方面有很大的作用。100% 的学生认为自己知道鸡蛋不碎的方法，其中 90% 的学生知道降落伞挂鸡蛋是利用减慢下降速度的原理来实现保护鸡蛋的，95% 的学生知道用快递盒里的泡泡纸装鸡蛋是利用缓冲的原理来实现保护鸡蛋的；大部分学生知道盐水、海绵和筷子框架能为鸡蛋提供减缓冲击力来保护鸡蛋。学生通过动手操作能加深对知识的理解，提高解决问题的能力。

★ 专家点评

点评专家	王威，四川师范大学教授。 沈艺，广东省深圳市坪山外国语中学高级教师。
课例亮点	本课例遵循工程设计的步骤，引导学生从相关的科学原理出发，创造性地提出了鸡蛋保护装置的制作方案，特别强调了迭代改进和再设计的工程思维，给学生提供了充足的修正、改进的时间，创设了开放的课堂氛围，让学生能够自由地提出创意想法、进行创新活动而不用担心会犯错。课例目标清晰，教学活动环环相扣、步骤合理。
课例目标 及其达成	课例能够对三维目标有较好的促进作用。学生在鸡蛋保护装置的方案设计、模型制作和改进中经过不断地尝试形成最佳策略来解决问题，帮助学生发展了工程思维、动手能力、表达能力和质疑精神，激发了学生学习的热情。在课例自我评析中也有较为充分的量化数据支持。 建议：第二课的课节目标"知道鸡蛋保护装置的组成"或可作为第一课的课节目标，使"设计"更为贴近，而第二课侧重设计，第三课侧重改进。
课例活动设计	用工程设计的流程来组织学习过程，工程设计过程的各环节清晰合理。 建议：①设计上可突出"修正设计思路→完善设计图→再次实验"，反映出学生进步的关键环节。②可增加对小组互评量表的使用。
课例评价	能将评价整合于学习的不同阶段，对学生的学习状况进行及时的了解和反馈；评价主体多元，既有小组内自评、互评，也有专业评价。 建议加强形成性评价策略的应用，如给学生更多的描述性的评价和具体的、明确的建设性意见；学生使用的量表中，建议减少专业术语（如"缺乏认知"等），而是使用儿童化的语言。
其他评价	可以减少总时长，之前学校老师做过这个课例，在三节课内就完成基本的步骤。

STEM 2.17 课例十六：叶子魔法师

★适用年级：小学三年级 。

★关键词：跨学科 STEM 学习，工程思维，数学、语文、生物学、美术、科学。

★课例提供团队：山东省青岛市实验小学苗金英、邵颖、刘翔。

★课时：3 课时，120 分钟 。

★课例背景

在学生平时对叶子有了一些观察之后，通过动手实践了解叶脉、叶绿素等与叶子相关的知识，利用不同叶子的功能（净化空气、制药等）来制作叶子作品。以叶子贴画形式来礼赞祖国。学生在学习、制作、展示、改进等过程中，以近距离的视角来加深对叶子的了解并自己动手来制作、展示叶子作品。通过学习与叶子相关的生物学、科学和美术知识，培养学生的创新思维、科学思维、工程思维、实践思维和动手能力，在总结改进中提升科学素养、丰富科学知识。

★连接生活

无处不在的落叶，昭示着季节变换，蕴含着求实、实证、探索、创新等科学内涵，是学生学习各门学科的知识交汇点，亟待学生去探索。

★ STEM 学科内容及教学策略的整合

本课例主要采用实物展示的教学策略，让学生在科学探究的过程中沉浸式学习与叶子有关的知识，根据基本认识和现有认知水平，以科学认识叶子为目标，构建以生物学、美术内容为主导，融合科学、工程、数学、技术等跨学科课程内容，通过动手操作、合作探究、敢于质疑，培养科学精神，激发探索意识，培养动手能力。

★学生已有知识、经验、技能基础情况

小学三年级的学生爱动手、愿思考、有创意、勇探索，已经有了查阅资料、自主思考、独立操作、设计筹划的能力，可以通过小组成员之间通力合作、协调配合，进行一定难度的操作，但还缺乏进一步深入探索的思考。虽然叶子经常见，但究竟叶子的结构有哪些，叶子的特点有哪些，可以用来做什么？还不太清晰，有待引导。

★学生学习过程中可能遇到的困难

（1）知识方面：学生观察过叶子，但并不清楚叶子的基本结构、特点和用途。

（2）实践方面：学生对如何用叶子制作作品没有实践操作经验。

★学习目标

1. 知识目标

通过学习、动手实践，了解叶子为什么由绿变黄，可以用来做什么作品，可以拼出什么图案。

2.能力和技能目标

思维能力：通过小组分工合作，经历"提出问题→分析问题→制订可能的解决方案→绘出流程图进行制作→现场展示总结提高"的过程，培养学生的科学思维。

技术能力：收集叶子，制作不同功能的灯笼、回收落叶的垃圾桶、外卖餐具等，并能仔细介绍叶子作品的基本情况和特点。

3.情感态度价值观目标

学生对 STEM 学习的态度和价值观：学生以操作者的身份近距离参与到叶子魔法的变幻之中，并保持浓厚的研究兴趣，能够积极踊跃、乐观主动地参与到团队的合作之中，有浓厚的团队合作意愿。

学生对 STEM 专业和职业的兴趣：学习初步的叶子发光、驱虫、净化空气等科学知识，了解叶子回收再创餐具和落叶回收装置。

★材料和物资准备

1.教室空间分布

教室空间分布图如图 2-17-1 所示，讲台前面设置叶子作品展示区，后面设置观摩体验区。

2.教具

（1）**所需制作工具**：剪刀、尺子、双面胶、木板、刻刀、量杯、酒精消毒液、层析纸。

（2）**所需制作材料**：在公园收集好的各种各样的叶子。

（3）**所需教学工具**：教学用的计算机、PPT、投影仪、实验说明书（记录表）、实验（手工）桌等。

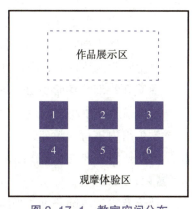

图 2-17-1　教室空间分布

★教学流程

教学流程如图 2-17-2 所示。

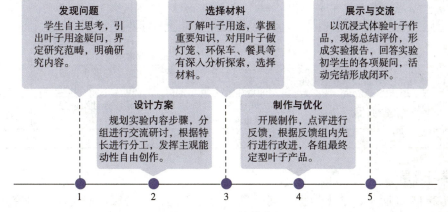

图 2-17-2　教学流程

第一课　叶子大发现

★ 课节目标

学生根据围绕"用叶子可以做什么"这一问题，收集相关资料、并划分实验小组，确定研究内容、制订研究计划，对叶子施展魔法，制订各个叶子魔法实验的流程图。

★ 课时安排

1 课时，40 分钟。

★ 学习活动

活动 1：问题导入

教师播放情境视频（视频内容：秋天来了，叶子纷纷落了下来），提出"我们能用这些叶子做什么呢？"的驱动性问题，引导学生思考。

学生观看情境视频，思考驱动性问题。

活动 2：深入思考，确定思路

教师给出挑战任务，鼓励学生思考完成挑战任务需解决的问题。

（1）讨论"各叶子可以做什么"的设计思路。

（2）想清楚怎么样运用叶子的功能。

（3）根据不同叶子的不同特点来设计产品。

学生明确挑战任务，根据任务开展小组讨论。

活动 3：划分实验小组，细化实验步骤

教师鼓励学生小组内进行分工并制订研究计划。

学生组内进行交流研讨，并根据各自特长进行分工。每名学生对各自负责的叶子魔法作品自由创作，推进叶子作品制作，并制订各个叶子魔法实验的流程图。

★ 评价工具

评价方式：教师评价，小组评价，见表 2-17-1。

表 2-17-1　评价量表

评价内容	评价标准			教师评价	小组评价
	1 分	2 分	3 分		
问题提出与思考	根据实验没有展开联想，只能提出简单问题	根据实验不能充分联想，能提出较复杂问题	根据实验能充分联想，能提出深层次问题		
搜集资料	目标不明确，收集资料不全	目标明确，资料较全面	目标非常明确，资料收集非常全面		
交流分享	很少发言，思考不积极	资料能进行分类，并有部分信息可以利用	用思维导图表格归集资料，并能充分利用信息		
任务完成情况	未全部完成	完成任务，但质量不高、速度慢	完成任务且质量好、速度快		
总分					

★ 学习成果

如图 2-17-3 所示，学生根据不同叶子的功能不同，组内探讨确定小组研究主题，制订小组研究计划。

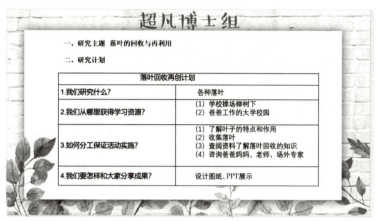

图 2-17-3　落叶回收再创计划

第二课　魔法大比拼

★ 课节目标

学生通力协作，互相配合，了解叶子知识，提取叶绿素，制作出古典灯笼、发光灯笼、捕虫灯笼、净化空气灯笼、多功能灯笼、环保小车、落叶餐具、香囊、口罩、叶子书（如《最美中国》《中国发展》）等。

★ 课时安排

1 课时，40 分钟。

★ 学习活动

活动：制作各类叶子作品

教师出示"魔法大比拼"主题，组织学生在小组内分工合作制作叶子作品，鼓励学生在各类作品中充分体现叶子特色。

学生积极听取老师的指导意见和其他小组的建议，对作品进行改进，在小组内进行展示，分析存在问题。

★ 评价工具

评价方式：教师评价、小组评价，见表 2-17-2 和表 2-17-3。

表 2-17-2　教师评价量表

评价内容	评价标准			教师评价
	1 分	2 分	3 分	
任务完成情况	未全部完成	完成任务，但质量不高、速度慢	完成任务且质量高、速度快	
交流沟通	没有交流	部分交流	交流沟通顺畅	
流程图制作	制作完成，但很混乱	制作完成，但质量不高	制作完成且质量很高	
小组划分	划分不科学，人员调配不合理	划分完成，人员调配基本合理	划分合理，人员调配充分	
步骤细化	步骤设置不完善	步骤设置规范	步骤设置科学性强	
总分				

表 2-17-3　小组评价量表

评价内容	评价标准			小组评价
	1分	2分	3分	
任务完成情况	未全部完成	完成任务，但质量不高、速度慢	完成任务且质量高、速度快	
充分体现叶子特点	没有体现	部分体现	充分体现	
制作精美	制作一般	制作较好	制作非常精美	
功能具备	功能未体现	功能具备	功能充分体现	
总分				

★ 学习成果

学生分组展示制作的各式灯笼、环保小车、落叶餐具、苔藓画、叶子书，介绍各类叶子作品的制作过程。如图 2-17-4 所示，根据叶子的不同的功能，设计了不同功能的叶子灯笼，结合会发光的纳米粒子涂抹在叶子上，设计了会发光的灯笼。如图 2-17-5 所示，根据猪笼草叶子的捕虫功能设计了会捕虫的灯笼。如图 2-17-6 所示，根据常青藤叶子净化空气的作用制作了净化空气的灯笼。如图 2-17-7 所示，结合叶子的环保功能，设计了可以收集落叶、进行叶子发酵，再回收利用的电动环保垃圾桶。

图 2-17-4　发光灯笼

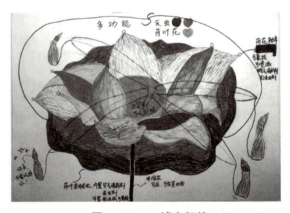

图 2-17-5　捕虫灯笼

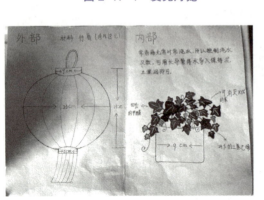

图 2-17-6　净化空气的灯笼

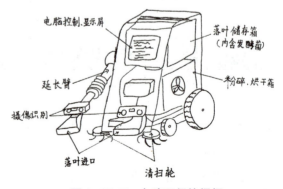

图 2-17-7　电动环保垃圾桶

第三课　实验新认识

★ 课节目标

总结叶子魔法实验的整个过程，实现"教—学—评"一致。在互相交流中，查找叶子作品的不足和问题，对叶子的知识进行再学习、再深化。

★ 课时安排

1 课时，40 分钟。

★ 学习活动

活动：实验新认识

教师引导学生总结叶子魔法实验的整个过程，汲取经验，交流心得，提升实验效果。

学生畅谈本次实验的收获和对叶子的新认识。

★ 评价工具

评价方式： 教师评价、小组评价，见表 2-17-4。

表 2-17-4　评价量表

评价内容	评价标准			教师评价	小组评价
	1 分	2 分	3 分		
分工合作	分工不明确	有基本的分工，但是分工不系统	有明确的分工且贯彻落实，每个组员都有相应的任务		
任务完成情况	各项任务完成效率低	各项任务完成效率较高	各项任务完成效率高		
交流表达能力	不擅长与伙伴交流，表达能力弱	能和伙伴交流，表达能力较强	擅长与伙伴交流讨论，表达能力强		
工程思维能力	未能展示工程思维能力	工程思维能力较强	能明确展示工程思维能力		
作品设计能力	设计能力弱	具有一定的设计能力	设计能力强		
动手操作能力	动手能力弱	动手能力较强	动手能力强		
作品呈现效果	制作的作品呈现叶子特点不佳	制作的作品呈现叶子特点较好	制作的作品呈现叶子特点非常明显		
总分					

★ 学习成果

每组组员能根据同学和老师提出的建议进行反复修改、调整。如图 2-17-8 所示，学生根据不同叶子的作用，设计了不同功能的眼罩和口罩。

图 2-17-8　叶子做成的眼罩和口罩

★教学设计课例自我评析

1.关注综合素养，让育人"发生"

本课例充分发挥了学生的主观能动性，在制作各式灯笼、环保小车、落叶餐具、苔藓画、叶子书等各类叶子作品的过程，让学生学习了叶子的各方面特性，进行了多个学科的融合，提升了语文、数学、科学、艺术、生物学等各学科的综合素养，渗透了热爱祖国、热爱科学、保护环境的思想，培养了学生探究、创新、反思的能力，提高了综合素养，成功达到了全面育人的教学目标。

2.关注情境提供，让能力"提升"

本课例在研究中，为学生提供富有现实意义的学习情境，以帮助他们提升关键能力，不仅让学生体会所学知识的社会意义，习得隐含于问题背后的学科知识，还能培养解决问题的技能及对知识进行迁移运用的能力。

3.聚焦评价过程，让成长"可见"

不同于以结果为导向的简单评判，本课例关注过程性评价。不仅关注学生在学习过程中态度、能力的变化，更在于培养他们项目化的思维与技能，最终转化为学科素养与正确的价值观念。

★专家点评

点评专家	黄琪，北京师范大学讲师。 高杰，天津市教育科学研究院教研员，正高级教师。
课例亮点	本课例以叶子的功效利用及落叶的合理回收为 STEM 体验项目，培养了学生解决问题能力、团结合作意识以及多学科知识融合能力。学生利用司空见惯的叶子的不同功效制作灯笼，亲近生活，而且进一步了解了中华优秀传统文化；学生通过真实问题情境的落叶回收方案设计，增强了爱护环境的意识和能力。该课例给予了学生很大的自主性，让小组自行设定研究内容并计划和实施，充分调动了学生的主观能动性，体现了"做中学"的理念。
课例目标 及其达成	教学目标清晰，叶子结构及功效等相关知识拓展、叶子作品的制作以及情感态度价值观目标等基本得到体现和落实。有较强的可操作性。 建议课例的知识与技能目标可以与 STEM 学科知识和技能结合得多一些。尽量加强思维能力目标中的"提出问题→分析问题"的落实情况。
课例活动设计	活动设计比较简洁。从叶子的收集、功效的了解、叶子作品的方案设计、作品的制作，学习活动总体体现递进性及合作探究学习。 建议课例设计的整体思路和流程可以更清晰具体一些，例如由什么缘起、分别由哪些教学步骤来依次实现子目标、突破核心任务等。课例中学生对叶脉了解之后，补充递进的学习及制作内容。
课例评价	课例设计了评价工具，关注学习过程性评价及学生作品的评价，且注重了小组互评及教师评价。评价内容丰富多元。 建议要通过审阅前一课的评价结果为后一课的教学提供指导。小学三年级的学生每节课均使用一个新的评价量表，可能不便于在 STEM 课程学习中了解和掌握评价要点。由于学生制作不同作品的复杂程度不同，不宜将完成作品的速度快慢作为评价指标。

STEM 2.18　课例十七：声音设计师

★ **适用年级**：小学三年级。

★ **关键词**：跨学科 STEM 学习，工程思维，语文、美术、科学、人工智能。

★ **课例提供团队**：山东省青岛市银海学校位华、董心怡、黄佳辰、官佳仪、徐璟、张晶。

★ **课时**：6 课时，240 分钟。

★ 课例背景

在"声音设计师"中，学生需要通过对声音的知识，如声音的产生原因、传播途径等的学习探究，帮助一个饱受噪声困扰的小学生小银解决噪声的问题。学生需要通过实验及活动了解声音的产生、规律和艺术美，认识声音之美与科学规律的关系……课例后期，学生需要利用所学知识（如隔音材料的设计），思考怎么样从噪声的产生者、噪声传播的途径，以及噪声的接收者三个角度思考阻止噪声污染的措施，并为社区设计制作声音的沙盘模型，帮助小银解决噪声问题。同时，学生需要通过学习，将人工智能技术运用到沙盘的制作，利用声音的传感器，更好地监测噪声，以解决噪声污染的问题。

★ 连接生活

在现代生活中，噪声污染逐渐成为人们生活中的一大困扰，噪声不仅会影响人们的学习生活，还会对人的听力以及其他方面健康产生不利影响。

★ STEM 学科内容及教学策略的整合

通过问题式、项目式学习，让学生在探究的过程中解决噪声污染的问题。学生需要结合生活经历（如生活中遇到的关于噪声的困扰或在生活中观察到的处理噪声问题的方式）和掌握的知识（如声音传播的知识），探究防治噪声污染的方法，构建以工程内容为主导，融合科学、技术、数学的跨学科课程内容，提高动手解决实际问题的能力，同时发展创新能力和团队合作能力。

★ 学生已有知识、经验、技能基础情况

本课例适合已经具备一定自主学习和探究的能力的小学三年级学生，学生在日常生活中体会过噪声污染带来的影响，同时也有一定的团队协作技巧、实践操作能力和关于噪声污染的知识经验储备，但对解决噪声问题知识的实际运用能力较弱。

★ 学生学习过程中可能遇到的困难

（1）知识方面：缺乏对于人工智能的了解和对传感器硬件的认识。

（2）实践方面：由于缺乏制作沙盘的经验，学生将声音的知识运用到实际生活中的能力也相对较弱。

★学习目标

1. 知识目标

（1）通过观察、调查和学习，了解声音是什么，声音是如何产生的，声音是如何传递的，噪声是什么等。

（2）通过调查和学习，了解什么是人工智能；认识沙盘模型，学习制作沙盘模型。

（3）尝试设计制作社区的沙盘模型，同时将传感器运用到沙盘中，制作一个简易的噪声监测系统。

2. 能力和技能目标

解决实际问题的能力：学生需要制订解决实际的噪声污染问题的方案。

团队协作能力：课例全程以小组的形式展开，学生需要做到合理分工、互帮互助。

技能：根据小组绘制的设计图纸，结合人工智能传感器，选择合适的材料制作出一个沙盘模型，展示如何防治社区中的噪声，并能详细介绍作品的结构和使用方法。

3. 情感态度价值观目标

学生对 STEM 学习的态度和价值观：学生作为声音设计师，以"为社区居民解决噪声污染问题"为驱动，充分发挥主观能动作用，激发学生的探究热情和责任感。

学生对 STEM 专业和职业的兴趣：了解人工智能领域的发展方向，了解城市社区规划的相关知识。

★材料和物资准备

1. 教室空间分布

教室空间分布如图 2-18-1 所示，教室前面为讲台，是多媒体设备教学区；教室中间有 7 个小组工作台；讲台左侧为材料区；教室后面为展示区。

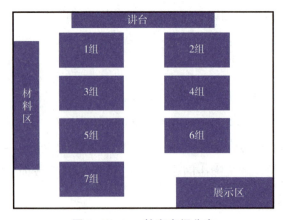

图 2-18-1　教室空间分布

2. 教具

（1）**所需制作材料**：传感器、人工智能模块、KT 板、沙盘模型树、道路贴纸、小白盒、铜丝灯。

（2）**所需制作工具**：剪刀、尺子、双面胶、水彩笔、卡纸等。

（3）**所需教学工具**：教学用的计算机、PPT、投影仪、设计图纸、操作桌等。

图 2-18-2　教学流程

★ 教学流程

教学流程如图 2-18-2 所示。

第一课　提出问题

★ 课节目标

明确项目背景，让学生主动思考。

★ 课时安排

1 课时，40 分钟。

★ 学习活动

活动 1：情境导入，提出问题

教师向学生介绍饱受社区噪声困扰的小学生小银，并通过分享小银的故事和性格特点，让学生更具代入感；赋予学生"声音设计师"的身份，提高学生的学习积极性。

学生了解小银的困难，并获得"声音设计师"的身份认同。

活动 2：分组活动

教师向学生介绍团队合作的重要性，讲解团队合作的规则，介绍什么是项目经理以及项目经理的重要性。

学生自行选出 7 个项目经理并自主选择加入哪一个项目小组。

活动 3：小组建设

教师引导学生完成小组文化建设，完成组名、小组徽章、小组口号或小组组歌设计。

学生完成小组建设。

★ 评价工具

评价目标：帮助学生明确研究问题。

评价方式：教师评价、小组评价，见表 2-18-1。

表 2-18-1　过程性评价量表

组名：			日期：
评价内容	评价标准（满分）	教师评价	小组评价
参与程度	主动举手发言（5 分）		
	参与讨论和交流（5 分）		

（续）

评价内容	评价标准（满分）	教师评价	小组评价
合作能力	对团队任务贡献度（5分）		
	接纳其他组员的想法（5分）		
学习态度	主动帮助组员（5分）		
	认真完成任务（5分）		
自主探究能力	认真听讲（5分）		
	主动提出问题（5分）		
	积极寻找问题答案（5分）		
创新能力	能独立解决问题（5分）		
	想法的合理性（5分）		
总分			

★ **学习成果**

图 2-18-3 展示的是学生绘制的小的徽章设计图，徽章上的小人是每一名小组同学的画像。

图 2-18-4 展示的是课堂情境故事中饱受噪声困扰的小学生小银的名片。

图 2-18-3　学生徽章设计图

图 2-18-4　小银的名片

第二课　知识探究

★ **课节目标**

通过教师讲授、学生分享，让学生掌握关于声音的基础知识（如声音的产生原因、传播途径等），了解人工智能与传感器的知识（包括人工智能是什么、人工智能在生活中的运用、传感器如何让人工智能更加"智能"等），为后续模型制作奠定基础。

★ **课时安排**

2 课时，80 分钟。

★ 学习活动

活动 1：学习声音的基础知识

教师通过《声波作画》的案例分享，引导学生得出声音是由振动产生的，同时引导学生明白声音不仅是一种科学现象，也是一种艺术材料；通过太空中航天员的案例，引导学生理解声音的传播需要介质。

学生明确学习目标，掌握声音的产生与传播的相关知识。

活动 2：使用分贝仪，检测环境中的声音，体会声音与人的关系

教师通过分贝仪，向学生介绍声音的特性——响度，引导学生使用分贝仪测量环境中的声音，思考人与声音的关系；引导学生认识什么是噪声，以及噪声的危害。

学生学习使用分贝仪，认识噪声的危害，思考人与声音应该如何和谐共处。

活动 3：认识人工智能

教师分享《你好 AI》纪录片（《你好 AI》是一部关于人工智能的纪录片，讲述人工智能对人类生活的帮助与改变），展示中国的人工智能成就，以及人工智能在各个领域的应用。

学生观看《你好 AI》纪录片，了解人工智能在各领域的应用。

活动 4：认识传感器

教师引导学生思考"人工智能如何变得全知全能"，引入传感器的概念。

学生理解传感器的工作原理，并思考如何将人工智能传感器运用到沙盘模型中。

★ 评价工具

评价目标：检验学生是否掌握了知识。

评价方式：教师提问、师生互动。

★ 学习成果

学生通过观察和试用传感器（图 2-18-5）和分贝仪（图 2-18-6），以及课堂讨论活动完成了对声音产生的原理、声音传播的途径和传感器的原理的学习，逐步形成表达、倾听和交流的意识，产生通过声音设计阻隔噪声、解决问题的初步想法。

图 2-18-5　声音传感器的硬件模块

图 2-18-6　分贝仪 App 的界面

第三课　设计图纸

★ 课节目标

学生以小组为单位，将小银居住的社区以及如何帮助小银改造社区的想法绘制出来，为后续制作沙盘模型做指导。

★ 课时安排

1 课时，40 分钟。

★ 学习活动

活动 1：学习如何减少噪声污染

教师引导学生思考从噪声产生的源头、噪声的传播过程这两个方面，减少噪声污染。

学生尝试分析在社区中面临哪些种类的噪声污染。

活动 2：完成设计图纸

教师监督并辅助学生完成图纸。

学生以小组形式，按照比例尺绘制沙盘设计图纸。

★ 评价工具

评价目标：帮助学生完成图纸优化。

评价方式：教师评价、小组评价，见表 2-18-1。

★ 学习成果

图 2-18-7 展示的是图纸设计任务发布。

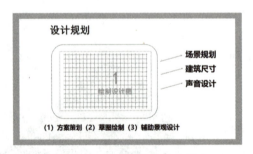

图 2-18-7　图纸设计任务发布

图 2-18-8 展示的是学生的沙盘设计图纸。

图 2-18-8　沙盘设计图纸

第四课　原型制作

★ 课节目标

搭建沙盘模型。

★ 课时安排

1 课时，40 分钟。

★ 学习活动

活动 1：学习如何制作沙盘模型

教师向学生介绍沙盘中所用的材料；强调安全注意事项。

学生明晰安全注意事项，学习制作沙盘的方法。

活动 2：完成沙盘模型的搭建

教师指导学生完成沙盘模型的搭建。

学生小组合作，完成模型搭建。

★ 评价工具

评价目标：帮助学生完成沙盘模型搭建。

评价方式：教师评价、小组评价，见表 2-18-1。

★ 学习成果

图 2-18-9 和图 2-18-10 分别展示了两个小组的沙盘模型。

图 2-18-9　学生的沙盘模型（一）　　图 2-18-10　学生的沙盘模型（二）

第五课　展示、评价与反思

★ 课节目标

各小组分别完成作品展示，并结合评价量表进行反思和总结。

★ 课时安排

1 课时，40 分钟。

★ 学习活动

活动 1：学习如何进行路演展示以及使用评价量表

教师向学生介绍路演展示的规则，讲解评价量表的使用方法。

学生学习如何进行路演展示以及使用评价量表。

活动 2：各小组完成路演展示以及小组互评

教师在学生展示和评价的过程中进行引导和提供帮助。

学生分组展示设计图纸以及沙盘模型，并对项目过程中遇到的问题、展示的闪光点进行总结和反思，同时各个小组进行小组互评。

⭐ **评价工具**

评价目标：帮助学生反思、总结项目成果。

评价方式：教师评价、小组互评，见表 2-18-2。

表 2-18-2　终结性评价量表

组名：			日期：
评价内容	评价标准（满分）	教师评价	小组互评
展示技巧	语言组织（5分）		
	眼睛与肢体（5分）		
	声音（5分）		
	展示辅助工具（5分）		
	团队展示参与度（5分）		
产品内容	独创性（5分）		
	价值（5分）		
	内容排版（5分）		
总分			

⭐ **学习成果**

学生小组合作完成"声音的设计"沙盘模型的路演展示，如图 2-18-11 所示，小组组员分别讲解沙盘模型中哪些设计是用来阻隔噪声的，并说明其工作原理，进一步掌握课程中的相关知识。通过路演展示活动，学生更好地进行小组间的交流和学习，形成良好的表达和沟通意识。

图 2-18-11　"声音的设计"沙盘模型的路演展示

★教学设计课例自我评析

在"声音的设计"课例中，引导学生自主学习是关键，这就要求我们在设计课例的过程中更多地让学生去讲解、尝试、设计、制作，发挥自己的特长，在这方面，本课例基本实现了教学目标；而在课例实施的过程中，也出现了一些问题，如一些小组出现了内部矛盾，在制作过程中难以达成统一意见，这时也需要教师来灵活引导，帮助学生顺利完成项目。

★专家点评

点评专家	王健，北京师范大学教授。 陈有志，江苏省南通市教育科学研究院教研员，高级教师。
课例亮点	该课例中，课时规划合理，活动设计恰当，以科学知识为基础，用工程技术来解决噪声问题，并在制作活动中融入了艺术；从解决问题的一般过程观察，学生经历了了解声音的知识、噪声从哪里来、如何阻断噪声、沙盘模拟验证、传感器监测数据，体现出科学、工程学、技术等方面的有机融合，能够较好地实现预设的学习目标。在课例的呈现方面，可读性和借鉴性都很强。本课例不仅做到了多学科融合，更做到了 STEM 与项目式学习的结合。
课例目标及其达成	课例目标描述涉及面较广，设定合理，符合学生的已有基础和认知发展特点，学习活动的设计能够达成预设的学习目标。 不过，为了避免活动开展中蜻蜓点水式地拂过，或是难以兼顾，建议可适量调整目标要求。
课例活动设计	本课例五课的划分较为合理，例如第一课教师带领学生关注社会，主动思考，形成问题后，后续的四课再开始探究，并逐步完成作品。 可以将第二课的设计内容舒展开来，可以考虑自主 / 集中学习、课内 / 课外学习等多种学习方式结合，这样学生就更容易吸收、消化知识。
课例评价	对学生的评价在五课中都有所描述。第五课对学生的物化作品及展示技巧给出了评价量表。 第五课的评价量表，建议补充专门评价所设计沙盘的布局和实际效果，补充更多学生最终作品的评价内容。在评价内容方面，宜能体现出学生对声音、传感器、沙盘等知识的应用情境。如果能提供前几课的评价量表就更好了。
其他评价	一个出色的选题，方案可以更细致；一个绝妙的灵感，需要舒展的表达。

STEM 2.19　课例十八：元宵节的"走马灯"

★**适用年级**：小学三年级。

★**关键词**：跨学科 STEM 学习，工程思维，数学、语文、美术、科学。

★**课例提供团队**：浙江省宁波市慈溪市实验小学教育集团周鑫、马文荣。

★**课时**：4 课时，160 分钟。

★**课例背景**

在教科版《科学三年级上册　风的成因》这一课中，学生已经了解到空气受热会上升。其实在秦汉时期，富有智慧的中国人就已经发现了这一现象，并制造出走马灯，如图 2-19-1 所示。在走马灯内点上蜡烛，蜡烛产生的热力造成气流，令轮轴转动。因多在灯的各个面上绘制古代武将骑马的图画，而灯转动时看起来好像几个人你追我赶一样，故名"走马灯"。

走马灯是汉族特色工艺品，也是传统节日用到的玩具之一，常见于元宵、中秋等节日。该课例适用于小学三年级学生，内容包括介绍走马灯的起源和运动原理（图 2-19-2），研究扇叶角度对走马灯转速的影响，并最终完成走马灯的设计、制作和美化。通过该项目的学习，可以让学生在掌握走马灯转动原理的同时，了解我国传统文化，增强民族认同感。

图 2-19-1　走马灯

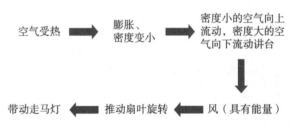

图 2-19-2　走马灯的运动原理

★**连接生活**

在一次社区活动中了解到走马灯，通过进一步观察之后，发现其中涉及很多各学科知识。走马灯有悠久的历史、精美的图案，又是什么"魔力"让它转动起来？在我国传统文化日益受到重视和"双减"的大背景下，将走马灯开发成 STEM 课程的想法由此产生。

★ **STEM 学科内容及教学策略的整合**

本课例主要采用问题启发式的教学策略，让学生在科学探究的过程中了解走马灯转动的原理和影响转速的因素。根据生活经历和现有知识水平，学生以设计并制作一个转速适当的走马灯为目标，构建以工程内容为主导，融合科学、技术、数学、美术的跨学科课程内容，培养工程意识，发展工程思维。

★学生已有知识、经验、技能基础情况

在小学三年级第一学期科学课中，学生已经学习了"风的成因"，也知道了空气受热会上升这一知识。这一年龄段的学生，具备一定的动手能力，善于思考，乐于创新，可以使用剪刀、胶水、彩笔等制作一些简单的玩具。同时能在教师的帮助和指导下通过查阅资料获取新的知识。而在语文课上，学生又通过"走马灯的奥秘"简单了解了其是在蜡烛的作用下旋转起来的，但并未对其中热气流向上对扇叶产生作用力的科学原理进行进一步探究。

★学生学习过程中可能遇到的困难

（1）热气流看不见摸不着，学生需要借助走马灯这样的实物来进行观察和体验。

（2）扇叶角度大小和热气流对其的作用呈倒"U"形关系，但学生在活动前很容易觉得是角度越大，转动越快。

★学习目标

1.知识目标

走马灯是我国传统节日用到的玩具。走马灯是在热气流作用下旋转起来的，影响走马灯转动快慢的因素之一是顶部扇叶角度的大小。

2.能力和技能目标

思维能力：通过小组分工合作，经历"提出问题→分析问题→制订方案→画出设计图→制作→测试改进→反思总结"的过程，培养学生的工程思维。

技术能力：能将想法绘制成简单的设计图纸，并根据设计图进行制作、测试和改进。

3.情感态度价值观目标

学生对STEM学习的态度和价值观：学生对课程研究问题保持浓厚的研究兴趣；乐于承担团队分工与合作。

学生对STEM专业和职业的兴趣：初步构建学生的工程意识，发展学生的工程思维。

★材料和物资准备

1.教室空间分布

教室空间分布如图2-19-3所示。教室的最前方是黑板、大屏幕和讲台，讲台上放置计算机和投影仪。教室中部的中间放置9个学生操作台；左侧为物品暂存区，用于放

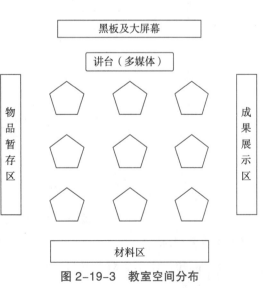

图2-19-3 教室空间分布

置半成品；右侧是成果展示区，用于放置设计图和作品等。教室最后面是材料区。

2.教具

（1）**所需实验（教学）材料**：扇叶、底板、笔芯、立柱、蜡烛、子母扣、卡纸，如图 2-19-4 所示。

（2）**所需实验工具**：剪刀、双面胶、水彩笔、三角尺。

（3）**所需教学工具**：教学用的计算机、教学 PPT、投影仪、评价量表。

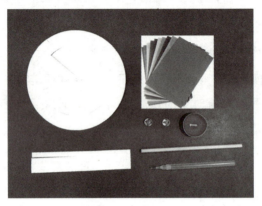

图 2-19-4　材料

★ 教学流程

教学流程如图 2-19-5 所示。

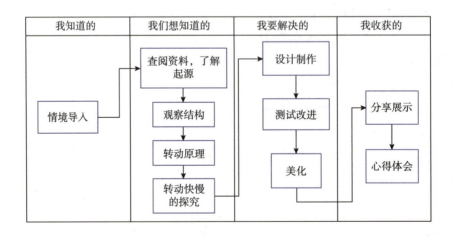

图 2-19-5　教学流程

⭐ 第一课　走马灯的前世今生

★ **课节目标**

唤醒旧知，使学生对走马灯的历史、结构、原理有一定的了解，引出对走马灯转速快慢影响因素的思考。

★ 课时安排

1 课时，40 分钟。

★ 学习活动

活动 1：聚焦

教师出示语文版《语文　三年级上册　走马灯的奥秘》，组织学生阅读课文内容，向学生提出聚焦问题，即"走马灯的运动和哪个结构有关"。

学生阅读课文内容，分小组讨论"茅以升爷爷具有哪些优良品质"，并猜测问题"走马灯的运动和哪个结构有关"。

活动 2：学习探究

教师补充走马灯的历史起源，拆解走马灯，向学生介绍各部分结构。然后将螺旋圆形卡纸放在点燃的蜡烛上方，组织学生对观察到的现象进行解释。

学生分享课前收集的资料，了解走马灯的历史起源。观察老师拆解走马灯，认识走马灯的结构。观察螺旋圆形卡纸的变化，解释纸条旋转的原因，并尝试分析走马灯旋转的原因。

★ 评价工具

相邻两组之间将根据学习笔记内容完整程度进行评价，同时整洁的页面也将帮助小组获得更高的分数，见表 2-19-1。

表 2-19-1　学习笔记评价量表

评价内容	评价标准			评价
	1 分	2 分	3 分	
内容	内容较少	有一定的图文内容，但不完整	能完整地体现走马灯的历史、结构、原理等内容	
科学	未对走马灯进行科学的介绍	提及了走马灯运动的原理	能清晰地说明走马灯运动的原理	
美观	排版混乱，图案不形象	版面较整洁	排版整洁，色彩丰富	
总分				
小结				

★ 学习成果

小组结合课前搜集的资料和课上所学习到的有关走马灯的内容，整理成学习笔记，如图 2-19-6 所示。

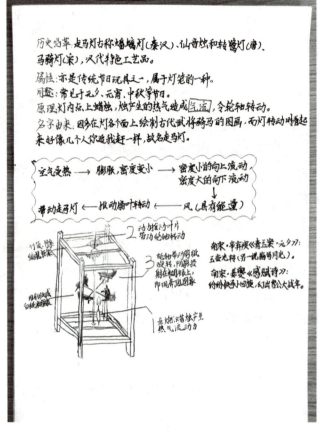

图 2-19-6　学习笔记

🔹 第二课　走马灯转速研究

⭐ **课节目标**

帮助学生了解走马灯转动速度与顶部涡轮片扇叶角度的大小有关，并能根据实际情况调整走马灯的转动速度。

⭐ **课时安排**

1 课时，40 分钟。

⭐ **学习活动**

活动 1：认识不同大小的角

教师提供三角尺，介绍角的含义。

学生观察三角尺的三个角，将三个角画下来后按由小到大进行排序。

活动 2：探究不同角度扇叶的走马灯旋转速度

教师组织学生设计扇叶角度对走马灯转速影响的实验。

学生讨论分享实验设计，根据走马灯 1 分钟转过的圈数来判断它转动的快慢。在走马灯上做好标记，方便记录圈数。然后将扇叶分别折成 30°、45°、60°，并观察记录走马灯在 1 分钟内转过的圈数，记录在表 2-19-2 中。分享实验结果。

表 2-19-2　走马灯转速记录表

扇叶角度	第一次	第二次	第三次	中间数
30°				
45°				
60°				

活动 3：研讨

教师指导学生开展研讨。

学生研讨走马灯转动快慢的影响因素及调整方法。

★ 学习成果

学生通过探究发现扇叶在 45° 时走马灯旋转得最快，从而掌握改变转速的方法，如图 2-19-7 所示。

3.观察扇叶30°、45°、60° 时，走马灯在一分钟内分别旋转的圈数，并记录：

扇叶角度	第一次	第二次	第三次	取值
30°	3	4	3	3
45°	8	8	9	8
60°	3	3	3	3

我发现：角度45° 时，走马灯转动最快。

图 2-19-7　活动记录单

第三课　设计制作和测试改进

★ 课节目标

能综合小组组员意见，将想法绘制成简单设计图，并根据设计图进行制作、测试和改进。

★ 课时安排

1 课时，40 分钟。

★ 学习活动

活动 1：明确要求

教师明确走马灯制作要求，每分钟转 5~10 圈，出示评价量表。

学生小组讨论设计注意事项，理解评价量表内容。

活动 2：设计

教师明确设计图注意事项：说明所用材料、标注尺寸、图文结合等。

学生分组绘制设计图，完成表 2-19-3。

表 2-19-3 走马灯设计方案

设计图：	材料	用量
	硬棒	
	铁丝	
	蜡烛	
	火柴	
	纸杯	
	卡纸	
	子母扣	

请简单地用文字描述你的设计：

活动 3：制作

教师强调注意事项：小心使用剪刀；点燃蜡烛时避免烧到其他物体；纸屑等垃圾勿随手乱丢。

学生分工合作，制作走马灯。

活动 4：测试和改进

教师就学生测试和改进中遇到的问题进行答疑。

学生测试走马灯转速，记录下 1 分钟内旋转的圈数，然后对扇叶角度的大小进行调整，使走马灯转速在合适的范围内。

活动 5：美化

教师就学生的美化进行指导。

学生对走马灯进行小组个性化的绘图。

★ 评价工具

本课学生需要绘制设计图，并根据设计图来制作个性化的走马灯。这期间需要组内组员分工合作，而适宜的转速、牢固的结构、材料的利用、美观的外表都是评价成果的重要依据，见表 2-19-4。

表 2-19-4　走马灯评价量表

评价内容	评价标准			评价
协作	以下内容符合 1 条即可获得 1 颗☆ □组内组员交流充分，声音大小控制合理 □组内组员分工明确，时间多少分配恰当 □组内组员安排合理，个人特长得到发挥			
设计	以下内容符合 1 条即可获得 1 颗☆ □设计图清晰、美观、整洁 □设计图有比例、尺寸、材料等标注 □设计图与成品关联明显			
	☆	☆☆	☆☆☆	
转速	不转动	转动太快或太慢	每分钟转 5~30 圈	
牢固	作品易损坏	作品有微小损坏	作品牢固	
耗材	材料浪费多	材料浪费一般	材料浪费少	
美观	外形欠美观	外形一般	外形美观	
总评				

★ **学习成果**

在本课中，学生根据前面所学的走马灯结构和旋转原理，绘制了设计图，如图 2-19-8 所示。并根据设计图制作了走马灯，如图 2-19-9 所示。经过测试、改进和美化，一盏转速适宜又富有个性化的走马灯呈现在大家面前。

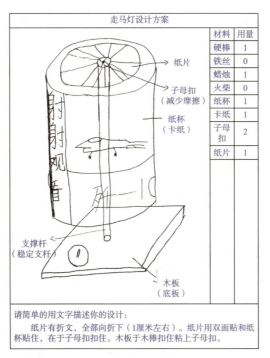

图 2-19-8　走马灯设计图

图 2-19-9　走马灯实物

第四课　展示、汇报和交流

■★ **课节目标**

作品展示，激发学生的成就感；优秀经验的分享和相互学习。

■★ **课时安排**

1 课时，40 分钟。

■★ **学习活动**

活动 1：分享展示

教师指导学生进行分享要点有：制作过程中遇到的问题；解决问题的过程；作品的优缺点等。教师在学生分享时可进行补充提问。

学生分组进行成果展示，并做互评。

活动 2：拓展

教师播放视频：走马灯和航空涡轮发动机。

视频内容简介：早在秦汉时期，中国人就制造了走马灯。许多古籍都有关于走马灯的记载。走马灯上有平放的叶轮，下有燃烛，热气上升带动叶轮旋转，这正是现代燃气涡轮工作原理的原始应用。

学生观看视频。

活动 3：总结

教师组织学生分享交流本次课的收获。

学生撰写学习心得写作。

■★ **评价工具**

我们希望小组在分享和展示时组员都能积极参与并且体现出各自的特色，见表 2-19-5。洪亮的声音、清晰的思路和突出的亮点会让台下的同学听得更加认真。

表 2-19-5　展示分享评价量表

评价内容	评价标准	评价
分享	以下内容符合 1 条即可获得 1 颗☆	
	□分享发言声音洪亮，能使教室内所有人都听到 □分享逻辑思路清晰，对他人提问能及时应答 □分享内容亮点突出，对他组有启发作用	
展示	以下内容符合 1 条即可获得 1 颗☆	
	□组内组员都能积极参与 □展示能体现本组特点 □展示有趣，吸引同学	
总评		

结合整个学习中的表现和最终的作品，从过程和成果两个方面多个维度对小组进行综合的反馈与评价，见表 2-19-6。

表 2-19-6　终结性评价量表

评价内容		评价标准			评价
过程性评价		以下内容符合 1 条即可获得 1 颗☆			
	协作	□组内组员交流充分，声音大小控制合理 □组内组员分工明确，时间多少分配恰当 □组内组员安排合理，个人特长得到发挥			
	分享	□分享发言声音洪亮，能使教室内所有人都听到 □分享逻辑思路清晰，对他人提问能及时应答 □分享内容亮点突出，对他组有启发作用			
	设计	□设计图清晰、美观、整洁 □设计图有比例、尺寸、材料等标注 □设计图与成品关联明显			
	展示	□组内组员都能积极参与 □展示能体现本组特点 □展示有趣，吸引同学			
成果性评价		☆	☆☆	☆☆☆	
	性能	不转动	转动太快或太慢	每分钟转 5~10 圈	
	牢固	作品易损坏	作品有微小损坏	作品牢固	
	耗材	材料浪费多	材料浪费一般	材料浪费少	
	美观	外形欠美观	外形一般	外形美观	
总评					

★ **学习成果**

　　学生通过学习与探究，不仅知道了走马灯的由来，还掌握了走马灯转动的原理和改变转速的方法，并成功制作了具有小组特色的个性化走马灯，如图 2-19-10 所示，完成一篇学习心得。

图 2-19-10　学生走马灯作品

★教学设计课例自我评析

　　本课例促发了学生主动学习。在了解走马灯结构和原理的基础上，我们设置了转动快慢影响因素的探究活动。"如何调整适宜的转速"这一问题激发了学生的兴趣，为后面对走马灯进行改进做知识准备，因此学生"迫切"地想通过自己动手来探究影响因素是什么。

　　学生对气流的印象更加深刻和具体。我们挑选 20 名未接受过本课例学习的学生进行访谈，提问气流相关的内容，如热气球的原理是什么，有 4 人能较完整地说出是因为气体受热膨胀上升，有 11 人仅能说出是因为热气流，其他人无法回答上来。当我们挑选 20 名接受过本课例学习的学生回答相同问题时，有 9 人能完整地说出原因，有 7 人能以走马灯的例子进行类比。

　　学生考虑问题更加详细、具体。在课程结束 2 周后，我们挑选了 20 人，其中 10 人参与了本课例。内容是设计一个雨篷。参与过本课例的学生在设计时会标注材料和尺寸，并以图文结合的方式来表达自己的想法，而未参与过本课例的学生仅仅是画了一个轮廓草图。

　　教学模式受到学生欢迎。在每次项目结束之后，我们都会给学生做一份调查问卷。问卷分为两部分：一部分是以选择题的形式来调查学生对这种课堂模式的喜爱程度；一部分是以简述的方式来提出对本课例的建议。参考学生的建议，项目已经过数次改进迭代。

★专家点评

点评专家	陈咏梅，北京市海淀区教师进修学校创新教育研究中心副主任，高级教师。 张晓蕾，华东师范大学教育学部教育学院副教授。
课例亮点	用走马灯的"逆向拆解"作为发现问题、提出问题的出发点，是适合该年龄段学生的工程教育方式。走马灯的结构、功能和运行机制，从设计的整体构想来说，对于小学三年级的学生而言是相对复杂的，逆向拆解无疑可以帮助学生通过对"灯"的内部进行观察，发现多个问题，从而针对挑战性任务"制作一个走马灯"提出核心问题"如何调整走马适宜的转速"，这个核心问题整合了适宜转速的标准、影响转速的因素探究以及"调整"所需要明确的操作对象和操作方法等关键内容。进而形成后续逻辑自洽的学习过程，是将科学探究、数据分析、工程设计完美整合起来开展探究实践的优秀 STEM 学习课例。
课例目标 及其达成	基于学情分析、结合当地特色文化进行设计，紧紧贴合挑战性任务，通过纸条旋转实验关联走马灯旋转的原理，研究走马灯扇叶角度与转速的关系，达成知识目标学习；通过小组分工合作、问题解决（包括工程设计、测试和优化，形成设计图、走马灯原型）及成果展示等过程，发展了学生的工程思维，培养了学生团队分工合作的意识和能力，并对 STEM 学习的兴趣有较大提升。在后测的相似情境任务的迁移中，可以看到学生能够明确运用工程思维。 　　建议：在"学生对 STEM 专业和职业兴趣"中可以让学生通过"职业链接"进行阅读、查阅资料、实际调研等，拓展学生对 STEM 相关职业的了解；本课能非常好地帮助学生初步建立"模式""因果关系：机制与解释"这两个跨学科概念，如果能够在学习目标中体现，并与后续开展的学习活动和评价相一致，就能够更加凸显 STEM 的整合理解的特征和意义。
课例活动设计	活动设计充分考虑学生自主探究过程，并为学生学习提供了脚手架。学习活动与学习目标、学习结果、评价有一致性。 　　"设计制作一个走马灯"的任务，主要学习活动有四个，各有不同作用。一是逆向拆解，有助于学生通过拆解、分类、观察，发现和提出问题。二是科学探究，找到扇叶角度这个关键影响因素（之一），有效破解学生的迷思概念"扇叶角度越大，转速受力后越快"。三是设计、制作与测试，形成作品，帮助学生深化理解科学概念，认识科学规律在真实世界是如何运用的。四是交流与反思，展示证据解释解决方案，对他人的想法进行回应，开展有效讨论；反思学习过程，有助于发展可迁移的认识和方法。通过小组合作探究，不断在"提出问题→分析问题→制订方案→画出设计图→制作→测试改进→反思总结"的过程中一步步深化学生对于科学原理及其工程运用转化的深入理解。 　　建议：整体活动设计的逻辑自洽程度较高，在科学探究和工程设计两课中，是可以发展"模式"和"因果关系"的跨学科概念的。因此，如果有一个环节能够外显出跨学科概念，会让课例的 STEM 整合特征更鲜明、更独特。 　　活动设计要充分考虑学生自主探究的过程，并为学生学习提供了脚手架。学习活动与学习目标、学习成果、评价要一致。
课例评价	本课例共有六个学习成果，与学习目标的关联紧密，充分展现了基于证据的 STEM 学习过程。其中笔记、走马灯、展示分享有评价量表做引导，避免了学生在学习活动类型多、时间长、学生间交流多的学习过程中可能出现的低效甚至无效行为，为学习目标的高达成度起到了积极作用，清晰的评价标准在反思中有针对性地促进了学生形成可迁移的理解。 　　建议：略显遗憾的是在描述中没有非常清晰地看到评价的实施，这一点经常是 STEM 教师在教学过程中常见的难点，对实施评价的记录和反思对学生将会有更高的借鉴意义。
其他评价	如果研究问题来自于学生的日常，发现问题能力将逐渐增强，学习积极性也更持久。 　　如果是学生发现不同走马灯的转速不同，自己来进行猜想、探究原因，学习结果的开放性会更大一些，可以有效避免项目成果更多聚焦于灯的外观设计上。 　　另外，转速的影响因素与扇叶形状、大小、角度、数量、材料、扇叶的分布方式等有关，为什么独取"角度"这个变量，可能需要做出说明，这样课例就更完善了。

STEM 2.20 课例十九：我理想中的学校

★适用年级：小学三年级。

★关键词：跨学科 STEM 学习，工程思维，数学、语文。

★课例提供团队：吉林省长春市朝阳区明德小学校张晓曦、唐妍、刘杨。

★课时：7 课时，280 分钟。

★课例背景

本课例以小学三年级数学学科建立数感、发展空间想象力为基础，以解决贴近学生生活的实际问题为依托，引导学生发现和拆解校园活动空间不足的问题，利用测量和调查结果制作、改建模型，寻求贴近实际的改造方案，达到培养学生的工程思维、数学思维，锻炼动手能力、创新能力的目的。

★连接生活

一些位于城市老城区的小学校，因校舍老旧、学生较多，导致活动空间不足的问题亟待解决。相对城市中新兴学校设计上的人性化，老城区小学校的空间升级和改造成为学生的关注点。

★ STEM 学科内容及教学策略的整合

这个模拟改造项目将教学任务融于实际空间改造问题的解决之中。学生在测量和计算获得的数据支撑下制作模型。课例中学生了解了设计的目的是解决实际需要，所以要对使用者的实际需求进行调查分析。在这个过程中学生将学会根据实际问题学习制作调查问卷，获取设计思路，最后完成设计改造。

★学生已有知识、经验、技能基础情况

小学三年级的学生已初步了解了估算的方法，比如凑十法、部分求整体，并且了解了估算在生活中的作用，对比例也有了初步的认识，但没有实际运用经验。对于"创造和设计"，学生的经验仅限于创造画和随心所欲的想象。

★学生学习过程中可能遇到的困难

（1）学生虽然掌握了正方形和长方形的面积的计算方法，但没有进行过大面积不规则的实体测量。

（2）利用规定尺寸和材料制作立体模型对于学生来说还很陌生。

（3）调查问卷的设计是新知识。

★学习目标

1. 知识目标

总结已有测量知识，设计测量校园的方案。

学习通过计算获得制作模型需要的数据。

学习设计制作适合项目需要的调查问卷。

2. 能力和技能目标

思维能力：通过对问题进行查找、拆解、解决，使学生初步了解并体验工程思维。

技术能力：通过对模型的制作、改进、修正、调整，使学生体验面对问题时的正确步骤。

3. 情感态度价值观目标

学生对 STEM 学习的态度和价值观：锻炼学生综合运用学科知识，主动参与创造的能力。

学生对 STEM 专业和职业的兴趣：初步构建工程意识，发展工程思维。

★材料和物资准备

1. 教室空间分布

教室空间分布如图 2-20-1 所示。

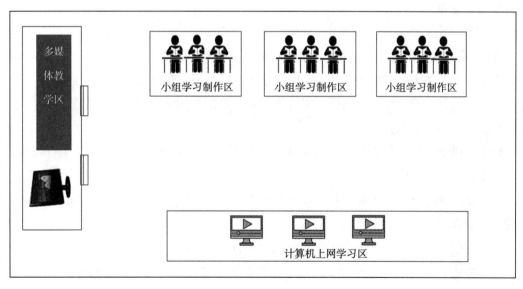

图 2-20-1　教室空间分布

2. 教具

（1）所需制作材料：卡纸、塑料瓶、包装材料、包装盒。

（2）所需制作工具：直尺、皮尺、卷尺、胶枪、剪刀。

（3）所需教学工具：教学用的计算机、投影仪、评价量表、调查问卷、操作桌。

★ 教学流程

教学流程如图 2-20-2 所示。

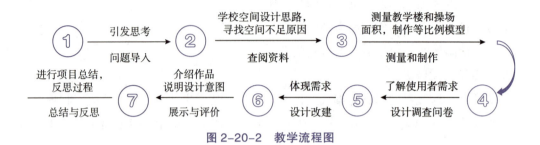

图 2-20-2　教学流程图

✦ 第一课　问题导入和查阅资料

★ 课节目标

了解项目背景，提出问题；查阅资料，找到活动空间不足的原因。学会根据数字和资料看问题。

★ 课时安排

1 课时，40 分钟。

★ 学习活动

活动 1：导入问题

教师讲述由操场拥挤导致的撞伤事件，组织学生对事故进行分析讨论：撞伤事件频繁发生的原因是否和场地面积有关？进而引导学生对学校面积和学生数量进行估算。

学生分组讨论教师提问的问题，思考如何对学校面积和学生数量进行估算。

活动 2：讨论活动方案

教师提供新建学校的校舍图片及数据，引导学生进行数据比对；组织学生查找更多的资料和数据，找到操场拥挤的原因，并讨论下一步活动方案。

学生分组查阅资料和数据，找出操场拥挤的原因，并讨论下一步活动方案。

★ 评价工具

评价目标：学生能否充分利用资料和数据进行对比分析。

评价方式：教师评价，通过小组讨论汇报是否能够提供有效的数据对小组讨论效果进行评价，见表 2-20-1。

表 2-20-1　评价量表（1）

评价内容	评价标准			教师评价
	0 分	5 分	10 分	
查阅资料	只查阅了资料和数据，没有进行对比分析	对查阅的资料和数据进行了简单的分析，没有给出结论	对查阅的资料和数据进行了对比分析，小组讨论后给出了结论	

★ 学习成果

（1）学生估算出全校学生人数和校园面积。

（2）学生了解了新建学校对空间的有效利用。

（3）学生得出结论：很多位于老城区的小学校面积小于新建学校，且活动空间随着学生人数的增加而逐渐减少。

✦ 第二课　测量和制作

★ 课节目标

通过测量、计算、绘制完成等比例校园模型的制作。激发学习兴趣，培养创造性思维，了解数学可以用来计算生活中无法直接测量的数据。

★ 课时安排

2 课时，80 分钟。

★ 学习活动

活动 1：完成任务单

教师针对学生第一课讨论的方案出示头脑风暴任务单，提出问题：如何对校园进行测量？测量并记录取得的数据。

学生分组完成任务单。

活动 2：开始测量

教师对于学生测量时遇到的关于高度的问题给出提示：简化问题，比如测量一层楼高。用等比的方法测量，突出比例在生活中的运用。

学生按照小组任务单开始用等比的方法测量。

活动 3：制作等比例缩小图纸及模型

教师讲授制作图纸的方法，提示学生注意事项，做出合乎实际的平面尺寸；提示学生对小组成员进行分工（组长、记录员、调查员）。

学生根据测量得出的数据讨论设计制作的注意事项，并动手制作等比例校园模型。

讨论内容：

（1）制作图纸及模型需要注意的问题：比例、材料等。

（2）有关材料的选择：既快速又环保。

（3）有没有更简洁的制作办法。

（4）小组组员分工。

★ 评价工具

评价目标： 学生能否运用工具和正确的方式进行测量制作。

评价方式： 小组自评和组间评价，见表 2-20-2。

此评价量表通过小组评价、组间评价对学生的参与度、动手能力及合作态度进行评价。

表 2-20-2　评价量表（2）

评价内容	评价标准			小组自评	组间评价
	0 分	5 分	10 分		
参与度	听不懂问题，不参与思考和回答	被动思考，不主动，经过督促可以回答，但不深入	回答问题积极、主动，能举一反三		
动手能力	没有参与测量，无测量常识	参与测量，但方法和逻辑性差	参与测量，方法正确		
合作态度	不会配合，无参与意识	可以配合别人，能够参与协作	合作积极主动，小组中有主动协调意识		
总分					

★ 学习成果

（1）学生了解到在做项目的过程中要有计划、有任务布置、有分工合作。

（2）学生通过动手对之前学过的各种测量方法进行实际操作，如图 2-20-3 和图 2-20-4 所示。

（3）学生制作的等比例校园模型，如图 2-20-5 所示。

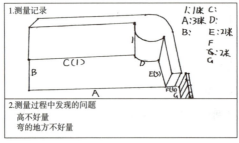

图 2-20-3　小组学习任务单

图 2-20-4　学生利用影子的比例计算教学楼的高度　　图 2-20-5　学生设计制作的等比例校园模型

⑤ 第三课　设计调查问卷

★ 课节目标

了解设计改造的目的是解决学生需要更多活动空间的问题。学习用调查问卷找到核心问题并确定改建目标和方向。学生从中学会有针对性思考和提问。

★ 课时安排

1 课时，40 分钟。

★ 学习活动

活动 1：了解并设计调查问题，完成调查问卷的制作

教师提供若干调查问卷范本，讲授调查问卷的作用和设计目的，组织学生讨论调查问卷设计的必要环节。

学生分小组讨论找到项目相关的问题并开始制作。

活动 2：分享展示调查问卷

教师组织学生展示各自制作的调查问卷，和学生共同总结存在的问题。

学生分小组评价最初的调查问卷，选出组内最合适的问题，制作最终问卷。

★ 评价工具

评价目标：学生能够小组合作制作调查问卷；汇总调查结果，得出结论。

评价方式：小组评价、教师评价，见表 2-20-3。

此评价量表通过小组评价和教师评价，对学生在完成调查问卷过程中体现的能力进行客观评价，并针对出现的问题提出改进建议。

表 2-20-3　评价量表（3）

评价内容	评价标准			小组评价	教师评价
	0 分	5 分	10 分		
设计问题的质量	设计的问题针对性不强，且形式单一	设计的问题有一定针对性，形式较丰富	设计的问题有很强的针对性，形式丰富		
问卷版面设计	问卷版面混乱	问卷版面较清楚	问卷版面清楚、美观		
沟通协调能力	很少参与组内讨论，没有对问题进行汇总	能参与组内讨论，对问题有简单汇总，但没有分析	能主动参与组内讨论，对问题有汇总并进行了分析		
总分					
建议					

★ 学习成果

学生学习设计调查问卷，并能够对调查问卷中的问题进行汇总和分析，如图 2-20-6 所示。

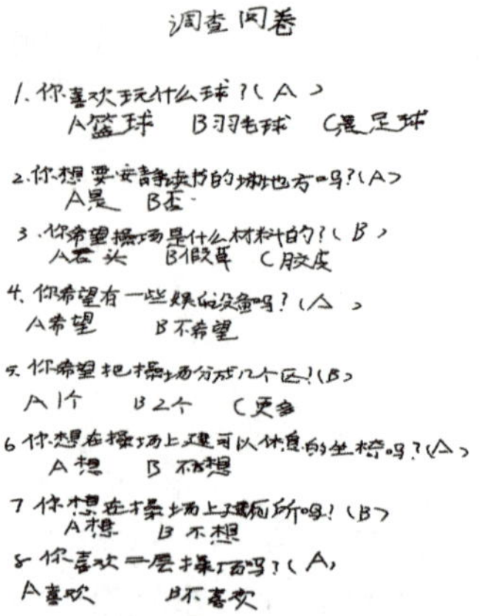
调查问卷

1. 你喜欢玩什么球？(A)
A 篮球　B 羽毛球　C 足球

2. 你想要安静读书的地方吗？(A)
A 是　B 否

3. 你希望操场是什么材料的？(B)
A 石头　B 假草　C 胶皮

4. 你希望有一些娱乐的设备吗？(A)
A 希望　B 不希望

5. 你希望把操场分成几个区？(B)
A 1个　B 2个　C 更多

6 你想在操场上建可以休息的坐椅吗？(A)
A 想　B 不想

7 你想在操场上建厕所吗？(B)
A 想　B 不想

8 你喜欢一层操场吗？(A)
A 喜欢　B 不喜欢

图 2-20-6　小组调查问卷

第四课　等比例模型改造及展示

课节目标

根据调查结果展开设计想象。小组合作，改造模型。

课时安排

2 课时，80 分钟。

学习活动

活动 1：发布调查问卷，整理调查结果

教师对最终调查问卷进行点评，和学生一起确定问卷发布范围。

学生下发问卷，回收并整理汇总调查结果。

活动 2：根据调查结果完成模型改造方案

教师组织学生汇总各组调查结果，并对学生的汇报进行点评。

学生根据调查结果提出改造方案。

评价工具

评价目标：学生能够对自己的设计进行标注或解说。

评价方式：用评价量表对作品进行评价。

本评价量表针对学生作品介绍时的语言描述的能力、动手制作的能力、合作能力进行小组评价、组间评价和教师评价，见表 2-20-4。通过评价，学生各方面的能力得到充分肯定，同时学生对自己也有了更深入的认识。

表 2-20-4　评价量表（4）

评价内容	评价标准（满分）	小组评价	组间评价	教师评价
语言描述的能力	能清晰地描述设计的意图（3 分）			
	语言有逻辑性（3 分）			
	描述与设计相符（3 分）			
	对于别人的提问能快速应答（3 分）			

（续）

评价内容	评价标准（满分）	小组评价	组间评价	教师评价
动手制作的能力	积极参与制作（3分）			
	动手之前有思考（3分）			
	对于突发事件能积极采取应对措施（3分）			
	有一定的制作技巧（3分）			
合作能力	积极主动与同学合作（3分）			
	有主动协调意识（3分）			
	和组内同学有默契（3分）			
	能够思考或采纳别人的建议（3分）			
总分				

★ 学习成果

（1）各小组展示根据调查结果设计改造的校园模型，如图 2-20-7 所示。

（2）学生对自己的作品进行介绍说明。

图 2-20-7　小组设计作品

第五课　结束总结／学生评价／课后作业

★ 课节目标

通过对项目活动的总结反思，使学生进一步了解在实际需要中寻找问题、逐层深入的拆解问题。养成在调查思考的基础上，有数据支撑的解决问题的工程思维模式。

★ 课时安排

1 课时，40 分钟。

★ 学习活动

活动 1：展开项目反思

教师对学生的总结进行补充，对学生的反思给予肯定和鼓励。

学生总结自己在参与过程中对待问题的解决态度和方式以及自己的收获。

活动 2：对工程思维进行渗透

教师讲解项工程思维的特点，指导学生对工程思维模式进行延展性思考。

学生通过对本次项目实施过程的反思，谈谈工程思维模式对自己今后的学习和生活将会有哪些帮助。

★ 评价工具

评价目标： 反思回顾活动过程，对自己的行为、结果进行科学、系统的评价。

评价方式： 学生自评、小组评价。

终结性评价量表（表 2-20-5）通过学生自评和小组评价对学生在课程学习期间涉及的数学知识、问卷调查表，设计及动手制作能力、创新能力、表达沟通能力、分工合作能力以及工程思维能力进行量化。通过评价，学生对自己在学习中体现的综合能力有了客观、全面的衡量和认识。

表 2-20-5　终结性评价量表

评价内容	评价标准（满分）	学生自评	小组评价
数学知识	估算准确，方法正确（2 分）		
	测量方式准确，测量方法应用灵活（4 分）		
	掌握等比例换算知识，能够熟练换算（4 分）		
问卷调查表	问卷调查表制作合理，语言精准流畅（2 分）		
	能够总结出需要的信息（3 分）		
设计及动手制作能力	主动参与设计和制作（2 分）		
	设计思路合理，能解决问题（2 分）		
	能绘制设计图并清楚说明设计意图（3 分）		
	制作过程细致，有思考（3 分）		
创新能力	有自己独特合理的想法（5 分）		
表达沟通能力	能够与小组组员进行有效交流（3 分）		
	可以沟通解决制作中出现的问题（2 分）		
	介绍设计意图时语言流畅（5 分）		
分工合作能力	明确小组分工，可以有配合地完成自己的工作（5 分）		
工程思维能力	具备发现问题、拆解问题以及思考并解决问题的工程思维能力（5 分）		
总分			

★ 学习成果

通过反思交流，学生能正确地认识自己在项目学习中各项能力的发挥情况。

课后思考工程思维在日常学习中的运用。

学生对改造后的模型进行设计介绍，如第一组的作品侧重于屋顶空间的利用，并增加了玻璃钢二层操场，扫描下面左边二维码观看；第三组的作品侧重于地下空间的利用，扫描下面右边二维码观看。

扫一扫

扫一扫

★ 教学设计课例自我评析

在"我理想中的学校"中，教师将工程思维的培养充分地融入学生 STEM 项目化学习。

（1）教师引导学生通过发现、拆解、讨论、实际操作的方式解决身边的问题。在拆解校园空间不足的问题过程中，学生能够主动发现问题、思考探究并解决问题，初步展现了工程思维的缜密性。

（2）在解决问题的过程中，学生主动寻找问题的真实原因，能在资料的支撑下发现新问题并主动讨论和解决。在这个过程中，学生理解了问题的解决要贴近生活实际，原本抽象的知识点与生活实际关联在一起，体现了工程思维的可实现性。

（3）学生在完成任务单以及每次小组交流汇报的过程中，沟通表达能力得到了提升，语言组织的逻辑性和缜密性也有所改进，充分体现了 STEM 课程的融合力和功能性。

（4）语言文字的实用性、总结描述的功能性与数学学科的计算测量及学生的动手操作在学习中有效地结合在一起，用于实际问题的解决之中，把知识内化为技能，实现了 STEM 课程对动手能力和思维能力培养的目的。

（5）经过小组任务分配，共同讨论完成任务单、设计稿、调查问卷和交流汇报，以及每课后的小组或个人能力评价的过程，学生形成了协作共同体。评价的量化过程促进学生养成严谨的思维方式和习惯。

★专家点评

点评专家	沈艺，广东省深圳市坪山外国语中学高级教师。 陈有志，江苏省南通市教育科学研究院教研员，高级教师。
课例亮点	通过一系列的活动，让学生了解学校的大小、布局，用眼睛观察学校，用脚丈量学校，并亲手制作学校模型。这样的 STEM 活动培养的不仅仅是学生的问题解决能力、工程实践能力，还有对母校的情感。
课例目标及其达成	目标确定合理，描述清晰，这得益于对活动内容及适龄学生的准确把握，活动实施的过程能聚焦设定的目标开展。 教学目标的设计上能够和学生正在学习及已学的数学知识、技能进行连接，通过工程任务帮助学生加深和应用已学的核心知识；每一课均有明晰的学习成果要求，以引导学生的有效学习。 学生在真实的空间改造的工程任务解决过程中，能够应用已学的测量知识、计算技能获得制作模型需要的数据，学习问卷调查的方法；学生进行信息整合、深度加工与建构知识，实现了知识迁移应用；强调改进和完善的过程培养了学生的坚持不懈和批判的精神。
课例活动设计	本课例分为五课，以团队合作的形式通过发现、拆解、讨论、实际操作的方式解决实际空间改造问题；无论是在活动中还是活动后都给学生提供了较多交流表达的机会。课时安排合理，两次模型制作在问题与需求之间做了递进，让学生经历了工程实践的主要过程，整个活动在严谨的数据获取、应用中落实需求。 第二课中为了能帮助学生更好地自我监控和指导，可在活动开始前为学生的模型设置具体、明确的标准，引导学生明确和定义研究任务的关键问题。第三课调查需求是关键，如果能将本课的重心放在处理调查结果、提炼核心需求，就更好了。
课例评价	评价描述清晰。通过多样化的评价量表，在活动的不同阶段中对学生进行了多个维度的评价，促进学生养成严谨的思维方式和习惯。 除了较为正式的评价，也可以将一些非正式评价嵌入到学习过程中，如口头评价、反馈、提建设性、描述性意见。
其他评价	从学生最终呈现的物化作品看，可能得到了家长等的帮助。STEM 课程的实施过程中，家长的参与较为常见，我们在课例设计时可以注明他们的参与情况。

STEM 2.21 课例二十：纸盒弹拨乐

★适用年级：小学三年级 。

★关键词：常规课中的 STEM 学习，创造思维，数学、科学、音乐。

★课例提供团队:河北省石家庄市金铭钥学校谢倩楠、武诗宇、彭盼赛、郝林静、齐自慧。

★课时：4 课时，160 分钟。

★课例背景

中国传统民乐与西方音乐有不同的韵味，乐器制作方式也不相同，但是乐器制作人精益求精的匠人精神却是相同的。我们享受过音乐带来的喜悦，却未体验过乐器制作的快乐。因此本课例中，学生将做一次乐器工程师，亲手制作乐器，并用制作的乐器筹备一场纸盒音乐会。

★连接生活

学生在我校的特色课程阮中，普遍接触过大阮、中阮和小阮，且对我国传统弹拨乐器兴趣浓厚。

★ STEM 学科内容及教学策略的整合

创设学生乐于参与的学习情境：引导学生将自己的角色设置为手工匠人，利用生活中的常见物品，制作让人眼前一亮的弹拨乐器，并为即将过生日的老师、同学筹办一场纸盒音乐会。

使用认知发展策略和基于探究的学习策略：给学生引导性问题，学生通过实验猜想、实验验证来探究问题。在制作纸盒过程中，通过实践操作，掌握数学、音乐、科学等多学科知识，提高实际应用能力。

★学生已有知识、经验、技能基础情况

在《义务教育科学课程标准（2022 年版）》中，学生需要在小学三、四年级学段，学习"声音高低和强弱的变化是由于振动的变化引起的。"在立体图形的三视图的知识基础上，学生进行展开图的学习，以此促进学生的空间思维发展。与此同时，学生在校本音乐课上普遍接触过我国传统弹拨乐器，有基本的了解。

★学生学习过程中可能遇到的困难

小学三年级的学生已经能够开展小组合作，并且具备初步的查询资料和实验探究的能力。但实验过程不够严谨，逻辑分析和归纳总结能力仍需要加强。此外，绘制展开图并进行精确的纸盒制作仍有难度；调音对于没有音乐基础的学生会有一定的困难。

★学习目标

1. 知识目标

科学：对标《义务教育科学课程标准（2022 年版）》，学生应能够归纳出声音是由物体振

动产生的；能够举例说明声音有高低强弱之分；能够说出声音的高低和强弱与哪些因素有关。

工程：理解"分析问题→制订探究方案→图纸设计→成本把控→动手制作→测试改进→反思总结"的工程流程。

艺术：学习听辨音高，能够视唱简谱，了解音程关系。

数学：熟练应用三视图，能够准确绘制长方体或立方体的三维展开图，并能够等比例缩放。

2. 能力和技能目标

思维能力：通过"分析问题→制订探究方案→图纸设计→成本把控→动手制作→测试改进→反思总结"的过程，培养学生的工程思维和创造思维。通过展开图和立体图的匹配、尺寸的设计来培养学生的数学立体空间能力、计算能力、绘图能力。

技术能力：能体会声音的高低和强弱的变化给人们带来的丰富感受，感悟亲手制作的乐趣，领悟精益求精的匠人精神。

3. 情感态度价值观目标

学生对 STEM 学习的态度和价值观：在小组分工合作的过程中体会合作与沟通的力量；通过实验探究和动手实践，领悟科学和数学的严谨性，以及知行合一、理论需要实践验证的道理。通过手工制作乐器了解音律知识，帮助学生多角度感知声音艺术，激发学生对乐器声音色彩的追求，进而提高音乐审美能力。

学生对 STEM 专业和职业的兴趣：对项目工程有初步的理解，懂得控制成本。通过实际动手制作，体验乐器制作和演奏的过程，体验乐器制作师和演奏者这两种职业。激发学生对于工程师、艺术工作者的职业向往。

★材料和物资准备

1. 教室空间分布

教室空间分布如图 2-21-1 所示，教室前方为多媒体展示区，六边形课桌便于小组合作，四周是作品和原理展示区。

2. 教具

（1）所需制作工具：剪刀、热熔胶枪。

（2）所需制作材料：胶棒、卡纸、彩笔、皮筋、木棍。

（3）所需教学设备：多媒体设备、乐器（音叉、鼓等）。

图 2-21-1　教室空间分布

★教学流程

教学流程如图 2-21-2 所示。

情景引入　　知识铺垫　　设计制作　　汇报演示

图 2-21-2　教学流程

在情景引入环节，让学生了解项目背景，引发思考，同时组队分工，培养合作意识。

在知识铺垫环节，通过科学探究，了解声音的物理知识；通过学习音程关系，了解音阶变化，为后续设计制作打好基础。

在设计制作环节，学生对乐器进行设计，确定设计方案、物料，并进行制作和测试。

在汇报演示环节，学生呈现乐器，并相互评价，总结优势和不足。

第一课　阮的秘密

★课节目标

1. 知识目标

科学：理解声音是由于振动产生的。声音的高低与振动频率有关，声音的强弱与振动幅度有关。要区分音调与音量，理解通过调节皮筋的松紧可以调节音调的高低。

工程：了解工程过程中的分析、设计环节。

数学：能够绘制展开图。

2. 能力和技能目标

在实践中培养工程思维。

提升立体空间能力、计算能力、绘图能力。

能体会声音的高低和强弱的变化给人们带来的丰富感受。

3. 情感态度价值观目标

提升小组合作、沟通能力。

培养科学探究精神。

感悟我国传统文化的智慧和美感。

★课时安排

2 课时，80 分钟。

★学习活动

活动 1：初识乐器工程师

教师：①引导学生自由结组，分别担任小组组长、设计师、建造师、调音师、材料保管员、时间管理员等。②播放阮演奏的视频选段《玛丽有只小羊羔》，提出问题"为什么不同的阮能够发出不同的声音？"③以大阮、中阮、小阮为例，引导学生分析它们的结构、相同点、不同点、材质、形状及其功能。④引导学生列出问题清单。

学生：①完成第一项合作任务：制作组旗。在这个过程中学习合作和沟通。②欣赏阮演奏的视频选段《玛丽有只小羊羔》，思考并回答问题，在感受乐器给人带来美好体验的同时了解本课例的任务背景。③多感官感知对比音高与乐器大小、弦的长短之间的关系。④思考设计自己的乐器还有什么需要了解的。

活动 2：声音的形式及影响因素探索

教师：①演示音叉震动实验，引导学生思考声音形成的原因。②讲解音量大小与什么因素有关的探究实验，指导学生完成实验。③敲击钟琴，呈现一小节音乐。让学生理解音高的概念，同时直观地观察到扁钢条的长短带来的音高变化。讲解音高与什么因素有关的探究实验，指导学生完成实验。

学生：①观察音叉的振动，通过多种感官感受理解声音是由物体振动产生的。②实验探究：通过拨动钢板尺，感受用力大小（振幅）与声音强弱的关系。③实验探究：学生在教师讲解的基础上展开探究，应用振动频率与声音高低有关这一知识，寻找影响皮筋琴弦声音高低的因素。

活动 3：平面与立体

教师：讲解三视图与展开图，增强学生的空间想象能力。明确任务目标及限制条件，指导学生将展开图作为设计图，开展设计。

学生：①学习展开图。运用三视图相关知识，观察纸盒的各面并拆解纸盒，将展开图的各个部分和三视图的面进行对应。应用展开图知识绘制纸盒弹拨乐的展开图。②再次明确任务目标及限制条件。将展开图作为设计图，小组交流，选择合适的材料，列出材料清单并核算成本。

★ 评价工具

学生自评和小组评价：提出两个亮点和一条待改进意见，口头评价。

教师评价：见表 2-21-1。

表 2-21-1　教师评价量表（1）

评价内容	评价标准			教师评价
	1分	2分	3分	
小组合作情况	没有交流或出现争执	有简单的分工和基本的配合	氛围融洽，分工明确，能够相互配合完成实验	
实验操作和实验报告	逻辑不清晰，不能清晰描述和记录实验现象和结果	逻辑较清晰，描述和记录实验现象和结果相对准确	逻辑清晰，描述和记录实验现象和结果准确	
独立思考能力	不能举一反三，目标感弱。没有独立思考后的问题	通过学习对知识有一定的理解，能够提出与任务目标有关的问题或总结相关知识	能够举一反三，关注任务目标，提出新问题，寻求解决方案	
总分				

教师根据学生展开图的绘制情况进行评价和指导，见表 2-21-2。

表 2-21-2 教师评价量表（2）

评价内容	评价标准			教师评价
	1 分	2 分	3 分	
绘制是否完整	能将 3 个面绘制出来	能将 6 个面均绘制出来，但面的排列不正确	能正确将长方体的展开图进行绘制，并能按照展开图进行还原	
绘制尺寸	展开图比例选择不合理，各边边长不成比例	展开图比例选择相对合理，各边边长基本成比例	展开图比例选择合理，按比例绘图并标注明确	
美观度	图纸布局随意，线条生疏	图纸布局基本合理，线条相对规范	图纸布局合理，线条光滑，对称性好	
总分				

学习成果

为了让学生理解团队合作的内涵，本课的第一个学习成果是绘制组旗，如图 2-21-3 所示。因此，在明确了小组分工后，学生集思广益，为自己的小组设计了组旗和标语。

图 2-21-3 小组组旗

文字可以让思维过程可视化，了解了任务之后，学生通过提出问题来表现他们对任务的理解。因此，本课的第二个学习成果是问题清单，学生列出他们在初步思考任务时预想到的问题，并在后续课程中，逐步回答自己最初的疑问，如图 2-21-4 所示。

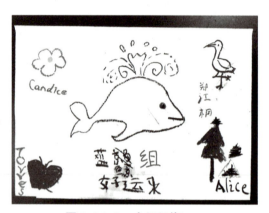

完成实验报告，并记录实验过程作为本课学习成果，只要能够说出现象就可以，如图 2-21-5 所示。

问题清单 Question list	是否解决？是否产生新的问题？
1.用什么作弦？	皮筋。/ 其它材料可以吗？
2.如何让它发出声音？	振动。/ 琴箱共鸣。
3.如何让它发出好听的声音？	调节弦的松紧。
4.需要什么材料？	皮筋、纸盒、筷子。
5.盒子的形状与音量有关吗？	可能有。(与琴箱有关)。

图 2-21-4 学生问题清单

问题清单 Question list	是否解决？是否产生新的问题？
1.用什么作弦？	皮筋。/ 其它材料可以吗？
2.如何让它发出声音？	振动。/ 琴箱共鸣。
3.如何让它发出好听的声音？	调节弦的松紧。
4.需要什么材料？	皮筋、纸盒、筷子。
5.盒子的形状与音量有关吗？	可能有。(与琴箱有关)。

图 2-21-5 学生实验报告

学生在设计图任务单中完成展开图的绘制，并且标注好尺寸，同时根据本组设计选择需要购买的材料，并且计算所需花销，完成自己的材料清单，如图 2-21-6 所示。

设计图
My design

材料清单 material list

Material	Cost	Quantity	Cost × Quantity
皮筋	3		
棉绳	3		
木条	5		
筷子	5		
A4 纸	5		
硬卡纸	10		
展开图模型	10		
纸盒	15		
牛奶盒	15		
易拉罐	20		
塑料瓶	20		
		Total Cost =	

图 2-21-6 材料清单及展开图设计表格

通过展开图的绘制，考查了学生的绘图能力和空间想象能力，同时通过成本的计算也使得学生增强成本控制的意识。

第二课 我的弹拨乐

★ 课节目标

1. 知识目标

工程：了解工程过程中的制作、改进环节。

音乐：能够听辨音高，视唱简谱，了解音程关系。

2. 能力和技能目标

在实践中培养工程思维。

3. 情感态度价值观目标

提升小组合作、沟通能力。

培养音乐审美能力，提升音乐素养。

激发职业向往。

★ 课时安排

2 课时，80 分钟。

★ 学习活动

活动 1：体验乐器工程师

教师：①指导学生制作并美化乐器。②用钢琴给出标准音高。③提供多段旋律乐谱供学生选择。

学生：①以小组为单位，在教师指导下展开制作并美化乐器。②根据听到的标准音高调节皮筋的松紧来完成音高的调试。③每个小组选择教师所提供乐谱中的一段旋律，用自制乐器进行演奏。

活动 2：汇报展示反思

教师：根据学生展示情况，结合量表进行评价指导。

学生：成品制作调试完成后，各小组依次上台展示。根据教师和同学的评价，反思制作的乐器，从成本、音准、美观度等方面考虑可改进因素。利用改进后的乐器演奏乐生日歌选段。学有余力的同学可选择多种材料进行弦的制作。

★ 评价工具

小组评价、组间评价和教师评价，见表 2-21-3。

表 2-21-3　小组自评、组间评价和教师评价 ○

评价内容	评价标准			小组评价	组间评价	教师评价
	1 分	2 分	3 分			
组员分工	没有完整的分工，组员参与性差	有完整的分工，组员参与度一般，积极性一般	每人都有符合其特点的职责，参与度好，对完成作品贡献大			
琴弦	琴弦无法固定	琴弦固定不够结实	琴弦固定结实			
弹奏质量	不能形成音高，不能演奏音级	基本形成音高，能够演奏 1~2 个音级	形成准确的音高关系，能够演奏 3 个音级			
作品外观	琴箱不够结实	琴箱结实，美观度一般	琴箱结实，美观度高			
展示表现	在展示中，组员对设计过程的描述缺乏逻辑，不能说明本组设计的特点和优势，没有演奏乐曲	组员对设计过程进行了部分描述，描述较具体，但是显得混乱，对本组设计特点的解释有不清楚之处，能演奏一段乐曲	展示清晰明确，有效地体现了设计的特点，制作步骤清晰，并演奏了一首乐曲			
总分						
亮点及改进意见：						

★ 学习成果

学生亲手制作形态各异的乐器，如图 2-21-7 所示，调节音高，演奏不同主题的旋律，多感官体验音乐的丰富变化。

通过调整音箱大小、琴弦松紧，学生理解了影响音调变化的因素。在动手实践的过程中，同步提升科学、音乐与数学素养。

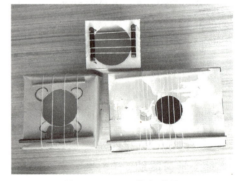

图 2-21-7　学生成品

○ 项华，邹晓东. 未来城市科创教育实验课程 [M]. 上海：华东师范大学出版社，2019.

★教学设计课例自我评析

在课程内容设计方面，本课例依托《义务教育科学课程标准（2022 年版）》，融合了音乐、数学、工程多个学科。让学生真正在做中学，在实践中既将知识灵活应用，也提高了学科素养，实现了跨学科教育。

在师资团队上面，本课例是由多学科教师合作进行设计的。在确定主题后，团队教师将任务进行拆分，提炼知识点，将理论知识与实践相结合，让课程内容更加贴合该学段学生。

在教学方法上，本课例注重对学生团队合作能力、沟通能力、工程思维的培养。活动过程中充分尊重学生的自主性、创造性。鼓励学生尝试运用不同的材料、不同的设计方案进行探索。

我们的反思：绝大多数学生在活动结束后能够理解教学目标中的学科知识点，但是在实践中仍会存在一些困难。例如对于小学三年级学生来说，绘制展开图是一个难点。另外，小学三年级学生的动手能力仍需提高，操作精细度不够，导致作品出现瑕疵。

项目学习对培养学生的创造思维、工程思维有很大帮助。学生在乐器完成后会有较大的成就感。

该项目由于制作工序相对单一，更适合于 2~3 人的小团队合作，这样每人都有参与制作的机会，最终小组作品以纸盒阮的形式呈现。这样也能更好地让学生理解不同材质的琴弦、不同大小的音箱对声音产生了不同的影响。

课程延展性较强。例如在绘制展开图时，可以借助某些软件实现相同的效果，甚至可以设计多种异形结构的展开图。

★专家点评

点评专家	李诺，北京师范大学讲师。 林闻凯，华南师范大学粤港澳大湾区教师教育学院副院长，副研究员。
课例亮点	"纸盒弹拨乐"课程是一场 STEM 与传统文化相碰撞的盛宴，体现了学校的特色，注重培养学生的个性发展。
课例目标及其达成	课例的目标设置合理，能够有效支撑《义务教育科学课程标准（2022 年版）》中的要求，从科学、工程、艺术与数学等几个角度设计的目标维度与课例活动的匹配度较高。 建议在艺术目标部分，可将利用自制乐器演奏乐曲作为目标之一，该目标要在整个课例后续实施过程中有所体现。并建议在科学探究过程中，增加乐器材质对音色影响的探究，结合学生的能力水平，设计难度适中的学习任务，提升学生的自我效能感。
课例活动设计	本课例巧妙地将科学知识融入乐器制作，学生在享受音乐的同时，探究乐器产生动人音乐背后的科学原理，并通过工程设计，发挥自己的创造力，制作属于自己的乐器，能够增强学生对于 STEM 学习的兴趣。 这个课例中融合了两个不同的变量，即不同的乐器（如大、中、小阮）音色不同，以及同一乐器的弦在演奏时的音调不同。为帮助学生更好地形成控制变量的意识，可以在活动中对这两组变量进行课时拆分。例如，先了解在同一乐器制作过程中弦的音调变化，学生制作完成后，再引入不同乐器间的比较（可以让不同小组间彼此对比乐器间的区别）。
课例评价	课例评价的角度多样，既能考查学生在小组合作时的分工合作与思考能力，同时也能在科学性、艺术性等角度对学生作品开展评价，整体较为合理；既注重学生的过程性评价，同时也记录学生的学习成果，为 STEM 课程评价提供了操作性的借鉴与参考。 可以考虑将评价量表（表 2-21-3）的评分项设计成同一分类体系，例如"琴弦"作为一个评估项，是否对应有琴箱，或者直接将琴弦与琴箱合并为"作品外观"，与"弹奏质量""展示表现"相对应。

STEM 2.22 课例二十一：学校的身份识别和权限设置

★ 适用年级：小学三年级 。

★ 关键词：跨学科 STEM 学习，工程思维，科学、语文、美术。

★ 课例提供团队：湖南省湘潭市雨湖区风车坪建元学校戴丽、郭俣彤、袁舒、尹威。

★ 课时：10 课时，400 分钟。

★ 课例背景

如图 2-22-1 所示，在流感高发时期，学生在了解流感防控措施、身份识别装置及原理等相关知识后，解决学校的身份识别问题，并对患流感学生活动区域进行划分，实现对其的有效管控，旨在培养学生的工程思维、批判性思维、创新能力和动手能力，并在反思改进的过程中不断挑战自我。

图 2-22-1 课例介绍

★ 连接生活

在流感高发时期，患流感学生流动会造成流感的传播，对患流感学生流动的有效监测和管控关乎每位学生的生命安全。

★ STEM 学科内容及教学策略的整合

本课例主要采用基于问题的教学策略，让学生在科学探究的过程中解决实际问题：根据生活经历和现有知识水平，学生以有效监测和管控流感高发期间患流感学生流动为目标，构建以工程内容为主导，融合科学、技术、数学、美术的跨学科课程内容，培养工程意识和工程思维。

★ 学生已有知识、经验、技能基础情况

小学三年级的学生爱动手、敢质疑、有创意，有查阅资料和独立思考的能力，可以通过小组合作进行简单的制作，但是还未养成反思与改进的探究思路。

★学生学习过程中可能遇到的困难

（1）学生接触过身份识别装置，但并不清楚它的结构和工作原理。

（2）学生对学校区域分层次、分等级划分的原则不清晰。

★学习目标

1.知识目标

通过观察、调查和学习了解什么是权限设置和身份识别技术，知道目前身份识别技术的分类和安保等级权限设置的科学依据。

根据掌握的知识尝试设计出学校权限分布示意图和简易的身份识别装置。

2.能力和技能目标

思维能力：通过小组分工合作，经历"提出问题→分析问题→制订可行的解决方案→画出设计图→进行创造→测试改进→反思总结"的过程，培养学生的工程思维。

技术能力：根据设计图纸，选择合适的材料制作出简易的身份识别装置模型，并能详细介绍模型的结构和使用方法。

3.情感态度价值观目标

学生对 STEM 学习的态度和价值观：学生主动参与学校的身份识别和权限设置问题研究，并保持浓厚的研究兴趣；能够在活动中乐于承担团队分工，愿意进行团队合作。

学生对 STEM 专业和职业的兴趣：学生初步构建工程意识，了解工程师的相关工作内容。

★材料和物资准备

1.教室空间分布

教室空间分布如图 2-22-2 所示，讲台前面：多媒体设备教学区；中间前方：六组圆形课桌椅加计算机上网学习区；中间后方：三组圆形课桌椅作品制作区；左右两边：材料和工具放置区；后面：作品展示区。

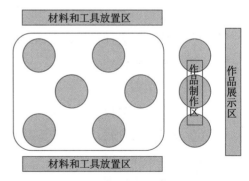

图 2-22-2　教室空间分布

2.教具

（1）所需教学设备：联网计算机、多媒体设备。

（2）所需制作材料：传感器、各种电子模块、红外检测仪、主机、舵机、积木、双面胶、水彩笔、卡纸。

（3）所需制作工具：剪刀、尺子。

★ 教学流程

教学流程如图 2-22-3 所示。

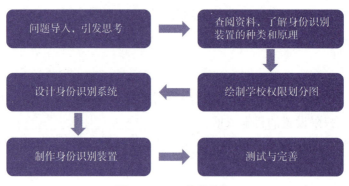

图 2-22-3　教学流程

✦ 第一课　了解项目背景

★ 课节目标

　　了解项目背景，开始头脑风暴并完成项目前测。通过搜集资料、课程讲解等方式，知道区域划分的科学依据和身份识别系统的基本原理。

★ 课时安排

　　2 课时，80 分钟。

★ 学习活动

活动 1：项目背景介绍

教师向学生播放流感高发时期学校防控相关视频。

学生了解项目背景，明确问题。

活动 2：设计问卷调查表

教师指导学生设计身份识别系统问卷调查表。

学生完成问卷调查表。

活动 3：搜集汇报

教师对学生搜集信息时遇到的问题进行指导，组织学生汇报讨论。

学生通过多种方式，查阅权限装置和身份识别的信息，并分组汇报讨论。

活动 4：微课讲解

教师讲解身份识别系统的原理。

学生讨论不同身份识别装置的安全等级，并完成学习单。

★ 评价工具

　　通过小组评价，帮助学生明确项目背景和研究问题，见表 2-22-1。

表 2-22-1 准备阶段评价量表

评价内容	评价标准			小组评价
	1分	2分	3分	
问题提出与思考	根据情境提出一般问题	根据情境展开想象，提出少数问题	根据情境展开联想，提出值得探讨的有效问题	
搜集资料	目标不明确，资料内容不全	目标明确，资料内容较全面	目标非常明确，资料内容全面	
整理资料	资料较混乱，没有进行分类整理	资料有进行分类整理，并能摘取部分信息进行利用	用思维可视化工具或表格整理资料，并能有效利用信息	
交流分享	很少发言，思考较少	发言较积极，有一定的思考	发言积极，有独到的观点和思考	
任务完成情况	未全部完成	完成任务	完成任务且速度快	
总分				

★ 学习成果

通过问卷的反馈，我们发现学生对于身份识别系统有一定了解，生活中也会接触到一些身份识别装置。通过查找前人进行身份识别的一些资料，初步感受到了身份识别的原理，为学生后面的作品制作做了铺垫，如图 2-22-4 所示。

学习完身份识别原理的微课后，完成本学习单，如图 2-22-5 所示。了解学生的学习情况，创设一个虚拟情境，让学生尝试运用知识进行简单的设计。

图 2-22-4 学生问卷调查

图 2-22-5 学生学习单

✦ 第二课　设计作品草图

★ 课节目标

学生根据人员密集程度和区域功能，对学校进行等级和权限划分，并据此设计出由不同种类身份识别装置组成的系统。

★ 课时安排

3 课时，120 分钟。

★ 学习活动

活动 1：绘制学校各区域分布图

教师将学校区域进行划分，讨论各区域的功能。

学生明确各区域的功能，并根据功能的不同和人员密集程度，将学校划分成低、中、高三个等级区域，并绘制出具体分布图。

活动 2：设计并绘制身份识别系统草图

教师提出明确的设计要求，给出设计环节的评价标准：设计的身份识别系统逻辑严谨、安全、方便；学校不同区域配备不同安全等级的身份识别装置；绘制的设计草图图文结合，注明装置各部分使用的材料；装置若暂时无法制作出来，应给出详细的功能介绍。

学生根据区域特点设计身份识别系统草图。

活动 3：展示交流，完善设计图纸

教师对学生设计图纸中设计不合理的地方进行指导。

学生展示介绍设计的身份识别系统，介绍小组分工、身份识别装置种类等内容。组间互评，交流修改意见。组内依据量表对设计制图环节进行自评。

★ 评价工具

组内和组间根据任务完成情况、交流分工、制订方案、画设计图和阐述设计意图，对小组进行评价，见表 2-22-2。

表 2-22-2　实施阶段评价量表（1）

评价内容	评价标准			小组评价	组间评价
	1 分	2 分	3 分		
任务完成情况	未全部完成	完成任务	完成任务且速度快		
交流分工	没有进行交流	有简单的交流分工	交流和谐，分工明确		
制订方案	设计条理不清晰，逻辑混乱，描述不准确	设计条理较清晰，逻辑较严密，描述较准确	设计条理清晰，逻辑严密，描述准确		
画设计图	缺少文字和图画设计	有文字和图画说明，没有与材料相关的具体数据	文字和图画说明设计合理，所使用材料均有具体数据和详细介绍		
阐述设计意图	语言表达能力弱，不能很好地介绍设计思路	语言表达能力较强，能简单地介绍设计思路	语言表达能力强，能条理清楚地介绍设计思路和创意		
总分					

★学习成果

小组经过讨论，对学校区域进行等级和权限划分，如图 2-22-6 所示。并设计出不同种类的身份识别装置，如图 2-22-7 所示。

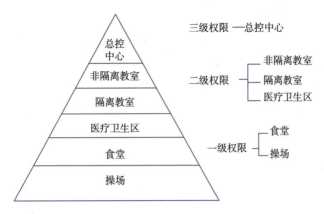

图 2-22-6　学校各区域分布图

身份识别装置制作计划单

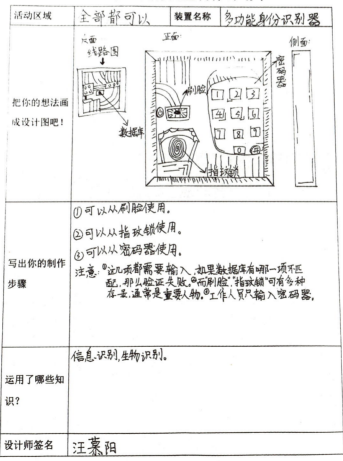

图 2-22-7　身份识别装置制作计划单

S∈∈Ð 第三课　制作作品，迭代改进

★ 课节目标

根据方案自己制作简易的身份识别装置。测试、调整，针对存在的问题进行改进或调整。

★ 课时安排

3 课时，120 分钟。

★ 学习活动

活动 1：小组合作，制作作品

教师讲解制作要求，指导学生制订制作计划，选取制作材料和工具。

学生分组讨论，选取合适的材料和工具，分组制作。

活动 2：测试作品功能，进行迭代改进

教师向学生提问：在制作过程中遇到了哪些问题，如何解决的？在制作过程中有没有新的创意？带领学生讨论：每组的作品是否有可以改进的地方？该怎么改进？对学生的作品进行评价。

学生分小组展示，详细介绍设计的装置所在区域和具体功能。根据实际情况回答遇到的问题。自我反思，对作品提出更有创意的改进方案。小组互评，根据提出的意见对作品进行再次改进。

★ 评价工具

通过作品展示，小组间展开互评，取长补短，教师对小组作品制作情况进行评价，见表 2-22-3。

表 2-22-3　实施阶段评价量表（2）

评价内容	评价标准			组间评价	教师评价
	1分	2分	3分		
制作完成情况	未完成	基本完成，但未达到预期效果	制作完成，效果好		
选材和操作	选材不合理，操作不规范，不清楚所选器材工作原理	选材较合理，操作较规范，了解所选器材的大概构造，知道工作原理	选材合理，操作规范严谨，明确知道所选器材各部分的名称、作用及工作原理		
展示汇报	展示不清晰，内容不完整	展示较清晰，内容完整	展示清晰，思路开阔		
测试改进	测试未成功，多处需要改进	测试较成功，有改进的思路和空间	测试非常成功，有想继续完善的想法		
总分					

★ 学习成果

学生给学校一级权限区域内食堂设计的触摸检测仪，由触摸传感器、单色 LED 模块两个主要部分组成，如图 2-22-8 所示。

学生给学校二级权限区域内的医疗卫生区设计的智能识别仪，由红外线成像装置、四位按键模块、MP3 模块以及舵机四个主要部分组成，如图 2-22-9 所示。

图 2-22-8　学校一级权限区域识别仪

图 2-22-9　学校二级权限区域识别仪

第四课　展示、汇报和交流

★ 课节目标

利用设计图、绘本、视频等多种方式展示有创意的设计思路和作品。

★ 课时安排

2 课时，80 分钟。

★ 学习活动

活动：展示汇报

教师请学生展示最终的作品。

学生分组以多种形式进行作品展示，也可以说说自己本次项目的反思和收获。

★ 评价工具

小组间和教师利用终结性评价量表来对展示活动进行评价，见表 2-22-4。

表 2-22-4　终结性评价量表

评价内容	评价标准			组间评价	教师评价
	1分	2分	3分		
分工合作	分工不明确，任务由少数组员完成	有基本的分工，但是分工不系统	有明确的分工且能贯彻实施，每名组员有相应的任务		
任务完成情况	各项任务完成效率低	各项任务完成效率较高	各项任务完成效率高		
交流表达能力	不擅于与伙伴交流，表达能力弱	能和伙伴交流，表达能力较强	擅长与伙伴交流讨论，表达能力强		
工程思维能力	未能展示工程思维能力	工程思维能力较强	能明确展示工程思维能力		

（续）

评价内容	评价标准			组间评价	教师评价
	1分	2分	3分		
作品设计能力	设计能力弱，没有设计出简易的作品模型	具有一定的设计能力，能设计出简单的作品模型	设计能力强，能设计出好的作品模型，用来解决实际问题		
动手操作能力	动手操作能力弱，不能制作出一个完整的作品	动手操作能力较强，能在部分组员合作过程中制作出作品	动手操作能力强，能在全体组员合作过程中完成作品制作，并进行改进		
作品创新能力	作品未有创新元素	作品略有创新元素，但理解仍然较传统	作品有明显创新元素，展现了独特的思考和理解		
作品呈现效果	制作的作品未能用于身份识别作用	制作的作品可以用于简单的身份识别	制作的作品功能多，能很好地用于身份识别		
总分					

★ 学习成果

学生对身份识别装置及原理有了进一步的了解，通过小组合作解决了学校的身份识别问题，并对患流感学生活动区域进行划分，实现了对患流感学生的有效管控。

学生给学校三级权限区域内的总控中心设计了人员出入安控通道，它由三道电动密闭门和虹膜识别、指纹识别、洗消装置等部分组成，如图 2-22-10 所示。

学生根据自己的记录进行创作，绘制出研究过程的精美绘本故事集，如图 2-22-11 所示。

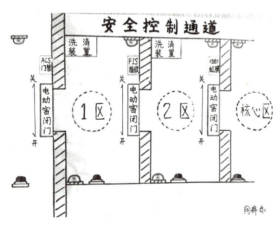

图 2-22-10 学校三级权限区域识别仪设计图

图 2-22-11 学生绘本故事集

★ 教学设计课例自我评析

本课例从多角度收集课程评价建议，不断更新和优化课程评价和管理手段。例如，在不同的阶段和学生面对面沟通课后的感受和体会，及时了解师生的现实需求，增强课程实施的针对性；在身份识别的方法上，鼓励学生运用已掌握的知识和主动查找资料解决遇到的问题，让学生不再是知识的"搬运工"，而是让学习真实发生，成为小小科学家和工程师。

　　学生根据自己的项目学习记录进行绘本创作，绘制出研究过程的精美绘本故事集，是本课例独特的总结和展示方式，适合小学三年级学生的能力特点和心理特点，且有一定的创新性。

　　开发 STEM 课程一定聚焦真实世界的问题，这有利于引发学生的好奇心，激发学生的持续学习兴趣。"学校的身份识别与权限设置"课例的前身是"火星中继站居民身份识别与权限设置"的线上参赛项目。从火星回归地球，回归到解决基于流感高发时期下真实生活的问题，并围绕问题以项目学习的形式展开，鼓励学生自主探究、解决问题、迭代创新等，最终取得了显著的教学效果。

　　另外，课程团队力量非常重要。在"学校的身份识别与权限设置"课例设计的前期，教师的知识储备、教育教学方法、学情分析以及对软硬件资源的预估和准备都存在一定的欠缺。在课例设计中，团队成员相互鼓励、不断学习，寻求外部力量的参与，最终课例才能在课程迭代几轮中不断改进和创新，圆满完成课例设计。

★专家点评

点评专家	肖萍，广东省深圳市义务教育质量监测督学工作室主持人，正高级教师。 沈艺，广东省深圳市坪山外国语中学高级教师。
课例亮点	从身边的问题"流感高发时期下的身份识别装置"出发设置工程任务，利用电子装置系统，通过多层密码设置，实现对不同区域的分层管理，理解权限设置的作用与效果；通过编程的方式，进行密码的定期变更，让学生有进行程序调整的方向与依据。
课例目标及其达成	本课例能够较好地达成预设目标。 将工程设计过程作为解决问题的途径，融合科学、技术、数学、美术的跨学科课程内容，能培养设计及工程意识、思维和技能；基于身边的真实问题，能够激发学生的学习积极性，在活动中乐于承担团队分工，愿意进行团队合作，激发责任感；真实的问题情境也有助于学生了解相关工程师的工作内容，渗透了职业生涯的启蒙。 课程目标的落实聚焦于问题求解、决策、批判性思维和创新能力等高阶思维能力的培养，亦有助于培养学生的社会责任感。 建议教学目标的设计能加强和学生正在学或将要学的课程标准的目标进行链接。
课例活动设计	整个课例的活动设计很好地遵循了工程设计流程，设计合理。学生围绕流感防控下，学校的身份识别装置的研发任务，应用身份识别装置及原理等相关知识，进行头脑风暴、设计和选择方案，并制作出多样化的身份识别装置，解决学校的身份识别问题，有场景和产品的"同理心"。活动中注重学生方案的多元性，鼓励创新和迭代完善；在活动的各个环节，都强调交流和展示；在最后的结果展示中，学生采用绘制精美的绘本故事集的方式，较为独特，符合学生的能力和心理特点。 "三级权限区域识别仪"的展望对学生想象力有所帮助，建议将其细化。例如，不同的识别方式与依据如何实现，分析材料来源，让学生形成资料检索与工程思维的基础意识。
课例评价	既有过程性评价也有终结性评价，评价的维度和标准较为具体、明确，评价工具的设计与应用比较合理。 建议评价标准进行阶段前置并更具体、可测。在评价的时候，希望更能促进学生对当前学习的改进，发挥评价的指导和促进功能。
其他评价	建议结合具体操作，让学生了解更多的建模等知识，逐步培养计算思维、工程思维。